W0045168

Burkhard Müller
Die Tränen des Xerxes

Burkhard Müller, Jahrgang 1959, ist Dozent für Latein an der Technischen Universität Chemnitz und schreibt regelmäßig für die *Süddeutsche Zeitung.* Zuletzt sind von ihm erschienen: *Das Glück der Tiere. Einspruch gegen die Evolutionstheorie* (A. Fest Verlag) und *Der König hat geweint. Schiller und das Drama der Weltgeschichte* (zu Klampen Verlag).

Burkhard Müller

Die Tränen des Xerxes

Von der Geschichte der Lebendigen
und der Toten

© 2006 zu Klampen Verlag · Röse 21 · D-31832 Springe
info@zuklampen.de · www.zuklampen.de

Umschlag: Matthias Vogel (paramikron), Hannover
Satz: thielenVERLAGSBÜRO, Hannover
(Gesetzt aus der Linotype Aldus)
Druck: Clausen & Bosse, Leck

ISBN 3-934920-91-8

Bibliografische Information Der Deutschen Bibliothek
Die Deutsche Bibliothek verzeichnet diese Publikation in der
Deutschen Nationalbibliografie; detaillierte bibliografische
Daten sind im Internet über ‹http://dnb.ddb.de› abrufbar.

Inhalt

Vorwort

Was hat es mit der Geschichte auf sich? Nicht mit diesem oder jenem in ihr, nicht mit ihren Strukturen oder Ereignissen – sondern mit Geschichte überhaupt. Die Frage scheint zunächst nirgendwohin zu führen, so, wie wenn man fragen wollte, wie die Luft, die man atmet, schmeckt. Nach gar nichts natürlich; denn Geschmack zu haben, das kommt nur dem einzelnen zu, das sich gerade darin von allem anderen unterscheidet und unterscheiden läßt.

Ich habe es schwierig gefunden, der Frage nach der Geschichte in solcher unvermittelten Allgemeinheit auf der Spur zu bleiben; denn die Versuchung, sei es sich ans einzelne zu halten, sei es dem Gesamten eine Deutung aufzuerlegen, ist groß. Es sollte keine Geschichts*philosophie* daraus werden, die der Geschichte Sinn zu- oder abspricht. Früher einmal habe ich eine Kritik des Christentums und eine Kritik des Darwinismus geschrieben; das war leicht, im Vergleich, denn beidemale hat es sich um *Ideen* gehandelt. Ideen lassen sich formulieren, kritisieren und widerlegen. Mit der Geschichte liegt der Fall anders, sie ist keine Idee, sondern *da*, ein Rundumfaktum wie eben die Atemluft. Wie hier eine Methode auszusehen hätte und was sich ein Resultat nennen dürfte, versteht sich keineswegs von selbst.

Es fällt schwer, da ein Ganzes zu geben. Aber ebenso wäre es verfehlt, aus diesem Umstand eine Lizenz auf Zerstückelung abzuleiten, hier sich ein wenig anregen zu lassen und dort eine kleine Fallstudie vorzunehmen, von der Größe des Gegenstandes umfangen, doch unbekümmert um sie. Ich habe mich schließlich für ein Buch aus neun autonomen Kapiteln entschieden. »Kapitel« soll dabei heißen, daß sie sich dem Vorsatz des Ganzen fügen sollen, »autonom« aber, daß sie, was sie zu sagen haben, auch für sich sagen könnten. Es ist, das hoffe ich, auf diese Weise zwischen einer Ansammlung des Beliebigen und dem alles vergewaltigenden System etwas drittes herausgekommen.

Der Titel, *Die Tränen des Xerxes*, geht auf eine Anekdote des griechischen Historikers Herodot zurück, die ich mir als eine Art Ouvertüre zu eigen mache. Ich greife dabei auf mein letztes Buch, *Der König hat geweint*, zurück, worin es um die Dramaturgie und das Geschichtsdenken Friedrich Schillers gegangen war. Das könnte eine besondere Affinität des Autors zu gerührten Monarchen nahelegen. Darauf lasse ich es ankommen, denn eigentlich ist es nicht verkehrt. Die zwei Bücher stehen einander nahe und dürfen sich darum auch als Paar verkünden. Daß die Beherrschten Anlaß zum Weinen haben, begreift man; wo aber auch die Herrschenden es tun, deren Wille es doch ist, der obsiegt, ergibt sich vielleicht die Gelegenheit, einen Blick nicht nur auf den Gang der geschichtlichen Welt, sondern auf ihre Grundbedingungen zu werfen.

Was ist Geschichte? Unter dem Aspekt der Tradition betrachtet, darf man sagen: unser Stoffwechsel mit den Toten. Die Toten (in einigen Fällen auch betagte Lebende) erscheinen in diesem Buch als Gewährsmänner. Das ist nicht gleichbedeutend damit, daß sie als Autoritäten anerkannt würden; eher im Gegenteil. Doch sind sie mir, als ich sie brauchte, *eingefallen*; und ich zitiere sie so (auch wenn ich den Wortlaut der Zitate dann nachgeprüft habe), wie sie sich meinem Lesegedächtnis dargestellt haben. So, hoffe ich, könnten sie auch dem erinnerlich bleiben, der dieses Buch liest.

Ich danke allen, die mir als Zuhörer und Gesprächspartner geholfen haben, besonders Anne Hamilton vom Verlag zu Klampen, ohne die mein Buch in dieser Form nicht möglich geworden wäre.

Die Tränen des Xerxes

Was es heißt, in Geschichte zu leben

Wunderbar ist Herodot. Von der kleinasiatischen Westküste stammt er, jenem fruchtbaren Saum, wo der Geist Griechenlands und der materielle Reichtum des Orients aufeinandertrafen und alle wichtigen Neuerungen, aus denen sich erst Europa und dann die Welt gespeist hat, wie in einer chemischen Reaktion entsprungen sind, in ganz kurzer Zeit. Hier erfanden Thales und Pythagoras Mathematik und Philosophie, Sappho das lyrische Ich, Kroisos das Geld und Herodot die Geschichtsschreibung. Den Ehrentitel eines »Vaters der Geschichtsschreibung« hat man ihm gegeben. Nichts Geringeres nahm er sich vor, als die ganze Welt darzustellen, ihre Länder, Völker und Staaten, die gegenwärtigen und die vergangenen, besonders aber, wie jener Westen und jener Osten beschaffen sind, die einander so reich beschenken und gegeneinander so furchtbare Kriege führen.

Im Osten steht Persien, ein Weltreich, das allererste, das sich von Ägypten bis Indien, von der Donau bis Usbekistan erstreckt. Ihm wagt Griechenland zu trotzen. Vor zehn Jahren schon hat es einen persischen Vorstoß abgewehrt. Nun bietet der persische Großkönig Xerxes das größte Heer aller Zeiten zu einem Rachefeldzug auf. Die Schilderung dieses Heereszugs gestaltet Herodot als ein Bild des gesamten bewohnten Erdkreises bis an seine fernsten Enden.

Zehntausend Mann stark ist allein die Leibwache des Königs; von diesen haben tausend am Speerschaft einen goldenen Granatapfel und schließen die anderen neuntausend ein, deren Granatapfel von Silber ist. Ihnen voraus fährt der heilige Wagen des Himmelsgottes Ahuramazda, der Herodot Zeus heißt,

gezogen von acht schneeweißen Pferden aus Nesaion; so hei-
lig ist er, daß kein Mensch ihn besteigen darf und der Wagen-
lenker selbst, die Zügel haltend, nebenher gehen muß. Alle
Völker des ungeheuren Reiches sind zur Heerfolge angetreten.
Meder, Perser und Hyrkanier tragen einen Panzerrock aus
fischartigen Eisenschuppen und die Tiara, eine Mitra hingegen
die Kissier. Eherne Helme, in schwer zu beschreibender Mach-
art, tragen die Assyrer, die Saken hingegen ganz spitze Kopf-
bedeckungen; Fuchspelze haben die Thraker auf dem Kopf, die
Lyker fügen ihrem Helm Ohren und Hörner eines Stiers hinzu. In Fellen kommen die Kaspier, die Saranger in buntfarbi-
gen Gewändern, in ledernen Rüstungen die Libyer, die Araber
hüllen sich in den Burnus und die Inder in ganz merkwürdige
Kleider, die aus der Wolle von Bäumen gefertigt sind. Die asia-
tischen Aithiopier setzen die Kopfhaut eines Pferdes auf, mit
der Mähne statt eines Helmbuschs, und schirmen sich mit
Schilden aus Kranichhaut, während die afrikanischen Aithiopier in Panther- und Löwenfelle gewandet sind, vier Ellen
lange Bogen aus Palmstreifen tragen und Lanzen mit Spitzen
aus geschärftem Antilopenhorn; ihre Körper färben sie zur
Schlacht je zur Hälfte mit Kreide weiß und rot mit Mennige.
Und immer noch andere Völker erscheinen, die Baktrier und
die Arier, die Parther, die Chorasmier, die Gandarier und die
Sogder, die Utier, die Myker und die Parykanier, die Kabeler,
ein meionischer Stamm, auch Lasonier genannt, die Paphlago-
nier, die Armenier, die Myser und die Milyer.

Sieben Tage lang zieht das Heer über die Schiffsbrücke, die
den Hellespont überspannt. So riesig ist es, daß es seine eigene Größe nicht kennt und mit ihr erst bekannt gemacht werden muß, und zwar folgendermaßen: Es wird eine Art Pferch
errichtet, aus Flechtwerk, das bis zum Nabel reicht, und dann
je zehntausend Mann hineingelassen; ist die Zahl voll, kommen die nächsten Zehntausend, solang, bis alle gezählt sind.
»Zehntausend«, mit geringfügig verschobenem Akzent, ist

auch das griechische Wort für »unendlich viele«. Auf diese
Weise kommt man auf eine Million siebenhunderttausend
Mann allein der Landstreitkräfte, während nebenher Tausen-
de von Schiffen mitfahren.

Als der Zug Abydos erreicht, hält Xerxes Heerschau. Auf einer Anhöhe läßt er sich einen Thron aus weißem Marmor bau-
en, so ausgerichtet, daß er Land und Meer zugleich überblickt.
Neben ihm steht Artabanos, sein Onkel und Ratgeber.

>»Der ganze Hellespont war mit Schiffen bedeckt, und die ganze
Küste und das Flachland von Abydos war voller Menschen. Xerxes
pries sich glücklich, dann weinte er.
Artabanos sah Xerxes weinen und fragte:
›Mein König! Wie ist doch so verschieden, was du jetzt tust und
was du eben noch getan hast. Du hast dich glücklich gepriesen und
jetzt weinst du.‹
Xerxes antwortete: ›Mich überkommt das Mitleid, wenn ich denke, wie kurz das menschliche Leben ist. Von allen diesen Menschen
wird nach hundert Jahren keiner mehr leben.‹«

Auf Xerxes wartet eine vernichtende Niederlage, nach der es
ihm mit knapper Not gelingen wird, per Schiff heim nach Asien
zu entkommen, während seine farbenprächtigen Hilfsvölker in
ungeheuren Massen zugrundegehen. Davon weiß er noch
nichts. Daß die Geschichte, bis sie geschieht, unentschieden ist,
wird nirgends so fühlbar wie am Vorabend einer Schlacht.
Nicht der geahnten Niederlage also gelten die Tränen des
Großkönigs. Sie flössen mit gleichem Recht auch im Fall des
Triumphs, ja selbst wenn ausnahmslos alle Teilnehmer der
Kampagne heil zurückkehrten, um in Hyrkanien und Paphla-
gonien, in Arabien und Indien und beiderlei Aithiopien in Frieden ein hohes Alter zu erreichen.

Zum hohen Alter gibt Xerxes großzügig sogar noch hinzu,
indem er von hundert Jahren spricht, nach denen erst alle tot
wären, die er sieht – ob dieser schon in fünf oder jener erst in
fünfundachtzig Jahren sterben wird, ist mit einer weiträumi-

gen Geste für gleichgültig erklärt: Dann erst fließen die Tränen über die Kürze des Menschenlebens. Ist es wirklich so
kurz? Auf siebzig Jahre beziffert es eine andere Gestalt bei Herodot, der weise Athener Solon, als er den sagenhaft reichen
Kroisos besucht; und er rechnet es, in der umständlichen und
angestrengten Art, mit der dieses gerade erst zur Mathematik
erwachende Zeitalter solche Aufgaben behandelt, unter Ein-
schluß aller Schaltmonate um auf sechsundzwanzigtausend-
zweihundertundfünfzig Tage. Immerhin gibt es in der natürlichen Welt auch Eintagsfliegen. Sie weinen nie. Zahlreicher
noch als die persischen Heerscharen, steigen sie alle insgesamt
an einem Sommerabend aus den Flüssen, paaren sich, machen
meist noch nicht einmal den Tag voll, nach dem sie heißen, und
sterben trauerlos, um glitschige Beläge auf dem Asphalt zu bilden. Vom Tod werden sie erst berührt, wenn er sie holen
kommt; und so leben sie, in einem gewissen Sinn, die paar
Stunden, die sie leben, ewig.

Xerxes ist ein Barbar. Das sticht uns Heutigen schon an den
zwei wilden X ins Auge, die diesen Namen mit einer herrlichen
Willkür zerreißen; er ist es für die Griechen erst recht, ja er,
Herr des größten Reichs, das die Welt bis dahin gesehen hatte,
stellt für sie den Inbegriff des Barbarischen überhaupt dar.
Ganz so schildert ihn auch Herodot. Seinem Gastfreund, der
ihm sein gesamtes Vermögen zur Finanzierung des Feldzugs
angeboten hatte, schenkt er, statt das Angebot anzunehmen,
gerührt noch hinzu – aber als dieser sich, durch so viel Huld
kühn gemacht, erdreistet, den Großkönig um die Freistellung
wenigstens eines seiner fünf Söhne vom Kriegsdienst zu bitten, läßt Xerxes gerade diesen Sohn in zwei Stücke hauen und
das ganze Heer zwischen den Hälften durchmarschieren. Und
das Meer, das es gewagt hat, die persische Schiffsbrücke durch
einen Sturm zu beschädigen, läßt er mit Peitschen schlagen; ja
nicht genug damit, auf seinen Befehl werden Fußfesseln in es
versenkt und ihm glühende Eisen aufgedrückt, um es wie ei-

nen Verbrecher zu brandmarken. Ein Grieche kann über solche Macht, die sich in ihrem Hochmut dorthin versteigt, wo sie in Ohnmacht umschlägt, nur lachen. Der Barbar ist einer, der nicht Maß hält, weil er nicht weiß, wo das Individuum steht. Es ist ihm nichts, und alle zusammen nur wie ein Schwarm Insekten; und doch hebt er sich ganz allein über sie hinaus und setzt sich an eine Stelle, die die Griechen noch nicht einmal ihren vielfach begrenzten und voneinander abhängigen Göttern einräumten.

Wenn Herodot seinen Xerxes über den Tod aller weinen läßt, der nach spätestens hundert Jahren auch den letzten erreicht haben wird, so ist dieser Vorgang in den Augen der Griechen vom selben Unmaß bestimmt, das Wasser brandmarken will: Es begehrt auf gegen die aussichtslose Unförmigkeit des Elementaren, der alle Form immer nur so klein, so zeitweilig und prekär aufsitzt wie ein Schiffsponton dem Meer. Einem Griechen müssen diese Tränen, da sie nichts eigentlich wollen können, unmännlich erscheinen. Ein Grieche (und ein Römer erst recht) schätzt den einzelnen hoch und verleiht dessen Leben und noch mehr dessen Tod Sinn, indem er beides auf die Gesamtheit aller anderen bezieht, die gleichzeitig leben, ihn überleben, vor und nach ihm gelebt haben. Herodot teilt den Dialog zwischen Xerxes und dem Spartaner Demaratos mit, den sie führen, noch ehe Xerxes nach Griechenland aufbricht. Xerxes denkt geringschätzig von der niedrigen Truppenstärke seines Gegners; Demaratos jedoch weist ihn darauf hin, welche Kraft darin liege, daß jeder einzelne davon sich persönlich dem Gesetz verpflichtet fühlt. Das versteht Xerxes nicht; es hieße ja doch wohl, daß jeder sich auf dem Schlachtfeld nach eigenem Gutdünken verhalten könne? Wo bliebe denn da die Disziplin? Geht nicht jeder einfach weg, sobald er Lust dazu hat? Da sei doch das persische System weit wirkungsvoller, wo hinter der Truppe immer die Unteroffiziere mit der Peitsche stünden, die die Fliehenden ins Getüm-

mel zurückjagen. Ein Barbar, zweifellos; er traut den Individuen schlechterdings überhaupt nichts zu.

Und nur deswegen, weil sie ihm von seinem hoch auf dem
Berg errichteten Marmorthron so klein erscheinen, hat er die
Größe, über ihr Schicksal zu weinen. Er mutet ihnen nicht zu,
Helden zu sein, und sieht darum das Elend ihres Todes. Er entläßt sie aus dem Sozialen und aus der Tradition, speziell aber
aus der Selbstquälerei des Ethos. Die Humanität der Griechen
ist hart, weil sie auf Verantwortung beruht, auf Verantwortung bis zum Tod; zum Mitleid fähig erweist sich allein die
Großmut des peitschenschwingenden Barbaren.

Barbarisch und erlösend ist es, den Menschen als todverfal-
lene Kreatur zu sehen statt als den Staffelträger eines vorgeb-
lich unendlichen Staffellaufs. (Ach, wie schnell endet er trotzdem!) Was soll man von einer Kultur halten, die als Heros den
sterbenden Boten ehrt? Zehn Jahre zuvor waren die Perser, mit
einem noch relativ kleinen Heer und ohne persönliche Gegenwart des Großkönigs, bei Marathon geschlagen worden – eben
dafür nimmt Xerxes nun Rache. Ein Teilnehmer dieser Schlacht
hatte die vierzig Kilometer bis Athen zu Fuß schnellstmöglich
zurückgelegt, tritt auf den Marktplatz der ängstlich harrenden
Stadt, ruft: »Wir haben gesiegt!« und bricht tot zusammen.
Wir? Es soll aufs stärkste bekräftigt werden gerade in dem Augenblick, wo es für den, der es ausspricht, endet. Am Nachmittag war es noch uneingeschränkt wahr gewesen, als er absicht-
lich mitkämpfte und zufällig nicht fiel; es gilt noch, als er den
Ruf tut; und es wird, so ließe sich sagen, zur Lüge, als er den
Mund schließt, denn er ist *draußen*. Aber das soll nicht sein,
über diesem Tod wird das gewaltigste Mal des ehrenden Einge-
denkens errichtet – keine Pyramide, kein Mausoleum, überwältigend durch die Masse des verbauten Materials und nur diesen
einen meinend; sondern eine *Sitte*, die je von neuen Individuen
geübt wird und diese, wie ihr Vorbild, der Gemeinsamkeit über
die Zeit hinweg verpflichtet. Von nun an, bis auf den heutigen

Tag, wird die mörderische Distanz unter Qualen gelaufen, und
es gibt dabei immer noch (heute, wo es sich nur noch um den
Siegeskranz der persönlichen Fitneß handelt, sinnloser denn je)
Tote.

Xerxes weiß nichts von diesem schrecklichsten menschlichen Vermögen, für eine Sache zu sterben; er sieht nur den
Tod. Da er aber diese Bereitschaft nicht begreift, hat die Historie als Feld der Entscheidung für ihn keinen Sinn. Xerxes überblickt ein Terrain, das sich soeben anschickt, aus einem harm-
losen Gelände mit Hügeln, Äckern und Bäumen in die Gräß-
lichkeit des Schlachtfelds verwandelt zu werden. Er, Xerxes,
wird es kommandieren und nachher verloren oder gewonnen
haben. Von dieser Schlacht hängt sehr viel ab; die Welt wird
danach eine von zwei möglichen Richtungen einschlagen; welche, läßt sich jetzt noch nicht erkennen. Xerxes aber sieht nur
Natur, und die Geschichte lediglich als ihren Sonderfall, der
das Unabwendliche zuweilen katastrophisch beschleunigt; er
sieht einen Vulkan inmitten der Landschaft. Von Zeit zu Zeit
bricht der Vulkan aus und schleudert glühendes Gestein umher; und fügt sich doch ins Panorama.

Und dennoch machen diese Tränen einen Unterschied.
Worüber Xerxes, wie Herodot ihn entwirft, weint, ist die *Dauer* der Geschichte. Nicht als ob die Linie der Natur, das heißt
die vier Milliarden Jahre, seit denen auf diesem Planeten Lebewesen existieren, nicht noch unendlich viel länger wäre. Aber
die Wesen, die je zum Leben an die Reihe kommen, wissen es
nicht. Die ersten dreieinhalb Milliarden Jahre können ganz außer Betracht bleiben; denn während dieses langen Anfangs kam
das Leben auf Erden nicht über die Größenordnung der Einen
Zelle hinaus und ließ sie, aus Ratlosigkeit, wie es sonst mit ihm
selbst weitergehen sollte, einfach nicht sterben. Eigentlich lebt
diese Eine Zelle, ungeachtet aller milliardenfachen Teilung, bis
heute fort; sie wird uns zweifellos überleben und an uns vor-
beiziehen, wie ein Komet, der auf seinem unausrechenbar wei-

ten Lauf ein einziges Mal an der engen Erdbahn vorüberzieht.
Das ist noch nicht einmal erhaben, es ist langweilig (obwohl
man sicher sein darf, daß Bakterien sich nicht langweilen, sondern einfach das Ihrige tun). Mit Recht darf man fragen, ob sich
auf diese Wesen überhaupt der Begriff der Zeit anwenden läßt.
Vielleicht sollte man von *Zeit* erst mit dem Aufkommen der
unbedingt sterbenden mehr- und vielzelligen Wesen sprechen,
vor etwa fünfhundert Millionen Jahren. Sie zwar wissen es immer noch nicht, daß sie werden sterben müssen; doch wir für
sie. Dauer aber ist auch das nicht.

Dauer heißt: Ich selber weiß es, daß es weitergeht, wenn ich
selber tot bin. Dazu reichen die hundert Jahre, von denen Xerxes spricht, völlig hin. Seit den Tagen des Xerxes aber sind diese hundert Jahre fünfundzwanzigmal voll geworden, das heißt,
die gesamte lebende Menschheit ist zum mindesten fünfundzwanzigmal zugrunde gegangen und komplett ausgetauscht
worden. Uns steht nicht die nächste Generation mit für die
letzte ein, indem, wie bei Tieren und Pflanzen, sich beide voneinander nicht unterscheiden lassen und der verfügbare Raum
jedenfalls immer ausgefüllt ist, so daß man höchstens die Sterbenden sieht – das sind immer wenige –, nie aber die Toten in
ihrer ungeheuren Überzahl. Mit uns, den Menschen, endet das
Bild von der Natur als eines einzigen großen stoffwechselnden
Organismus. Wir unterscheiden jeden Durchgang, jede einzelne vergangene Generation, und sei es nur an der Albernheit ihres Kostüms, das den ewig gleichen Bau der Glieder umhüllt.

Diese Menschen sind tot und fort; aber auf eine eigenartige,
schwer zu greifende und doch nicht wegzudenkene Weise noch
da, und nicht nur die, die wir noch gekannt haben, sondern
hinter ihnen die anderen, die von diesen noch gekannt worden
waren, und so unabschließbar weiter; und am stärksten und in-
nigsten in den Sprachen, die wir sprechen und die das größte
Geheimnis der Menschheit sind. Die Toten sind allesamt Gespenster. Streifen wir die Pietät ab, die sich diesem Gedanken

als Begleiterin aufdrängen will, und fassen wir ihn allein ins Auge: Und es wird sich ein Erbarmen einstellen, in das sich Grauen mischt. Die armen Toten! Sie so zu sehen ist der Umweg, dessen es bedarf, damit wir auch uns selbst als die künftigen Toten und Gepenster erkennen und beklagen, die wir sind. Tiere erdulden, was sie zu erdulden haben, tränenlos. Sich selbst in seinem Elend so anzuschauen, als wenn man ein anderer wäre, den man dann beweinen würde, ist die Voraussetzung, um überhaupt – nämlich über sich selbst – zu weinen.

Nur zur Hälfte ist Herodot, der von den Tränen des Großkönigs berichtet, ein Grieche; zur anderen Hälfte jedoch ein Barbar aus Halikarnassos, dem kleinen Volk der Karer angehörig. Herodot teilt das Erstaunen der Griechen, aber nicht ihre Verachtung. Als den Zweck seines Werks bezeichnet er es in der Einleitung, »daß nicht mit der Zeit verlösche, was von Menschen geschah, noch ruhmlos vergehn die großen Wundertaten, die Hellenen nicht minder als Barbaren vollbracht, vor allem aber, warum sie miteinander Krieg geführt.« Hier, würde ich sagen, liegt der Schlüssel von Herodots Größe und Zauber: daß er zwischen Griechen und Barbaren zu trennen weiß und sie doch insgesamt als Menschen sieht. Weder ein reiner Grieche noch ein reiner Barbar hätte dieses Werk hervorgebracht; denn dem Barbaren hätte es an Lebendigkeit und Form, dem Griechen aber an der nötigen Breite gemangelt. Soll ich in einem Satz zusammenfassen, worin ich das Einzigartige Herodots erblicke, so sage ich: Herodot ist das Genie der Erinnerung. Dieses Urteil klingt einfach; und doch faßt es eine eigentümliche Qualität zusammen.

Die je Lebendigen wollen es wissen, wie es mit den Toten vor ihnen denn eigentlich war. Nicht nur ist ihnen bekannt, daß es ihnen sonst schwer fiele, auch nur die eigene Gegenwart zu verstehen und ihr die Würde des Notwendigen zu erteilen. Sie spüren es, daß auch sie selbst schon bald Tote sein werden, und sie möchten, kämen sie denn wieder, sich in dem wiedererkennen können, was die Lebenden über sie denken und noch wissen. Wenn es so etwas wie ein unveräußerliches Menschenrecht der Toten gibt, dann dieses. Die Lebenden dürfen die Toten ein wenig benützen; aber nicht gänzlich wie es ihnen beliebt. Im frühen Zustand kennen die Lebenden den Gegensatz zwischen diesen beiden Rechts- und Interesselagen gar nicht, sondern wähnen, in der ehrfurchtsvollen Anrufung der Ahnen sei beides identisch: Die Ahnen setzen als Geister die Lebens- und Hausgemeinschaft fort und vereinen ihr Wollen mit dem der Enkel. (Ja, das Wort »Enkel« ist, sprachgeschichtlich gesehen, nichts als eine Verkleinerungsform von »Ahn«: Im Enkel kehrt er wieder.) Es sind dieselben Zeiten, in denen jemand, der abgebildet wird, noch keine persönliche Ähnlichkeit des Porträts verlangt, sondern sich vollauf mit der zeichenhaften Wiedergabe begnügt, als hätte das Zeichen Macht, ihn ganz zu umfassen. Immerhin könnte den Lebenden auch damals schon aufgefallen sein, daß die Ahnen bedeutend weniger aßen und tranken als die Sippenmitglieder aus Fleisch und Blut – ein Schälchen Milch, eine Handvoll Hirse, auf den Boden geschüttet, mehr verzehrten und bekamen sie nicht; und im Grunde wußten sie es, denn immer gibt es auf dieser Stufe eine ganz besonders starke Furcht vor bösen Geistern, die sich, forscht man nach, immer als neidische Tote erweisen.

Und so, wie die Lebenden mit den Toten nicht im Ernst ihre Nahrungsmittel paritätisch teilen können, so auch nicht ihr Gedächtnis. Wie diese hat es die zwei beschränkenden Eigenschaften der Knappheit und der leichten Verderblichkeit, die es bevorzugt zum Gebrauch der Lebenden bestimmen. Völlig ausgeschlossen erscheint es, daß man von seinem Ururgroßvater noch so viel weiß wie von seinem Vater oder gar sich selbst. Es schiebt sich in der Überlieferung dieser meist noch schriftlosen Gesellschaften jede Generation mit einem neuen vermittelnden Bruch dazwischen, wenn sie weitergibt, so daß alle Tra-

dition sich nach dem Muster des Kinderspiels »Stille Post« vollzieht: Jeder sagt das falsch Gehörte dem nächsten noch ein bißchen falscher ins Ohr, und dieser wiederum tut, das Sinnlose
strukturierend, sein eigenes noch falscheres Verständnis hinzu, so daß man am Ende nur staunen kann, was aus der ursprünglichen Nachricht wurde. Und dann ist natürlich ein jeder vollauf mit sich beschäftigt, füllt den Gedächtnisspeicher
mit dem, was ihn selbst betrifft; das unverbunden Frühere muß
zurückstehen. Was auf die Länge bleibt, sind fast nur Struktur-
daten: wenig, und ungenießbar hart geworden.

Das Epos versteht sich durchaus als historische Überlieferung, wie auch wir das Wort verstehen, und wird noch viele
Generationen, nachdem es in die Schriftform hinübergewech-
selt ist, so verstanden. Aber wie viel Falsches tut es denen an,
von denen es spricht! Ich halte es für sehr wahrscheinlich, daß
es einen Menschen namens Achilleus gegeben hat; jedoch für
ausgeschlossen, daß seine Mutter eine Göttin war. Es bleibt
sein Ruhm; aber der meint ihn kaum mehr. Zwischen dem
einst lebendigen Menschen und dem homerischen Helden gibt
es tendenziell nur noch eine einzige Überschneidung: den Namen. Die Namenskataloge stellen zwar für uns heute bestimmt
den langweiligsten Teil der *Ilias* dar, weil sie stur nur auf dem
Fremdfaktischen des Vergangenen beharren; aus genau diesem
Grund aber bilden sie den Kern des Buchs: das, womit es ihm,
wenn es ans Merken ging, am ernstesten war.

So adreßbuchhaft abgemagert bietet sich dar, was an Überlieferung Herodot vorausgeht. Ihm auf dem Fuße folgt, nur
eine Generation später, Thukydides. Thukydides stellt den
Peloponnesischen Krieg dar, den großen griechischen Bürgerkrieg zwischen Athen und Sparta, der in annähernd drei Jahrzehnten den aufgehäuften Reichtum einer ganzen Kultur vernichtet und nichts zurückläßt als Verwirrung und Erschöpfung. Das Werk hat als sein erklärtes Ziel die historische
Richtigkeit, und kommt sehr weit damit; eigentlich schon so

weit, wie es von einem modernen Historiker verlangt wird. Aber es zahlt einen hohen Preis dafür. Wie es eine Lust ist, Herodot zu lesen, so kann die Lektüre des Thukydides zur Qual werden. Und er weiß es: Er spricht einleitend von der Härte seines Stils und der Verwickeltheit seiner Darstellung als dem Opfer, das er der Wahrheit gebracht hat. Die Vorgänge, von denen er berichtet, sind durchweg ungemein komplex in Raum und Zeit, lesend nur mit Mühe zu begreifen und so gut wie überhaupt nicht erinnerbar. Hat man das Werk durch, kann man nurmehr einigermaßen und in den gröbsten Zügen angeben, worum es eigentlich gegangen war. Von wem wird es noch gewußt? Ganz – nur von sich selbst, wenn es zugeschlagen oder zusammengerollt in der Dunkelheit ruht: von niemandem mehr also.

Und wie früh der Peloponnesische Krieg war! Früh heißt, gehalten an die Summe der schriftlichen Überlieferung, die sich seither angesammelt hat und die man getrost auf das Zehntausendfache beziffern kann. Ganz und gar hat die Geschichtswissenschaft es darum in der Zwischenzeit aufgegeben, noch das Bündnis mit dem Gedächtnis der je Lebendigen zu suchen. Sie will nur noch die Wahrheit und gar keine Erinnerung mehr. Wahrheit mag schwer und nur im Streit zu erreichen sein; aber sie genügt sich selbst, sie muß nicht werben; und aus diesem Grund wird, wer nur sie will, die Neigung haben, mürrisch zu sein.

Herodot aber wirbt den Leser und weiß es gar nicht. Auch er strebt der Wahrheit nach, und zwar sogar ausschließlich; ja er ist der erste, der es überhaupt je tut, indem er Überlieferungen nebeneinander hält, prüft, aussucht, verwirft. Wo sind die Quellen des Nils? Stürzt er direkt aus dem Himmel nieder? Ausgeschlossen, meint Herodot. Was hat es zu bedeuten, daß die Luft im hohen Norden ununterbrochen von Federn erfüllt sei? Herodots Lösung: Schnee. Man sollte den Ernst des Vorsatzes nicht deshalb geringschätzen, weil das gewissermaßen noch wilde Material, an solche Behandlung nicht gewöhnt, ihm den größten Widerstand entgegensetzt und erst methodisch zugeritten werden muß. So spricht Herodot davon, daß es in Arabien eine Art von Schafen mit drei Ellen langem Schwanz gebe, unter den die Hirten ein Wägelchen schnallen, damit diese kostbare Wolle nicht schmutzig wird. Er hat keine Möglichkeit, die Behauptung nachzuprüfen oder auch nur einzuschätzen, berichtet aber jedenfalls darüber. Ebenso teilt er mit, daß eine karthagische Expedition um Afrika gefahren sei und daß diese die Sonne auf der rechten Seite, also doch wohl: im Norden, gesichtet habe. Kein Wunder, denken wir heute, sie sind eben auf die Südhalbkugel gelangt, und diese Einzelheit beweist deutlicher als jede andere, daß der Reisebericht auf Wahrheit beruht. Für Herodot aber ist die Erde eine Scheibe; eine Sonne, die im Norden steht, muß sein Weltbild sprengen. Dennoch ist er gewissenhaft genug, diese ihm ganz unglaublich scheinende Angabe nicht zu unterschlagen. Im Vergleich dazu sind die Schafe mit ihrem Schwanzwägelchen völlig unproblematisch, denn sie bleiben ohne Folgen für das kosmologische Modell; und wir lachen zu Unrecht über das, was uns als seine Leichtgläubigkeit vorkommt.

In diesem Geist gestaltet Herodot auch die Menschen: gewissenhaft, und kraft seiner Zuversicht, es sei wirklich so gewesen. So werden sie zu historischen Figuren. »Historisch« meint Herodots Vertrauen, sie in ihrer einstigen Lebendigkeit erfaßt zu haben, nicht etwa wie bei einer Bühnenrolle, bei der sich Schauspieler und Publikum gewissermaßen einen Abend lang verabreden müssen, an sie zu glauben; das Gewesene erscheint als unzweifelhaft. »Figur« aber sind diese Menschen, insofern die literarische Bearbeitung sich an das Bedeutsamste von ihnen hält. Nur so wecken sie noch nach fünfundzwanzig Jahrhunderten und achtzig Generationen später das lebendige Interesse, das man allein realen Menschen zuwendet. Von dieser Aufmerksamkeit wird die unwillkürliche Erinnerung gefangen, jene Art von Erinnerung, die keine Veranstaltung ist und keine Mühe verlangt, sondern die Geschichte, einmal gehört, für alle Zeit vor dem Vergessen sichert.

Natürlich hatten es auch schon die barbarischen Herrscher selbst angestrebt, erinnert zu werden; das Umschlagsbild der Kröner-Ausgabe von Herodot zeigt den persischen Großkönig auf dem Thron, wie er sich in seiner Hauptstadt Persepolis hat meißeln lassen. Völlig aufrecht und im schärfsten Profil sitzt er da, von Würdenträgern und Rangabzeichen umgeben wie in einer Kinderfibel; mit größter Sorgfalt ausgeführt sind die Falten seines prächtigen Gewandes, die geflochtene Frisur, sein langer Bart, alles, woran sich ablesen läßt, daß er der Großkönig sei; das wenige jedoch, was von seinem Gesicht erkennbar ist, unterscheidet ihn nicht von den anderen Figuren der Gruppe. Dieser Mann wäre durch eine Puppe zu ersetzen, selbst eine unähnliche. Nicht mehr als das hat der Herr der Welt aus eigenen Kräften für sein Nachleben zu tun vermocht. Damit vergleiche man, wie Herodot diesen Barbaren, indem er ihn ganz als Barbaren gestaltet, in seinem Denken, Fühlen und Handeln, von sich selbst und zu sich selbst erlöst! Kann ein Toter auf mehr hoffen?

Auch Herodot hat sich, als er von anderem schrieb, selbst zu einer solchen historischen Figur gemacht; wir wissen nicht allzuviel über ihn, aber sein Bestes haben wir. So hoffe auch ich, indem ich dies schreibe, dem Besten an mir eine Gestalt zu geben.

Der Stachel im Fleisch

Wie man sich zum Tod verhalten kann

»Jede Epoche ist unmittelbar zu Gott«. Das ist ein schöner, ein großer Satz des Historikers Leopold von Ranke. Er ist gesprochen gegen den bewußten oder unbewußten Hochmut der Fortschrittsgläubigen, denen es sich immer von selbst versteht, daß alle vorausgegangenen Generationen gerade eben gut genug gewesen seien, zur jetzt herrschenden und strahlenden Gegenwart je ihr Scherflein beigetragen zu haben, und dann verloschen zu sein. Diesen gewesenen Geschlechtern will der Satz ihr Recht verschaffen; er besteht darauf, daß ihre einstige Lebendigkeit, bloß weil sie an ihr Ende gelangt ist, darum keine mindere war und daß es einen Fehler der Übereilung bedeutet, den transitorischen Umstand, daß gerade wir gerade heute leben, allzu hoch zu bewerten. Gelänge ihm, was er will, so wäre Geschichte ein für alle Mal gerechtfertigt. Wie aber, wenn kein Gott ist? Zu was *dann* sind die Epochen unmittelbar?

Es gibt nur ein einziges Ding oder Unding, das dann an die Stelle Gottes treten kann. »Es, quod fui; eris, quod sum«, verkündet eine lateinische Grabinschrift, die alle drei Zeiten in einer atemberaubenden grammatischen Schleife zusammenbindet: »Du bist, was ich war; du wirst sein, was ich bin.« Die Auflösung des Rätsels lautet: lebendig; und tot. Allein so, in der Idee der Vernichtung, läßt sich noch die Gleichrangigkeit von vergangener, gegenwärtiger und zukünftiger Menschheit herstellen, ohne daß die Vergangenheit zur Trittstufe der Gegenwart herabsinkt und die Zukunft ihr ganz aus den Augen kommt. Nehmen wir getrost an, daß alle Versuche, das Leben und seine Sterblichkeit mit der Dauer der Geschichte auszusöhnen, gescheitert sind; daß es keinen Gott gibt, der die Ge-

schichte in sich sammelt, keine persönliche Auferstehung der
Menschen und keine Wiedergeburt für sie; daß auch eine Vor-
und Nachwelt, die ihren Namen verdient, insofern er Trost
spendet, nicht vorhanden sind; und daß darum, wer Geschichte sagt, den Tod meinen muß.

»Tod, wo ist dein Stachel?« jubiliert das Neue Testament, in
der gefährlichen Form der Frage: Denn wer Fragen stellt, sei-
en es selbst rhetorische, riskiert es, eine Antwort zu kriegen.
Ich erinnere mich an eine Doppelzeichnung eines Vertreters
der sogenannten Neuen Frankfurter Schule. Man sah den klassischen Sensenmann, ein Christ trat auf ihn zu, schleuderte
ihm die Frage entgegen; der Tod schlug ohne ein Wort sein Ge-
wand auseinander und bot an dessen Innenseite, wie eine ob-
szöne Ware, den Stachel dar, ein gut vierzig Zentimeter langes,
schlankes, spitzes, aufwärts gekrümmtes Gebilde. Witze gibt
es, die sind so gut, daß einem vor Bewunderung das Lachen im
Hals stecken bleibt. Die Metapher, keck geworden, wendet sich
um und erstarrt zur Salzsäule, wo sie ihrem Ursprung ins Auge
sieht. Du stirbst bald, und ganz; und andere werden an deiner
Stelle in der Sonne gehen. Daß es sich so verhält, scheint auf
der Hand zu liegen; und doch ist diese Einsicht so furchtbar,
daß wenige ihr im Ernst standgehalten haben.

Was aber tut man, wenn man sie wirklich gefaßt hat? Offenbar ist nur eines von zwei Dingen möglich: Entweder man
stellt sein ganzes Leben in das Zeichen des Zorns und des Stolzes vor dem Unabwendbaren und beharrt darauf, daß nicht enden *soll*, was enden *muß*. Oder man sucht den Beweis anzutre-
ten, der Tod sei nicht das Übel, als das er gefürchtet wird. Es
handelt sich um eine große unpraktische und um eine kleine
Strategie, von der, ob sie praktisch ist, noch zu sehen bleibt. Für
beides steht mir je ein Name ein: Elias Canetti; und Lucius Annaeus Seneca.

Elias Canetti, bulgarischer Jude aus Wien, wohnhaft in London, Romancier, Dramatiker und Essayist, Nobelpreisträger und vor allem autobiographischer Zeuge seines eigenen langen Lebens, hat sich vielen als ein denkwürdiger und wenig sympathischer Mensch eingeprägt. Monoman der er ist, sperrt er seine Personen, erfundene und reale, unbarmherzig in »akustische Masken« und »Bestiarien« ein: *So* sollen sie sein, und nie mehr anders.

Seit kurzem jedoch gibt es ein Buch von ihm, *Über den Tod*, das nicht einmal ein steinerner Charakter wie er im eigentlichen Sinn hätte schreiben können. Mehr als das, er hat es sich verboten:

> »›Pensées‹ gegen den Tod. Das einzig Mögliche: sie müssen Fragmente bleiben. Du darfst sie nicht selbst herausgeben. Du darfst sie nicht redigieren. Du darfst sie nicht einigen.«

Die Lust am Bau, das Kunstwerkhafte, der Genuß des überschießend Schönen sollen um jeden Preis unterbunden werden: Es wäre Canetti sonst, als höbe er sein Autorenhonorar von Verhungernden ein. Vollständig verzichtet soll sein auf jeden persönlichen Gewinn, auf die Eitelkeit, die immer da ist, sobald ein Werk komponiert wird; hier hegt Canetti seine schärfsten Verdächte. Das Buch, das vorliegt, war gewiß der dringendste Auftrag, den Canetti über das Grab hinaus zu erteilen hatte; aber eine Germanistin mußte es postum für ihn tun, sie mußte Canettis Bücher aus über sechzig Jahren wie mit einem Kamm durchgehen und die Brocken herausklauben. Nur so konnte sein stärkstes Werk entstehen, ein Block von einzigartiger Dichte, schwarz und bestürzend.

Dieses Werk hat keinen Inhalt. Ein vollkommen unbeugsamer Charakter liefert kein Schauspiel, und das Wort Nein, immer wieder mit Glut und Haß gesprochen, keinen Essay und keine Aphorismensammlung. Statt dessen stehen da Formeln wie gemeißelt, die sich schämen würden, müßten sie sich als originell erkennen: »Es ist um jeden schade.« »Die größte Anstrengung des Lebens ist, sich nicht an den Tod zu gewöhnen.« »Es ist besser, man lebt so stark, daß niemand sterben kann.« Es wird, sofern man darunter die verändernde Fortführung eines Gedankens versteht, nicht reflektiert, und erzählt auch nicht. Gerade eben noch, daß Canetti seine Schlüsselanekdote mitteilt: Sieben Jahre war er, als sein Vater starb. Das Kind, so berichtet es der sich erinnernde alte Mann, versucht sich mit einem Spielkameraden am Erklettern eines Baums.

> »Ich trat zum Baum, griff seine Rinde an, umfaßte ihn und wollte mich hinaufschwingen, als sich ein Fenster von unserem Speisezimmer öffnete. Die Mutter streckte sich mit ihrem Oberkörper weit hinaus, sah mich mit Alan am Baum stehen und schrie gellend: ›Mein Sohn, du spielst, und dein Vater ist tot! Du spielst, du spielst, und dein Vater ist tot! Dein Vater ist tot! Du spielst, dein Vater ist tot!‹«

Dieser Schrei ist in Canetti nie verklungen und dringt ihm noch achtzig Jahre später mit all seiner ursprünglichen Kraft ans Ohr, in einer gespenstischen Unaufhörlichkeit wie der gemalte Schrei Edvard Munchs. Er bezichtigt alle Lebenden, weil sie es wagen, neben dem Tod zu leben, der Frivolität. Die absolute Diskrepanz kann nur immer von neuem bekräftigt werden, hinzufügen läßt sich ihr nichts. So gellt sie fort als Litanei des Entsetzens, nicht unendlich – denn der Endlichkeit gilt ihre Klage –, wohl aber unabschließbar. Wie eine Art umgekehrter Urknall muß sie, soll sie ihre weltdeutende Kraft behalten, bis in den allerletzten Sekundenbruchteil hinein durchgehalten werden. Nur so gestattet sich Canetti den eigenen Tod zu denken:

> »Wenn es denn schon sein muß – es heißt, es muß sein –, wenn es denn schon ganz bestimmt sein muß, will er mit dem gelben Bleistift in der Hand über einem drohenden Wort gegen den Tod sterben.«

Was für ein Satz! Canetti weiß es (dies war die Lehre seines Meisters Karl Kraus), daß Sprache weder in ihren Wörtern lebt noch in Absätzen, Kapiteln und Bänden: sondern allein im Satz, so wie ein Mensch nicht in seinen Zellen und Gliedern und auch nicht in den sozialen Verbänden, denen er angehört, lebt, sondern allein in seinem Körper. Zu wenig wäre es noch, zu sagen, dieser Satz zögere, nach Gehalt und Bau, das Unvermeidliche hinaus bis ganz zuletzt, bis zum abschließenden doppelten Paukenschlag aus Substantiv und Verb. Daß es ein Müssen gibt: davor weicht dieser Satz nicht zurück. Er legt es darauf an, zum Vorschein zu bringen, was dieses Müssen wirklich heißt, die physische Gewalt – wie ein Straftäter, der sich nicht ruhig verhaften läßt, sondern es darauf anlegt, daß die Polizei von der Schußwaffe, die sie immer trägt, Gebrauch macht. Das Wesen der Polizei besteht in der niemals unterbrochenen Bereitschaft zu töten; dem kann man sich nicht entziehen; aber man kann sie zwingen, daß sie es zeigt. Der Einschub aber ist ein wahrer Januskopf: »Es heißt«, das gibt sich zugleich als bekräftigende Verdoppelung und als verdächtiges Gerücht. Und wie rührend ist der gelbe Bleistift! Die Farbe Gelb tut eigentlich nichts zur Sache, denn die Schrift eines Bleistifts verharrt auf alle Fälle in einem schwärzlichen Silbergrau. Wie das Gerät von außen lakkiert ist, könnte gleichgültig sein. Doch hat Gelb eine andere Qualität als die übrigen Farben. Blau ist die Farbe des Himmels und der Luft, des Wassers auch, grün die der vegetabilischen und rot der animalischen Welt, von Fleisch und Blut. Gelb hingegen ist die Erscheinungsweise des Sonnenlichts, nicht eines Dings also, sondern der Voraussetzung, unter der alle anderen Dinge in die Sichtbarkeit treten. Wer unbefangen lebt, nimmt diese Farbe hin in ihrer dienenden Funktion, als könnte es nicht anders sein, und bemerkt sie gar nicht. Wer aber sieht, daß der Sonnenfleck an der Wand und der Sandweg im Wald *gelb* ist, der fühlt die Drohung, daß das Licht verlischt. Er liebt das Leben verzweifelt und doppelt, weil er den Tod nahe weiß.

Aber was meint Canetti damit, daß *er* es sei, der dem Tod droht? Dafür müßte er Hoffnung haben, auf ihn einwirken zu können; ja es müßte der Tod allererst jemand oder mindestens etwas sein. Canetti verlangt »Mut, dem Tod ins Gesicht zu spucken«. Jedoch: der Tod hat kein Gesicht. Und wenn Canetti die Faust emporballt und sie schüttelt wie zu einer bösen Gottheit, so trifft er dort oben bloß auf ein Loch in der Decke. Das könnte eine komische Verpuffung sein, wäre es nicht so schauerlich. Worüber Canetti nicht hinwegkommt: daß es sich beim Tod um das Konkreteste und das Abstrakteste zugleich handelt; konkret, weil er jeden in der Wurzel trifft; abstrakt, weil er kein Wesen, kein Ding und keine Instanz ist, sondern buchstäblich – nichts. Es gibt zu ihm keine Art, sich zu verhalten, als den Schmerz über die Unauflöslichkeit dieses Paradoxes. So gleicht Canetti dem blinden Zyklopen, der herumirrt und brüllt: Niemand hat mich geblendet!

Canetti hat ein erhabenes Buch geliefert. Es steht da in einer grandiosen Nutzlosigkeit wie ein Felsabsturz oder der Sternenhimmel, offen nur der Kontemplation. Zu besichtigen ist die übermenschliche Kraft dieses einen Mannes. Er tritt dem Tod insgesamt entgegen, also nicht etwa nur seinem eigenen; er fühlt auf sich die Last aller je Gestorbenen, einschließlich der Tiere; und er hält sich frei vom Neid auf die, die ihn überleben werden. Nicht als ob sein Gedanke so schwer aufzufinden gewesen wäre; doch hängt eben alles an dieser Kraft, die sich ihm gewachsen zeigen muß. Das herumscharwenzelnde Nachwort, das von einer »Kritik der Sterblichkeit« faselt, als gäbe es hier theoretische Arbeit zu leisten und käme das intellektuelle Taktieren auf seine Kosten, gibt einen Eindruck, was passiert, wenn ein Schwächling ihn zur Hand nehmen will. »Der interpretiert den Tod« ist das Geringschätzigste, was Canetti über einen Menschen zu sagen weiß. Er hält dem steinernen Faktum, das niemals blinzelt, stand. Einen Anblick bietet er wie ein Gewichtheber, aber nicht wenn er ansetzt, hochreißt, durch-

drückt; sondern wie wenn er das Gewicht am ausgestreckten
Arm hielte, stundenlang, ohne zu schwanken und abzusetzen.
Man erträgt diesen Anblick des dauernden Äußersten nicht
und weiß doch, daß man sich davon nicht abwenden darf; und
schließlich, obwohl man es sich nicht verzeiht, ermüdet man,
daß bei so viel Aufwand sich nichts ereignet. Immer wieder
habe ich es ebenso unmöglich gefunden, das Buch in der Hand
zu behalten, wie es fortzulegen. So bin ich über ihm, in einer
Art vitaler Übersprungsreaktion, die das ausgeschlossene Dritte doch vollbringt, eingeschlafen und auf diese Weise seiner
Unentrinnbarkeit entschlüpft.

Man kommt diesem Buch nicht bei, so wenig wie es selbst
dem Tod. Nicht widerlegt wird es von seiner Aporie, die es
selbst so faßt:

»Es genügt nicht zu sagen, daß Tod alles ist.
Natürlich ist alles Tod.
Aber man muß auch sagen, daß man, aussichtlos, wie es scheint,
sich mit Härte und Erbitterung dagegen stellt, daß alles Tod ist.
Der Tod soll – ohne billigen Betrug – sein Ansehen verlieren. Der
Tod ist falsch. Es ist unser Sinn, ihn falsch zu finden.
Wer aus Ehrlichkeit nur davon handelt, daß es nichts als Tod gibt,
stärkt ihn.«

Sind es zwei verschiedene Dinge, von denen Canetti hier
spricht? Die beiden Aussagen, der Tod sei alles, und er sei
falsch, differieren nur im Temperament. Die Härte und Erbitterung, die Canetti wie etwas anderes verlangt, sind, da sie ein-
gestandenermaßen nichts ausrichten, nichts weiter als sein
persönlicher Zusatz. Auch er – stärkt den Tod, ja er stärkt ihn
im selben Maß, wie er selber stark ist. Canettis langes, beharr-
liches und krafterfülltes Leben hat sich dem Tod jede Sekunde
widersetzt und war darum jede Sekunde von seinem Schatten
bedeckt gewesen. »Gibt es keine Religion der immer akuten
Verzweiflung?« fragt er. Doch, natürlich; er praktiziert sie (nur

daß man es wohl nicht Religion nennen sollte). Woran man immerzu denkt, das *ist* man, man mag dazu stehen wie man will; und so war Canetti in gewissem Sinn lebenslänglich tot. Vor dieser äußersten umschlagenden Konsequenz stehe ich mit Bewunderung und Grauen.

Lucius Annaeus Seneca ist die herausragende geistige Persönlichkeit der frühen römischen Kaiserzeit; aber ein großer einzelner wie Canetti ist er nicht. Er beginnt seine Laufbahn als Lehrer der Rhetorik, spielt eine Rolle am Hof des Kaisers Caligula und wird unter dessen Nachfolger Claudius wegen einer (angeblichen oder tatsächlichen) Affäre mit einer kaiserlichen Prinzessin verbannt. Er kehrt zurück, als Claudius' neue Frau Agrippina einen Erzieher für ihren Sohn Nero braucht. Nero besteigt den Thron, nachdem Agrippina ihrem Gatten eigenhändig ein Gericht aus giftigen Pilzen gekocht hat, und Seneca fungiert faktisch als Premierminister des siebzehnjährigen Monarchen. Nach vielversprechenden Anfängen beginnt dieser seinem Mentor zu entgleiten; schließlich wird Seneca vom Kaiser in den Mord an dessen Mutter hineingezogen, deren Herrschsucht selbst ihrem Sohn unerträglich geworden war, und gibt dem Sohn den – für einen Ethiker höchst verfänglichen – Rat, das einmal begonnene Komplott aus Gründen der Staatsräson zu Ende zu führen. Danach erbittet und erhält Seneca seinen Abschied und schreibt sein letztes, bekanntestes Werk: *Epistulae Morales ad Lucilium – Briefe zur Ethik an Lucilius.* Vom Adressaten, einem jungen Freund, weiß man weiter nichts; wahrscheinlich hat Seneca ihn sich überhaupt ausgedacht, um bei einem Zögling, der stillhielt, Erholung von dem anstrengenden und unberechenbaren Nero zu finden. Auf Geheiß dieser seiner pädagogischen Ausgeburt muß der alte Lehrer kurz darauf, der Teilnahme an einer Verschwörung bezichtigt, Selbstmord begehen; er tut es mit der vorbildlichen Gelassenheit, die die Antike von ihren

Philosophen erwartet, und besonders von den Stoikern, zu denen auch Seneca gehört.

Die Moralischen Briefe fassen die kurrente Weisheit eines Zeitalters zusammen. Wo Canetti in der Wucht seines Charakters originell ist und es verbergen will, da sucht Seneca für seine gut eingeführten und abgehangenen Gedanken die neuartige, in jedem Fall die elegante Einkleidung. Ihn und seinesgleichen hat Canetti verachtet, mit einer Rückhaltlosigkeit, wie sie nur dem Aktuellen ansteht. Denn die zwei großen philosophischen Schulen der späteren Antike, die Stoiker und Epikureer, waren damals schon genau so weit wie die heutige Epoche. Auch sie schon wußten nichts Vertrauenswürdiges mehr jenseits des Grabes. Das große Reich, das einzige seiner Zeit, das schlechthin universale, lief wie von selbst. Auch wer damit befaßt war es zu lenken, wie zeitweilig Seneca, empfand es offenbar stark, daß das Gemeinwesen nicht mehr als Inhalt des Lebens taugte (was es doch lange, bei Griechen und Römern, gewesen war). An die Stelle des Politischen und des Sozialen trat, auch bei den Großen, ganz das Privatisieren. Dem alten Streit zwischen Epikureern und Stoikern, ob man sein Leben der Verantwortung für die öffentliche Sache oder dem Rückzug in sein Gärtlein widmen sollte, kam sein Gegenstand abhanden: Auch die Stoiker wurden zu Jüngern Epikurs wider Willen. Nichts blieb ihnen, um ihre Tugend zu beweisen, als die Wunderlichkeiten der Selbstkasteiung.

Da saßen sie nun in ihren herrlichen Villen, inmitten ihres Reichtums und in tiefstem Frieden, und sie hatten nichts, was sie vom Gedanken an den Tod abgelenkt hätte. Der Ausblick, der sich ihnen auf ihre Parks und Golfe bot, lud sie zur Wehmut ein, aber nicht zur Verfinsterung. Und so ging ihr Trachten dahin, nachzuweisen, daß der Tod nicht jenes große Übel sei. Damit man hoffen darf, diesen Nachweis zu führen, muß man allerdings zuvor die absolute Differenz zwischen Leben und Tod zum Verschwinden bringen und aus dem Sprung von der Klippe ein Hinübergleiten machen wie vom Beckenrand ins Tepidarium, das Lauwasserbassin der römischen Bäder. Es klingt, wenn Seneca seinem jüngeren Freund schreibt, so:

>»Täglich sterben wir; täglich wird uns nämlich ein Teil des Lebens genommen, und selbst dann, wenn wir noch wachsen, nimmt das Leben ab. Die Kindheit haben wir verloren, dann das Knabenalter, dann die Jugend. Die Zeit, die bis zum gestrigen Tag verstrichen ist, ist unwiederbringlich dahin; selbst diesen Tag, den wir eben verbringen, teilen wir mit dem Tod. Wie die Wasseruhr nicht der letzte herabfallende Tropfen ausleert, sondern das ganze Wasser, das schon früher ausgelaufen ist, so macht die letzte Stunde, in der wir zu existieren aufhören, nicht allein den Tod aus, sondern sie allein vollendet ihn. In diesem Augenblick kommen wir bei ihm an, doch lange gehen wir auf ihn zu. Nachdem du dies beschrieben hattest in deiner gewohnten Sprache – zwar immer großartig, nie jedoch eindrucksvoller, als wenn du deine Worte der Wahrheit leihst –, sagtest du:
>›Nícht kommt ein eínziger Tód: der Tód, der uns ráfft, ist der létzte.‹«

Es ist ein eigentümlich entsagungsvoller Trost, den der Stoiker spendet. Er macht das ganze Leben vorauseilend todesförmig, damit der Tod, wenn er kommt, keine Beute mehr findet: eine Strategie der verbrannten Erde. Lieber nicht gelebt haben, als sterben müssen. Man beachte, wie die Argumentation im einzelnen verfährt. Canetti verschwendet nicht allzuviele Gedanken an die Zeitförmigkeit des Lebens; sie bekümmert ihn nur, insofern sie ein Ende vorgibt, kommt aber dazwischen kaum in Betracht. Darum muß es Canetti erscheinen, als hörte das Leben *auf einmal* auf – wie es sicher ja auch, außer bei sehr hochbetagten und gewissermaßen erlöschenden Leuten, der allgemeinen Empfindung entspricht. Genau dies streitet Seneca ab. Zeit wird ihm zu einem merkwürdigen Zwitter aus Substanz und Verlauf. Dessen Bild ist weder der Krug oder Teich, die die kostbare Flüssigkeit bergen, noch der Bach oder Fluß, die im-

merfort strömen: Denn beides liefert ihm nicht die gewünsch-
te Anschauung der *allmählichen* Erschöpfung. Er wählt als
Metapher die Klepsydra, die Wasseruhr, das einzige Gerät exakter Zeitmessung, das die Antike kennt.

Übermäßiges trägt er dieser Metapher zu leisten auf: Sie soll
das äußerst starke Gefühl, Lebendigkeit sei eine unteilbare
Qualität, verstummen lassen, und sie statt dessen in Prozent-
sätze eines noch übrigen Vorrats umrechenbar machen. Das
hat seine Logik; jedoch nur, wenn man sich der Metapher völlig überläßt. Glaubt Seneca selbst daran? Er hat zur Wahrheit
ein advokatorisches Verhältnis: Er will, Rhetor der er ist, eine
Sache gewinnen, als stünde er vor Gericht, und dazu scheint es
unumgänglich, von der Richtigkeit dessen, was man vertritt,
zunächst einmal sich selbst zu überzeugen. Seneca wünscht,
daß es wäre wie er sagt, und geht so seiner eigenen Beredsam-
keit ins Netz. Es ist ein Netz, das der Jäger über sich selbst zugleich mit der Jagdbeute wirft; es resultiert ein großes, zappeln-
des Handgemenge. Nicht gerecht wäre es darum, Seneca der
Unredlichkeit zu bezichtigen; aber man sollte sich doch vor seiner gewissermaßen unschuldigen Schläue hüten.

Und noch einen zweiten Trumpf holt der Anwalt aus dem
Bausch seiner Toga hervor:

»Tod bedeutet, nicht zu existieren. Wie das ist ist, weiß ich schon:
nach meinem Leben wird sein, was vor ihm war. Wenn etwas an
Qual darin enthalten ist, war es notwendigerweise auch enthalten,
bevor wir ans Licht hervorgetreten sind; doch haben wir damals
nichts Unangenehmes empfunden. Ich frage: müßte man es nicht
als den Gipfel der Torheit bezeichnen, wenn jemand glaubte, einer
Öllampe gehe es schlechter, wenn sie erloschen ist, als bevor sie
entzündet wird? Auch wir erlöschen und werden angezündet: in
der Zwischenzeit erdulden wir etwas, vorher und nachher jedoch
ist tiefe Sicherheit. Darin nämlich, mein Lucilius, irren wir, wenn
ich mich nicht täusche, daß wir urteilen, der Tod folge dem Leben,
während er doch sowohl vorausgegangen ist als auch unmittelbar
folgt. Was auch immer vor uns war, ist der Tod; welchen Unter-

schied macht es nämlich, ob man gar nicht anfängt, oder aufhört,
wenn das Ergebnis von beidem ist, nicht zu existieren?«

Und immer noch einmal, und immer noch einmal, neu gewen-
det und neu gewandet, bis der letzte Vorbehalt ermüdet
schweigt. Kühner und windiger noch ist diese Argumentation,
und kümmerlicher noch der Trost, den der Philosoph bietet:
Hatte aus dem vorherigen Beweisgang noch erhellen sollen, daß
das Leben mit dem Alter immer weniger wird und gleitend,
ohne störendes Rumpeln an der Schwelle, ins Nichts übergeht,
so wird das Nichts nun von Anfang an als dem Leben äquiva-
lent präsentiert. Man muß wahrlich schon ziemlich tot sein, in
dem Sinn, wie Senecas erstes Zitat es meint, um sich dadurch
beruhigt zu fühlen. Das Leben als Kurzurlaub vom Nichts, der
unser Alles wäre: darüber ließe sich mit weit besserem Recht
auch verzweifeln. Die Metapher, die wiederum die Hauptlast
der Überredung zu tragen bekommt, ist diesmal ganz schief und
falsch gewählt: Einer Öllampe geht es, wie jeder weiß, weder
gut noch schlecht, ihr geht es überhaupt nicht. Hätte die Metapher wenigstens einen Teil ihrer Kraft retten sollen, hätte Seneca das menschliche Leben nicht mit ihr, sondern mit der
Flamme vergleichen müssen. Dazu ist auf die Analogie der
Empfindungslosigkeit kein Verlaß: Wer wüßte denn mit Bestimmtheit, daß nicht nur sein Gedächtnis ausgesetzt hat? Auf
den naheliegenden Einwand der Wiedergeburt hat sich der Ad-
vokat, der doch auf alles gefaßt sein sollte, gar nicht vorbereitet. Hier spätestens ruft Senecas Schläue die Empfindung von
Schalheit hervor. Was wir am Tod fürchten, ist etwas ganz anderes, als was hier argumentativ entkräftet werden soll: Es ist
der elementare Schauder, daß unser Leib zerstört werden soll.
Nicht dem sich anschließenden Zustand gilt er, sei es das Nichts,
das man sich nicht vorstellen kann, sei es irgendeine unbe-
stimmte Hadesqual. Ganz im Diesseits angesiedelt, meint er das
Aufhörensollen des Selbst. Man schreckt davor zurück, wie

wenn man sich mit eigener Hand ein Glied abschneiden müßte. Es geht einfach nicht; das heißt, es geht dann natürlich schon,
aber nur begleitet von einem ganz furchtbaren fleischlichen
Entsetzen, das tiefer sitzt als alle denkbaren Trostgründe je
dringen können, tiefer vielleicht sogar als der körperliche
Schmerz. Ja so stark ist es, daß auch der aufrichtigste christliche
Glaube an eine bessere Welt ihm nichts im Ernst anhat und ich
die Christen, jedenfalls die ich kenne, eine ebensolche und oft
noch größere Angst vor dem Tod haben sehe als die Ungläu-
bigen.

Ein römischer Jurist mußte alle Anträge, die er während eines Prozesses je nach dessen Verlauf zu stellen gedachte, gleich
zu Anfang formulieren. Das hörte sich dann so an: Mein Mandant lehnt es ab, Schadensersatz für den zerbrochenen Topf zu
leisten, denn der Topf war schon zerbrochen, als er ihn entlieh;
sollte er nicht schon zerbrochen gewesen sein, so hat jedenfalls
nicht mein Mandant ihn zerbrochen; sollte doch er ihn zerbrochen haben, so geschah es auf alle Fälle ohne Absicht. In dieser
Tradition steht auch Seneca, wenn er seinen jungen Freund
fürs Jenseits rüstet: »Der Tod vernichtet oder erlöst uns; werden wir entlassen, bleibt uns das Bessere erhalten, nachdem wir
der Last ledig geworden sind; werden wir aber vernichtet, bleibt
uns nichts mehr; Gutes wie Böses ist uns entrückt.«

Er setzt seinem Mandanten also auseinander, daß er hier
entweder etwas zu gewinnen oder aber nichts zu verlieren habe
und das Prozessieren sich also überschlägig unbedingt rentie-
re. Den anderen Fall, daß der Tod immerhin auch ein schmerz-
liches Übel sein könnte, hatte er vorher schon mit einer weg-
werfenden Geste ausgeschlossen: »Niemand ist ein solches
Kind, daß er den Zerberus fürchtet und die Finsternis und das
gespenstische Aussehen von Gestalten, die aus nackten Knochen bestehen.« Diese Vorstellung konnte sich immerhin auf
die antike Überlieferung berufen; das Weiterleben der vom
Körper gereinigten Seelen hingegen saugen sich erst die Phi-

losophen aus den Fingern. Irgendwie jedoch scheint die gespür-
te Willkürlichkeit dieses Jenseitsglaubens verhindert zu haben,
daß er in ihrer Imagination je rechte Kraft gewann; der Hinweis auf ein Paradies der Seelen taucht immer nur als *auch*
mögliche Eventualität auf, und ohne die Freude, die, sähe man
den Himmel wirklich vor sich, sein Bild erleuchten müßte. Es
ist einfach ein Spielstein im philosophischen Lieblingsspiel
»Wir haben keine Angst vor dem Tod, der Tod kann uns gar
nichts«, ein Beweisantrag mehr, den der gewissenhafte Rechts-
anwalt nicht unterlassen darf. (Und wiederum soll die über-
drehte Metapher nachhelfen: Ist nicht unser Leben ganz wie
eine Schwangerschaft, aus der wir durch die Qualen der Geburt, sprich des Sterbens, ins wahre Leben hinübergehen?
Nein, weißgott nicht.) So spricht schon der sterbende Sokrates,
der bedeutendste Philosoph in seinem bedeutsamsten Augenblick: Entweder der Tod ist wie ein tiefer traumloser Schlaf;
oder es gibt ein Weiterleben, und dann sehe er den Disputen
mit allen berühmten Männern, die je gewesen sind, frohlok-
kend entgegen. Mit dieser flauen Figur des Sei es daß – oder daß
scheint Sokrates vollauf zufrieden, sie langt ihm bis ins Sterben. Es ist die Schüsselszene des antiken Denkens; und hält
man sich das vor Augen, wird man den Hintergrund seiner
mediterranen Heiterkeit, den gerühmten Azur, traurig seicht
finden.

   Es ist bezeichnend für dieses Denken, daß es auf die Bekräf-
tigung durch den gelassenen Tod seines Trägers nicht verzichten kann. Sokrates wie auch Seneca sterben von eigener Hand,
nachdem der Stab über sie gebrochen ist. Der Athener Areo-
pag gibt dem Verurteilten den Schierlingsbecher zu trinken,
der Kaiser Nero gewährt seinem früheren Erzieher und Pre-
mier das Privileg, sein Leben selbst zu enden. (Damit, wohlgemerkt, wählen beide nicht den Freitod, sondern machen gute
Miene zum Unvermeidlichen.) Die Trostkraft ihrer Lehre hat
sich im Selbstversuch zu bewähren, sie sind gewissermaßen de-

ren Vorkoster fürs Publikum. Was ist das für eine Philosophie, die vor allem trösten will! Da sie dies will, kann sie die Wahrheit nicht mit gleicher Kraft wollen; und so mißtraut man ihr mit Recht.

Aber selbst wenn diese Heiterkeit über allen Zweifel erhaben bis zum letzten Moment vorhält, wenn an diesem blauen Himmel der letzten Stunde nirgends auch nur das kleinste Rußflöcklein der Verzagtheit sichtbar würde, beeindruckt mich Senecas Tod nicht. Ich sehe für ihn nur zwei mögliche Erklärungen: Seneca wollte nicht mit einem Schlag den Kredit und das Prestige verlieren, die zu gewinnen er sein ganzes Leben aufgewendet hatte; eine Haltung, die ihm ihm umso leichter fallen mochte, als er, nicht anders als Sokrates, ein alter Mann um die Siebzig war, der – und hier erlaube ich mir ein senecanisches Bild – den größten und wichtigsten Teil seines Daseins schon beiseitegeschafft hatte. In diesem Fall wäre sein gelassenes Heldentum, selbst unter den mildernden Umständen des Alters, nichts als eine vorangepeitschte Angst gewesen, ein Lächeln mit zusammengebissenen Zähnen; er hätte genauso viel Furcht gelitten wie ein philosophisch Unberatener, vermehrt noch um die Anstrengung, sich verstellen zu sollen.

Oder aber es ist ihm in der Tat gelungen, ganz wie er es vorhatte, sich das Leben lange im voraus fortzutrösten, so empfindungsleer und ganz das Ebenbild einer Leiche zu werden, daß der Tod ihn nurmehr antraf wie eine Haselmaus, die im Winterschlaf verhungert. Der Historiker Tacitus berichtet: Als Seneca sich die Pulsadern aufschnitt, wollte das Blut nicht fließen, weil er seit Jahren von nichts als Wurzeln und ähnlichem gelebt hatte und völlig eingeschrumpelt war. Er hatte sich genährt wie ein Tier auf dem Feld, bei einem geschätzten Vermögen von dreihundert Millionen Sesterzen. Was diesen Reichtum betraf, den viele ihm zum Vorwurf machten, so rechtfertigte Seneca sich: Er besitze, als besäße er nicht. Das mag so gewesen sein – aber warum dann überhaupt besitzen?

Das gilt für Geld wie für Leben. Wie eine freiwillige Mumie sich freiwillig in eine unfreiwillige verwandelt: es scheint mir kaum der Mühe wert, hinzusehen.

Wenn alles Tod ist, so kann man immerhin dagegen oder dafür sein. Wer dagegen ist, wie Canetti, »der zürnt ins Grab sich rettungslos«, wie der Dichter August von Platen gesagt hat; sich ins Grab zu lächeln, erscheint mir kaum erquicklicher. Canetti wäre Seneca noch gefolgt, wenn dieser schreibt: »Jedes Leben ist kurz; denn wenn man die Ordnung der Welt berücksichtigt, ist auch das eines Nestor und einer Sattia kurz, die auf ihren Grabstein schreiben ließ, sie habe neunundneunzig Jahre gelebt.« Aber er wäre wütend aufgefahren, sobald Seneca fortfährt: »Du siehst, wie eine sich ihres langen Lebens und hohen Alters rühmt: Wer hätte sie ertragen können, wenn es ihr geglückt wäre, hundert Jahre zu erfüllen?« Warum will Seneca der römischen Matrone dieses eine Jahr dazu nicht mehr gönnen? Offenbar weil es ihm das Maß der *Natur* zu sprengen scheint, der er blind willfährig ist. Nach der Natur zu leben, das galt der antiken Philosophie als hohe Tugend; »der Natur weichen« war ihr ein anderer Ausdruck für »sterben«. Hier zeigt sie ihre unschönen und selbst gehässigen Züge. Seneca ergreift gegen die Lebenden und gegen die Toten die Partei des Nichts. Fern liegt ihm die Großmut des Xerxes, die darüber, daß in hundert Jahren keiner der Jetzigen mehr da sein wird, weint. Er steht dabei und ruft: Recht so!

Wenn alles Tod ist, könnte man nicht versuchen, es zu vergessen? Denn wie soll man sonst leben? Aber mit dem Vergessen verhält es sich anders als mit dem Erinnern. Die Erinnerung ist aus Willkürlichem und Unwillkürlichem vielfach zusammengesetzt; Prousts eingetunkte Madeleine mit allem, was sich an die heraufsteigenden Aromen hängt, gehört dazu nicht anders als die unter Rohrstockzwang memorierte Schillersche Ballade. Über das Vergessen jedoch hat der Wille überhaupt keine Macht, ja er wird, wo er zugreift, das genaue Gegenteil bewirken, weil er die Aufmerksamkeit auf das richtet, was verschwinden soll; genau deshalb verschwindet es aber nicht. »Probier es, in den nächsten zehn Sekunden nicht an einen blauen Eisbären zu denken!« soll Dostojevskij als Kind seinen Bruder herausgefordert haben. Dieser hatte bestimmt sein ganzes Leben noch an keinen blauen Eisbären gedacht; dennoch dürfte die Probe gescheitert sein. Man kann Vergessen »suchen«, man kann »verdrängen«, aber dann ist, was weg sein sollte, insgeheim immer noch da und schafft Mißbehagen und Schlimmeres, um sich zu rächen. Das Vergessen läßt sich so wenig erzwingen wie das Einschlafen: Es sind Ermattungen, die sich nur einstellen, wenn aller Zwang und aller Vorsatz gewichen sind und der Schlummer sich als Gnade naht.

Die kraftlosen Häupter

Wo die Toten geblieben sind

Wo sind die Toten geblieben? Darauf gibt es drei Antworten; und obwohl sie allgemein bekannt sind und auf der Hand liegen müßten, scheint es mir, da das Todesproblem sich allgemein in einem so verwahrlosten Zustand befindet, nicht überflüssig, die ersten zwei in geraffter Form darzustellen und der dritten, heute am wenigsten geläufigen, aber gewissermaßen natürlichen, breiteren Raum zu geben.

Die erste ist überschwenglich; sie muß, um sich selbst zu sich selbst zu überreden, einen großen Druck erzeugen. Das ist der Glaube an die Unsterblichkeit der Seelen, wie er vom Christentum verkündet wird, auf weniger subtile Weise auch vom Islam und zahlreichen kleineren Religionen und Sekten. Auch das Judentum hat sich offenbar nach und nach zu dieser Ansicht bekehrt, obwohl es in seinen kanonischen Schriften dafür wenig Anhalt fand, und bezeugt damit die Stärke des Bedürfnisses. Das irdische Leben ist diesem Glauben nur eine Art Startrampe in überirdische Gefilde, ein kurzer aber energischer Abstoß in einen ewigen Orbit hinein. Am extremen Mißverhältnis von Ewigkeit und Lebenszeit, die, neben das Ewige gehalten, gegen Null geht, stört er sich nicht; und man darf ihm getrost unterstellen, daß er über den Begriff der Ewigkeit und die Herrschaft, die sein Modell dem Kontingenten über das Absolute einräumt, nie gründlich nachgedacht hat. Ist das Leben, wie er gern behauptet, nur ein Augenblick, so ist der Übergang in die Ewigkeit der Schnappschuß, der den Augenblick festhält für immer. (Denn diese Ewigkeit gestaltet sich für gewöhnlich als Lohn oder Strafe dafür, wie das kurze Leben geführt wurde.) Man darf diesem Glauben zugutehalten, daß er dem flüch-

tigen Dasein jedes Individuums großen Ernst verleiht; daß er
so die Geschichte, der er andererseits doch die Bedeutung be-
streitet, auf einmal mit einer Würde in jeder ihrer Stufen aus-
stattet, die unter den je Lebenden sonst allzuleicht in Vergessenheit gerät. Doch hat er für seine große Verheißung oder
Drohung nicht das mindeste nachprüfbare Indiz zu bieten –
man lese im wichtigsten seiner Zeugnisse, im Neuen Testament, die »Beweise« für Christi Auferstehung: Sie beschränken sich auf den Augenschein eines leeren Grabes und die Vi-
sionen einiger weniger und ziemlich voreingenommener Leute, die wohl sämtlich, als das Buch abgefaßt wurde, schon tot
waren. Denn daß hier etwas dringend bewiesen werden sollte,
das ist diesem Buch schon klar: Alles hängt von der Vertrau-
enswürdigkeit des einen Präzedenzfalls ab. Seither aber, seit
zweitausend Jahren, ist überhaupt nichts mehr nachgeliefert
worden. Die Christen und Muslime und alle anderen, die die
Unsterblichkeit der Seele bekennen, müßten hierüber tief erschrecken. Sie tun es nicht (oder verdrängen den Schreck), sie
reagieren statt dessen gereizt, wenn man das Thema anschnei-
det: immer ein sicherer Hinweis, daß man an ein schlechtes Gewissen rührt, sei es logischer, sei es moralischer Art; und hier
bestimmt beides auf einmal.

Ich möchte an dieser Stelle auch knapp die Lehre von der
Wiedergeburt berühren. Auch diese bedeutet in gewissem Sinn
Unsterblichkeit, wenngleich eine Unsterblichkeit zweiter Klasse. Das gilt in zweifacher Hinsicht: Das neue Leben, das in Aussicht gestellt wird, unterscheidet sich nicht fundamental von
dem, das wir schon kennen; es steht kein unvorstellbares Glück
oder Unglück zu erwarten, Himmel oder Hölle, sondern einfach mehr vom selben. Und, zweitens, der Zusammenhang mit
jenem individuellen Selbst, als das sich jeder erfährt, bleibt äußerst unbestimmt, nicht mehr kann vorgewiesen werden als
eine allerfraglichste Anamnesis, die beliebig viele andere Deu-
tungen zuläßt. Es gehört schon eine große Frömmigkeit des Vi-

talismus dazu, dem hier überdauernden Wesenskern, der sich
nicht erinnert und auch in einem Käfer oder einer Rose wieder
zum Vorschein kommen kann, für schlechterdings »dasselbe«
zu erachten. Für noch problematischer als im Fall des persönlichen Unsterblichkeitsglaubens halte ich die Verknüpfung der
Seelenwanderung mit der Moral, mit Lohn und Strafe: Wer
seine hiesige Aufgabe nicht bewältigt, muß sie nach einiger
Zeit (falls er nämlich dazwischen noch bußhalber einige nied-
rige und kaum schuldfähige Lebensläufe wie den des Hundes
oder Unkrauts hinter sich zu bringen hat) oder sogleich noch
einmal in Angriff nehmen; und noch einmal; und noch einmal.
Es geht zu wie in einer Schule, wo der arme Schüler immer von
neuem die neunte Klasse nicht besteht.

Für *ein* Mysterium allerdings hat dieses Durchfaller-Univer-
sum Raum: Es wäre denkbar, daß das Ich, das jenseits meines
Grabes entspringt, trotz völliger Unterbrechung, doch wieder
»ich« wäre, genau wie jetzt, und »ich« wieder fühlen würde, was
eine Dusche oder ein Sonnenbrand ist. Es wird mich so viel an-
gehen wie schon heute meine eigene Haut. Erfreulich finde ich
diese Vorstellung nicht, besonders wenn ich daran denke, wie
viel vergleichsweises Glück ich in diesem Leben hatte und was
es im Kosmos alles an Pech gibt. Auch halte ich sie nicht für
wahrscheinlich, soweit sich in diesen Bereichen überhaupt mit
Wahrscheinlichkeiten operieren läßt; aber ich kann sie nicht
von der Hand weisen. Beim indisch-platonischen Modell der
Wiedergeburt gibt es weniger zu gewinnen als bei der individuellen Unsterblichkeit; vielleicht langt hier, statt eines himmli-
schen Sechsers, schon ein Dreier, um den Jackpot zu knacken –
aber es ist entsprechend weniger drin. Ja eigentlich handelt es
sich, wie jedenfalls im Hinduismus und Buddhismus, gar nicht
um einen Gewinn, ganz im Gegenteil; und meine Art des Um-
gangs damit gleicht dem mulmigen Gefühl des ganz und gar Gesunden, in dessen Körper ein Krebs heranwachsen könnte: zu
anhaltlos, um Furcht zu heißen, aber doch da.

Die zweite Antwort auf das Problem des Verbleibs der Toten trägt sozusagen unterschwenglichen Charakter. Sie scheint zu sein, was der überwiegende Teil der modernen Menschheit – wenigstens im Osten Deutschlands, wo ich lebe – für das Normale hält: daß nämlich ein Mensch, der stirbt, sofort und ganz und gar vernichtet sei; aus, wie der Fernseher, wenn man den Knopf drückt. Ich bin gleichfalls dieser Ansicht; aber ich betrachte es als einen Irrtum, daß es sich bei diesem Glauben um den energetischen Nullzustand handeln würde. Zur Erzeugung eines Vakuums benötigt man ebenfalls Energie, nicht minder als für den Überdruck. (Das meine ich, wenn ich von »Unterschwang« spreche.) Auch das vom Augenschein begünstigte Meinen kostet. Daß sie sich vom Preis, den sie dafür zahlen, keine Rechenschaft geben; daß sie tun, als hätten sie gar nichts gezahlt: vergrößert, obwohl sie es nicht wissen, die Leiden dieser Gläubigen des Nichts. Gibt es ein unbewußtes Leiden? Bei einer Operation unter Narkose spürt man keinen Schmerz; aber nur, weil er durch massive Mitteln unterdrückt worden ist. Der Körper weiß über die Schwere des Eingriffs dennoch Bescheid und wird es uns, langsam und langwierig, mitteilen.

Der Preis, der für den Glauben an die Nichtigkeit der Toten zu entrichten ist: ich denke, er besteht in einer tauben Untröstlichkeit. Der Tote lebt fort nur symbolisch, als Erinnerung der Lebenden. Dieses Symbol liegt schwer auf ihren Schultern; sie können sich nicht Erleichterung verschaffen, ohne den Toten ganz zu töten. Aber er lebt ja eben nicht, selbst wenn er real lastet. Man muß ihn tragen, mit allem seinem Gewicht, als ob er etwas wäre; und er ist doch nichts. Die Sinnlosigkeit dieses Schleppens macht den Geschleppten, und wenn es der Liebste gewesen wäre, zum aufgehuckten Dämon: So sucht er den Träumenden heim. (Für unsere Träume gilt ja dasselbe wie für unsere Toten: Sie haben keinen Ort mehr als in uns selbst und sind darum ohnmächtig, uns zu helfen.) Und es gibt keine Ge-

sten, die ihn besänftigen würden, keine gemeinschaftliche Fei-
er, die ihn in den Ring der Lebenden hebt: denn er ist doch
nichts. Jeder bleibt mit ihm allein.

Wer will es den tief zu Boden Geschlagenen verdenken,
wenn sie da ein bißchen zu mogeln anfangen? Die Witwe, die
mit ihrem toten Mann »spricht« – was tut sie eigentlich? Sie
reizt das Symbolische aus bis zum Extrem; sie benimmt sich
wie die Irren in den Witzen. »Einen schönen Hund haben Sie
da!« sagt der Arzt zum Irren, der eine Zahnbürste am Bindfa-
den hinter sich her zieht. »Hund?« sagt der Irre, »Sehen Sie
nicht, daß das 'ne Zahnbürste ist?« Der Arzt entschuldigt sich
verwirrt und geht. Kaum ist er fort, dreht der Irre sich um zu
seiner Zahnbürste und sagt: »Gell, Fifi, dem haben wir's aber
gezeigt!« Der nahe, der sehr nahe Tote gewinnt Ähnlichkeit
mit diesem Zahnbürstenhund. Wenn keiner hinschaut, darf er
ein kleines Stück aus der Nichtigkeit seines symbolischen Seins
heraustreten und *etwas* werden. Dann läuft der Wahnsinn in
leichten, unruhigen Wolken über die Seele des Hinterbliebe-
nen wie der Atemhauch über einen Spiegel: Der Tote ist da.

Und die Toten sind eigentlich immer da, wo nicht die Gewalt
der Neuzeit jeden einzelnen dazu verurteilt hat, mit seiner geistigen Gesundheit für die reine Diesseitigkeit der Welt zu haf-
ten; wo nicht, wer die Toten sieht, sich von Wahnsinn bedroht
findet. Wer, wenn ihm einer stirbt, sich zu nichts zwingt und
von nichts gezwungen wird, dem wird der Tote von allein zum
Schatten. Dies ist die dritte Antwort. Der Schatten hat aufgehört, ein Mensch, ein Lebewesen zu sein; aber darum ist er
noch längst nicht gar nichts. Wo sollte er auch hingekommen
sein? Die älteren Kulturen wären von unserem Toten-Nihilis-
mus so wenig befriedigt wie wir, wenn wir einem Zauberkunst-
stück beiwohnen: Irgendwo muß das verschwundene Pik-As
doch stecken! Es ist den Toten allerdings etwas entzogen worden, was alle Lebenden, ohne daß sie es zu wissen bräuchten,

teilen – etwas, das innerhalb des Reichs der Lebenden als gra-
duelles Unterscheidungsmerkmal den Namen der Jugend
führt. Auch die Jungen spüren ihr Kostbarstes nicht; sie ver-
höhnen den Neid der Alten, der sich als Feindseligkeit verklei-
det; aber sie verstehen ihn nicht. Auch die Alten und Ältesten
jedoch sind noch jung, gehalten an die Toten.

Daß der Glaube an die Schatten die aufwandloseste, die
gleichsam natürliche Antwort auf die Frage nach dem Verbleib
der Toten darstellt, heißt nicht, daß sie frei von Trauer wäre.
In mancher Hinsicht ist sie sogar die trauervollste. Die Toten
gelten ihr weder als gerettet, noch haben sie es ausgestanden;
sie sind da, aber sie haben eine bestürzende Verarmung erlit-
ten. Verarmt ist auch der Lebende: aber seinem Reichtum entsprechend. Sein Schmerz ist wild, wie wenn ihm ein Glied roh
aus dem Leib gerissen worden wäre. Vom Toten erwartet man
nicht, daß er um die Lebenden trauert; er trauert um sich selbst,
um das, was ihm genommen ist: um Atem und Appetit und Geschlechtslust, oft auch um die Sprache; besonders aber um das,
worin sich alle diese Dinge zusammenfassen, ums Blut.

So treten die Schatten schon im ältesten Stück europäischer
Literatur, in den homerischen Epen, vor. Von der Zauberin
Kirke hat Odysseus erfahren, wie er den verstorbenen Seher
Teiresias dazu bewegen kann, ihm die Zukunft zu prophezei-
en. Er muß den Strand der Kimmerer aufsuchen, wo die Strah-
len der Sonne nicht durchdringen, »sondern böse Nacht ist
über die armen Sterblichen gebreitet.« Dies bereitet vor auf die
noch tiefere Finsternis, die sich anbahnt. Mit dem Schwert
gräbt Odysseus eine Grube, umgießt sie mit Honig, Wein und
Wasser und gelobt Opfer für die Zeit nach seiner Heimkehr.
Dann erst tut er, was die Toten hervorlockt: Er durchschneidet
den mitgebrachten Schafen den Hals und läßt das Blut in die
Grube strömen.

»Da versammelten sich von unten aus dem Erebos die Seelen der
dahingestorbenen Toten: junge Frauen und Männer, Greise, die
viel erduldet hatten, und noch kindliche Mädchen mit jungem
Gram im Herzen, und viele, verwundet von erzbeschlagenen Lanzen: Männer, im Kriege gefallen, mit blutverkrusteten Rüstungen.
Die kamen und gingen um die Grube, viele, der eine von hier-, der
andere von dorther, mit unaussprechlichem Geschrei; und mich er-
griff die blasse Furcht. Da trieb ich alsdann die Gefährten und hieß
sie, daß sie die Schafe, die schon geschlachtet mit dem erbarmungs-
losen Erz am Boden lagen, abhäuten und verbrennen und dabei zu
den Göttern beten sollten: dem starken Hades und der schreckli-
chen Persephoneia. Doch selbst zog ich das scharfe Schwert von
den Hüften und saß hin und ließ die kraftlosen Häupter der Toten
nicht dem Blute näher kommen, bis ich den Teiresias befragt.«

Es ist merkwürdig, wie die Schatten, die doch keinen Leib mehr
haben und ganz gewiß kein Leben mehr verlieren können, das
Schwert des Odysseus, das sie von dem begehrten Blut trennt,
respektieren. Und sie haben auch, sofern sie darin zu Tode gekommen sind, noch ihre alten Rüstungen an, samt dem geron-
nenen Blut daran – Blut, das nicht mehr nährt, sondern nur
noch Abzeichen des Todes ist. Sie bewohnen kein Reich eigenen Rechts, sondern bleiben (das ist ihr Fluch) ausweglos auf
ihr vergangenes Leben bezogen. Zuerst erscheint Elpenor, ein
Gefährte, der im Haus der Kirke betrunken vom Dach gestürzt
ist und sich den Hals gebrochen hat; er verlangt Bestattung,
und zwar so ungestüm, daß man denken muß, es gebe im To-
tenreich zwei Klassen von Toten, die befriedeten und die fried-
losen. Aber man erfährt darüber nichts Näheres; und tatsächlich benehmen sich ja auch die ordnungsgemäß Beigesetzten
ganz so, wie spätere Zeiten es sich allein von den ruhelos Um-
gehenden ausmalen. Dann zeigt sich die Mutter des Odysseus,
Antikleia; ihr Sohn hält sie hintan und läßt erst den Teiresias
trinken und sich von ihm die Zukunft weissagen. Darauf darf
auch sie trinken, sie erkennt ihn, und sie sprechen miteinan-

der. Er hatte sie lebend daheim zurückgelassen – wie ist sie seither gestorben? Sie antwortet:

>»Die Sehnsucht nach dir, und deinen klugen Gedanken, strahlen-
der Odysseus! und deiner Sanftmut haben mir den honigsüßen Lebensmut geraubt.‹
So sprach sie. Ich aber, schwankend in dem Herzen, wollte die Seele meiner Mutter, der dahingeschiedenen, ergreifen. Und dreimal
schickte ich mich an, es befahl mir der Mut, sie zu ergreifen. Dreimal jedoch entflog mir jene aus den Armen, einem Schatten gleich
oder auch einem Traume. Mir aber wurde jedesmal das Leiden
noch schärfer in dem Herzen. Und ich begann und sagte zu ihr die
geflügelten Worte:
›Meine Mutter! warum bleibst du mir nicht, wenn ich dich zu ergreifen trachte, damit wir uns auch im Hades, unsere Arme um-
einander geworfen, beide ergötzen mögen an der schaudervollen
Klage? Oder hat mir die erlauchte Persephoneia nur ein Schatten-
bild in dir geschickt, damit ich noch mehr jammere und stöhne?‹
So sprach ich, sie aber erwiderte alsbald, die hehre Mutter:
›O mir! mein Kind! Unseliger vor allen Männern! Nicht täuscht
dich Persephoneia, des Zeus Tochter! Sondern dieses ist die Weise der Sterblichen, wenn einer gestorben ist! Denn nicht mehr halten dann die Sehnen das Fleisch zusammen und die Knochen, sondern diese bezwingt die starke Kraft des brennenden Feuers, sobald
einmal der Lebensmut die weißen Knochen verlassen hat, die Seele aber fliegt umher, davongeflogen wie ein Traum. Du aber stre-
be schnellstens hin zum Licht und wisse dieses alles, auf daß du es
auch künftig deinem Weibe sagst.‹
So sprachen wir beide mit Worten zueinander.«

Am schaurigsten Aspekt dieser Szene geht Homer taktvoll vorüber: nämlich wie es aussieht, dieses Trinken der Mutter. Es
handelt sich um rohes Tierblut, um das in dieser Form fast alle
Kulturen einen Bogen machen. Es ist auf die Erde gelaufen; sie
wird, um es zu bekommen, die Lippen auf die Erde pressen und
daran saugen müssen. Dies, und nicht das luftig Ungreifbare
ihrer Gestalt, muß für den Sohn das Gräßlichste sein: daß die

einzige Wohltat, die er der Toten noch erweisen kann, in einem
Akt besteht, der sie fast noch unter das Tierhafte hinabzwingt.
So sieht ihr Festtag aus – wie mag ihr Alltag sein?

Auf Antikleia folgt eine nicht endende Schar vornehmer
Frauen. Drei Geliebte des Zeus sind darunter – Alkmene, An-
tiope, Leda; eine des Poseidon, eine des Flußgottes Enipeus.
Nichts haben ihre göttlichen Lagergefährten für sie tun können. So muß es sein. Eine nach der anderen kriegt ein kleines
bißchen Blut und erzählt dann von ihrem Leben, durch ihr jet-
ziges Elend nicht in ihrem Stolz geschmälert. Wie knapp das
umlaufende Blut ist, gerechnet auf die Gesamtheit der Schatten! Es langt gerade für eine Schwertspitze voll für die Edel-
sten unter ihnen. Zum Schluß erscheint noch der größte aller
griechischen Helden, Achilleus; und noch dem Schatten kann
Odysseus seine Bewunderung nicht versagen. Achilleus aber
erwidert: »›Suche mich nicht über den Tod zu trösten, strah-
lender Odysseus! wollte ich doch lieber als Ackerknecht Lohn-
dienste bei einem anderen, einem Manne ohne Landlos leisten,
der nicht viel Lehnsgut besitzt, als über alle dahingeschwunde-
nen Toten Herr sein!‹«

So sieht es aus, das älteste überlieferte Bild Europas vom
Fortwesen seiner Toten. Es hat gegenüber allem, was ihm
nachfolgte, einen unschätzbaren Vorzug: Man muß daran
nicht »glauben«. Die besondere Anstrengung, die der Glaube
immer einschließt, im Gegensatz zum Wissen, richtet sich auf
das, was Hoffnung macht; ja es ließe sich vielleicht sagen, daß
Glauben und Hoffen zuletzt ein und dasselbe sind. Was Odysseus erblickt, ist so von Grund auf hoffnungslos, daß von allen Toten nicht einmal einer auf die Idee kommt, zu verzweifeln. Die Annahme, daß die Toten, statt selig erhöht oder ganz
und gar nichtig gemacht zu werden, traurig depotenzierte Formen dessen seien, was sie zu Lebzeiten waren, stellt sich überall von selbst ein, wo der hysterische Lack der Verheißungen
und Verleugnungen abgeht; wo die Trauer ohne Nötigung

sich selbst überlassen bleibt und unter ihrem verweilenden Blick gewissermaßen die natürliche Farbe des Todes zum Vorschein kommt. Die Schatten gehen dem Christentum voraus und folgen ihm nach; ruhig warten sie auf ihre traurige Stunde.

Jede Zeit, und also auch die unsere, kann ganz von sich aus auf die Schatten verfallen und gibt ihnen dann ihr eigenes Aroma; trotzdem bleiben sie, auch wo ein zeitgenössischer Schriftsteller sich ihrer annimmt, die Schatten.

Peter Straub ist ein Schriftsteller, der immer noch unter Wert gehandelt wird. Das liegt daran, daß er Genre schreibt – in seinem Fall Horror – und selbst die Wohlmeinenden am Genre gewöhnlich nur die Segnung der festen formalen Vorgaben in Verbindung mit einem verläßlichen handwerklichen Geschick zu rühmen wissen. Auf unvergleichliche Art weiß er Beklommenheit zu erzeugen und unterläuft mit Vorliebe das Hauptgesetz des Horrors: daß, was im Gebälk knistert, sich früher oder später als reale Gefahr, als farbenfrohes Monster zu manifestieren hat. Die von ihm beschworenen Präsenzen verdichten sich an bestimmten Stellen aufs Unheilsvollste, fiebern und schwellen an wie Geschwüre – aber sie platzen nicht und tun ihr Böses mit der vagesten Spur. Straub, heißt das, gestaltet das ungreifbar Schlimme der Kindheit.

Auch die Geschichte *Hunger. Eine Einführung* beginnt und endet mit einem Kind. Francis T. Wordwell blickt auf sein Leben zurück. Er war ein bedauernswertes und unsympathisches Kind, das um 1930 in der Stadt aufwuchs, nicht auf dem Lande, wie er es sich sehnsüchtig gewünscht hätte. Mit einer außerordentlichen Intelligenz begabt, der die Anerkennung versagt blieb, wurde er zum leidigen Besserwisser, der den Zorn von Lehrern und Mitschülern auf sich zog, besonders des rattenhaft bösartigen Boy Teuteberg, der ihm überall auflauerte, um ihn zusammenzuschlagen. So verlief seine Kindheit einsam und in Angst.

Nach der Schule muß er arbeiten, in einer Eisenwarenhandlung, aus der er fliegt, als er in die Kasse greift. Die großspurige, umständliche, unaufrichtige Art, wie er von seiner Schande erzählt und dem Leser die unabweislichen Fakten zu verdunkeln sucht, macht ihn ganz und gar widerwärtig. Dann begegnet er dem Schatten von Ethel Carroway. Sie hat als Dienstmädchen vierzig Jahre vorher ihr neugeborenes Kind aus dem vierten Stock des Oliphant-Hotels in der Eerie Street geworfen und war dafür gehängt worden. Nun zeigt sie sich Frank an dem erleuchteten Fenster, von wo aus sie es getan hat. Er versteht erst nicht, wen er vor sich hat, aber fühlt sofort eine starke Verbundenheit, und geführt von dem flehentlichen Wunsch, sie möge ihn sehen, tritt er in ihr Blickfeld. Mehr passiert nicht. Er wird Lehrjunge in McNair's Mode- und Textilhaus, steigt in der Hierarchie auf, unterschlägt in raffinierter Weise große Summen und mausert sich zum reichen Mann. Sein Chef kommt ihm nach vielen Jahren auf die Schliche; und in blinder Wut ergreift Frank T. Wordwell einen Hammer und schlägt ihm den Schädel zu Brei. Dafür stirbt er vierzehn Monate später auf dem elektrischen Stuhl.

Der Übergang ist sehr undeutlich. Die Schmerzen hören auf, und Frank stellt fest, daß sich viel mehr Leute im Raum aufhalten, als ihm vorher bewußt war: Statt einem Dutzend offizieller Zeugen befinden sich plötzlich dreißig oder vierzig hier, viele davon Frauen, mit einem intensiv starrenden Blick. Und dann erscheint es:

>In diesem Augenblick packte mich der Hunger, stärker, mächtiger und weitaus länger als die Voltströme, die mich von meinem früheren Ich getrennt hatten. So gierig wie die anderen, so vollkommen konzentriert auf die Lebenden, die es nicht sehen konnten, ging ich an die Scheibe und richtete meinen hungrigen Blick auf den Menschen, der am nächsten saß.«

Das also ist es, was das Wesen der Toten ausmacht: ein quälender Hunger nach dem Leben der Lebendigen, der, als wäre er nicht Hunger, welcher auf seine unbedingte Sättigung drängt, sondern frustrierte Sexualität, sich die traurige einzige Abfuhr suchen muß, zuzuschauen. *Alles* ist zuschauenswert, was die Lebenden tun, als wären es schöne Nackte, der Begriff des Banalen verliert vor diesem Blick seinen Sinn; daß das Leben der Lebendigen auch ein verfehltes, ein unglückliches sein könnte, verstehen die Toten nicht mehr. Zu mehreren drängen sie sich ans Haus Boy Teutebergs, inzwischen alternder Bürgermeister der Stadt, in der er aufgewachsen ist; daß er es hat werden können, beweist den ungehemmt fortdauernden Unsinn der Welt, aber das ist jetzt irrelevant. Denn die Toten genießen die »so wichtige, so bedeutungsvolle Ankunft eines menschlichen Wesens«:

»Ein kleines Mädchen öffnet die Tür des Zimmers hinter dem Fenster neben den Azaleen. Es handelt sich um Boy Teutebergs jüngste Enkelin, die einzige Frucht der gescheiterten zweiten Ehe seines jüngsten Kindes, Sherrie Lynn, die Tochter aus seiner eigenen gescheiterten zweiten und letzten Ehe. Sie heißt Amber, Jasmine, Opal oder so ähnlich – Tiffany! Sie heißt Tiffany! Tiffany ist fünf oder sechs, eine ernste, dunkelhaarige kleine Person, die meistens sehr praktisch mit einem einteiligen Jeansanzug bekleidet ist, mit Latz und Schulterriemen, wie der Overall eines Farmers, aber in Weiß und mit einem winzigen, sich wiederholenden Muster bedruckt, Blumen, oder kleine Hunde, Kätzchen. Essensflecken, kleine Ketchupexplosionen und dergleichen bilden eine zweite Dekorationsschicht.«

Das Kind wird offenbar vernachlässigt, es sieht verschmiert aus und wie mit grauweißem Staub überzogen. Offenbar nicht intelligent, wirkt es doch schmollend und stur und wird später gewiß einmal fettleibig werden. Seine Zeit verbringt es unbeaufsichtigt vor dem Fernseher. Wie sehnsüchtig genau die Toten jede seiner Bewegungen verfolgen, jedes geringste Muskelzucken, und sich verzehren nach dem Unappetitlichsten!

»Sie ißt alles, was sie findet, alles, was ihr in die Finger kommt. Es verschwindet alles in ihrem Mund und wird von Tiffany aufgenommen: Kekskrümel, vielleicht; meistens Staub; lose Fäden von wer weiß was für einem Stoff; ab und an ein Knopf oder eine Münze. Wenn sie mit ihren Fingern fertig ist, leckt sie vielleicht noch über die Handfläche. Öfter aber schiebt sie einen frisch gewaschenen Zeigefinger in ein Nasenloch und bohrt und stöbert dort herum, bis ein glänzendes Stück Rotz zutage gefördert wird, das sofort und ohne zu zögern an die Lippen geführt, in den Mund geschoben und dort gekaut wird, bis auch es von eben der Tiffany aufgenommen wird, aus der es gekommen ist.

Wir sehen ihr so gebannt zu, wir drücken uns so dicht an sie heran, schieben uns in die Azaleen, klammern uns so heftig ans Fensterbrett, daß sie manchmal ein schwaches Echo dessen hört, was ich damals auf der Eerie Street vernommen habe. Dann reißt sie die Augen vom Schirm, aber sie sieht nichts als ein Fenster und einen Strauch. Sofort kehrt sie zum Programm und ihrem ewigen Mahl zurück.«

Wer von den Schatten hören will, muß mehr überwinden als das Grauen vor dem Blut und den Gram im Mondschein: er muß sich von der Süßigkeit des Ekelhaften berichten lassen, von dem das Traurige und Schaudervolle benetzt und durchtränkt wird. Und er muß die abstoßende Figur des Conferenciers hinnehmen, der sich ihm zum Schluß mit einer abscheulichen Vertraulichkeit entgegenneigt:

»Ich habe Ihnen Ethel Carroway präsentiert, die ihr Kind fallen ließ, und ich habe mich selbst präsentiert, Frank Wordwell, der einem Tyrannen den Schädel einschlug. Aber das größte Spektakel, das ich auf die Bühne gebracht habe, ist Tiffany. Sie umschließt und umfaßt Ethel und den lebenden Frank, und genau so, meine Lieben, umschließt und umfaßt Tiffany auch euch.«

Um von hier den Bogen zur älteren Menschheit zurückzuschlagen, nehme ich zur Hand: Alexander Stille, *Reisen an das Ende der Geschichte*. Neben Kapiteln zum Denkmalschutz in

China, zur Rolle der Volksballade in der somalischen Innenpolitik und zur Verdunstung der amerikanischen Regierungsarchive in der elektronischen Unlesbarkeit findet sich auch eins zu den Bewohnern von Kitawa, einer der Trobriand-Inseln vor der Küste Neuguineas. Bei allem Neuen, das in den letzten Jahrzehnten auf sie eingedrungen ist, scheint sich doch eines ungeschmälert erhalten zu haben, und das ist ihre Meinung vom Fortwesen der Toten:

> »Wenn die Seele den Leib des Toten verläßt, fliegt sie über das Meer. An der ersten Felsenklippe macht sie Halt und ist gerührt, weil sie das Weinen ihrer Lieben noch hören kann. Von der zweiten Felsenklippe aus kann sie noch den Rauch von den Yamswurzel-Feldern aufsteigen sehen, wo sie das Kraut verbrennen. Auf der dritten Felsklippe hebt sie einen kleinen Algenfaden auf und macht sich auf den Weg zur Insel der Toten.«

Drei Schritte also braucht der Tote, bis er fort ist; und man macht sich wohl keiner Überinterpretation schuldig, wenn man darin drei Generationen erblickt, die, mit wachsendem Abstand zwar, doch immerhin noch vom Toten wissen, Kinder, Enkel und Urenkel. Ururgroßeltern und Ururenkel erst pflegen überall auf der Welt einander ganz fremd zu sein. Wie rührend ist dieses schmächtigste aller Unterpfänder, das die Toten mitnehmen dürfen, seinerseits wie ein Schatten des materiell Dinghaften, der Algenfaden! Und dann? Fort, über die bekannten Inseln hinaus, zur Toteninsel – mehr muß und kann ein Insulaner nicht wissen. Mehr wissen auch wir nicht.

Gibt es irgendwo einen Geist, der nicht klagt oder dessen Stummheit etwas anderes wäre als ein Verbot selbst der Klage? Man muß lang suchen; oder besser gesagt, hier hilft nur Finden. Der Unterschied ist zuletzt einer der Farbe: nicht Schatten, Asche, Gram und Finsternis – himmelblau muß er sein. Alljährlich, in der Nacht der Sommersonnenwende, der kürzesten des Jahres, ertönt auf Burg Montebello in den italie-

nischen Marken ein Geräusch wie von Kinderspielzeug und das
Lachen eines kleinen Mädchens – das ist Azzurina, im Jahr
1375 geboren, ein Albinokind. Die Mutter färbte ihr das Haar,
danach heißt sie so. Im Alter von acht Jahren verschwand sie
im Verlies. Das ist, obwohl es gewiß nicht ohne Tränen abging,
ein hübsches, heiteres Bild zum Ende. Was treibt aber Azzurina in den langen Zwischenräumen von Johannisnacht zu Johannisnacht, bis zur nächsten Sommersonnenwende? Darüber
darf man nicht nachdenken. Ich sähe gern ein Foto von ihr, ein
farbiges.

Haldanes Gott

Wem der Reichtum der Geschichte zugute kommt

Mit dem Biologen John Burdon Sanderson Haldane hätte man die klassische Filmrolle des pfeiferauchenden, golfspielenden, exzentrischen britischen Gentleman nicht besetzen können: Er hätte als eine unglaubwürdige Karikatur gewirkt. Groß war er, schnauzbärtig, kahlköpfig aber schmalschädlig, und die extreme Asymmetrie der buschigen Augenbrauen – die eine hoch-

gezogen, flach se-
gelnd die andere –
schien die Ansicht,
daß die Dinge stets
ihre zwei Seiten
haben, in die Ironie
des Gesichtsaus-
drucks zu überset-
zen. Das ist ungün-
stig, wenn man das
Renommé eines
ganz Großen in der
Wissenschaft an-
strebt; denn die ge-
dächtnisschwache
Nachwelt will sich
nur Namen mer-
ken, die mit dem
Faktum des *einen*
Durchbruchs ver-
bunden sind. Was
dagegen Haldane

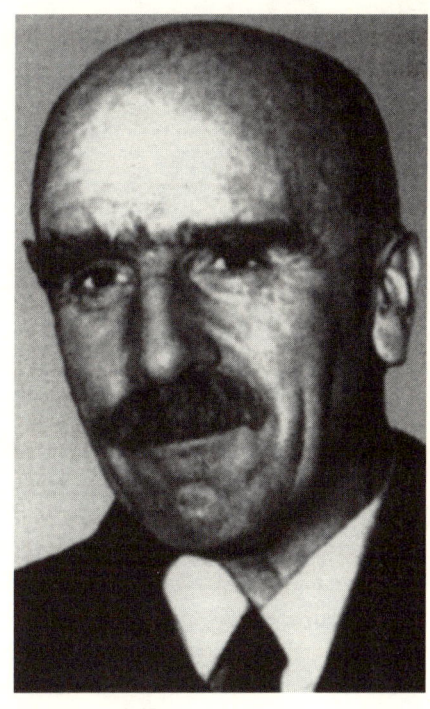

John B. S. Haldane (1892–1964)

in seinem ungeheuer reichen Lebenswerk, das 430 Artikel und 23 Bücher umfaßt, getan und geleistet hat, läßt sich schwer zur einprägsamen Zeile verdichten: 1892 geboren, veröffentlicht er mit sechzehn Jahren, zusammen mit seinem Vater, die erste wissenschaftliche Publikation. Er bringt die Evolutionstheorie Darwins mit der Mendelschen Genetik zusammen und legt damit das Fundament für das, was heute die Synthetische Theorie heißt; er untersucht den Zusammenhang von Hämophilie und Farbenblindheit, von rußgeschwärzter Birkenrinde und der Ausbreitung der verdunkelten Form des Birkenspanners; er führt, gemäß seiner Überzeugung, daß in jeder schwierigen Frage eine Unze Algebra mehr wert sei als eine Tonne Wortschwall, in die Biologie die Statistik ein. Falls das Universum heute zusammenbräche, rechnet er aus, so läge die Wahrscheinlichkeit, daß sich ein neues bildet, bei 10 hoch 10 hoch 100. Er setzt sich für eine halbe Stunde in ein Gemisch aus Wasser und Eis, um zu erkunden, wie sein Körper auf ein mit 6,5 % Kohlendioxid angereichertes, unter 10 Atmosphären Überdruck stehendes Luftgemisch reagieren würde. Bei solchen und ähnlichen Experimenten zieht er sich eine Heliumblase im Rückenmark zu, die ihm den Rest seines Lebens Probleme bereitet. Er tritt der Kommunistischen Partei bei und nimmt am Spanischen Bürgerkrieg teil, um den republikanischen Truppen zu zeigen, wie man sich gegen die Giftgasangriffe der Faschisten schützt. Nach 1945 verläßt er die Partei aus Protest gegen Stalins Wissenschaftspolitik. Zweimal ist er verheiratet. Seine erste Frau läßt sich seinetwegen scheiden, was zu seiner Amtsenthebung in Cambridge führt; das für solche Disziplinarfragen zuständige Sechsmänner-Kollegium, die altehrwürdig lateinisch benannten »Sex Viri«, verspottet er als »Sex Weary«, die Sexmüden, und erzwingt gerichtlich seine Rehabilitierung. Mit seiner zweiten Frau, einer Studentin, wandert er 1956 nach Indien aus, um gegen den Suezkrieg und den Imperialismus seiner englischen Heimat zu protestieren,

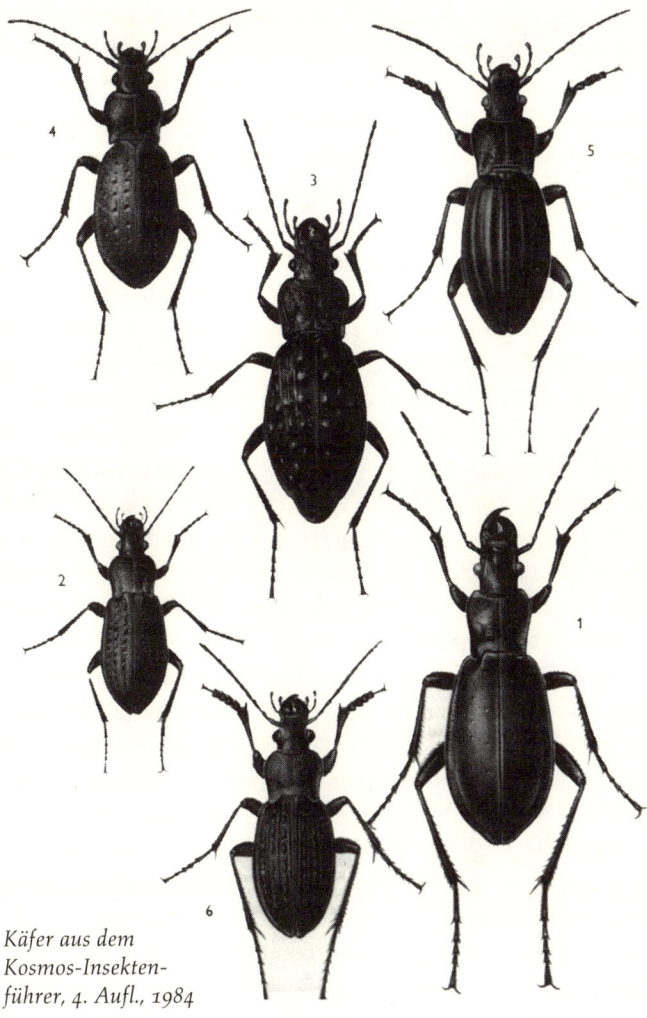

*Käfer aus dem
Kosmos-Insekten-
führer, 4. Aufl., 1984*

und nimmt die indische Staatsbürgerschaft an. Dort wird er Vegetarier, verabschiedet sich von den Tierversuchen und stirbt 1964 in Bubaneshwar, der durch ihre Tempel berühmten Hauptstadt Orissas.

Im Gegensatz zu seinem Vater, einem bedeutenden Physiologen, war Haldane Atheist, maß dem aber offenbar keine besondere Bedeutung bei. Einmal wurde er bei einer öffentlichen Diskussion gefragt, was man denn aus der Schöpfung über die Natur des Schöpfers schließen könne. Haldane dachte kurz nach und antwortete dann: »An inordinate fondness for beetles« – eine außergewöhnliche Vorliebe für Käfer.

Und tatsächlich verhält es sich ja so, daß von den circa 1,5 Millionen überhaupt beschriebenen Spezies auf der Erde rund eine Million Insekten sind und von diesen wiederum 300.000 Coleoptera: die Ordnung der Käfer. Betrachten wir einen einzelnen davon, willkürlich aus den Farbtafeln des *Kosmos-Insektenführers* herausgepflückt, der sich mit der europäischen Fauna befaßt und darum auf die prächtigsten Exemplare der Ordnung verzichten muß, die überfaustgroßen, steinschweren, wie emaillierten Giganten der tropischen Regenwälder. Es handelt sich um Carabus splendens, eine Laufkäferart, die Nummer 1 der Tafel. (Der Druck des Buchs läßt leider keine Farbabbildungen zu, und der Leser muß sich die fehlende Dimension der Farbe durch die eigene Phantasie ergänzen, wie bei einem alten Film von einem sonnigen Garten; es herrscht Grün vor.) Mit der Gattung Carabus hat dieses für den interessierten Laien geschaffene Handbuch die meiste Geduld, denn hinter ihr sind die Sammler her, weil sie so stattlich und wie geschmiedet erscheint und weil die Lupe, die sich in die Skulptierung der Rückenschilde vertieft, sich so reich mit unterscheidenden Strukturen beschenkt findet wie bei einem Stahlstich. Ich stelle mir vor, daß die Insektenforscher, die sich auf Käfer und besonders auf Carabus spezialisieren, ihr Gegenstück an den Briefmarkensammlern haben, deren Traumziel Deutsches Reich komplett ist. 16 Spezies listet das Handbuch auf, mit Abbildung, darunter Carabus auratus, den Goldlaufkäfer, Carabus silvestris, den Bergwald-Laufkäfer, Carabus granulatus, den Körner-Laufkäfer; der Vorrat latei-

nischer Adjektive wird bis zum Bodensatz geplündert. Es
überraschen Carabus variolosus, der Gruben-Laufkäfer, obwohl es sich ausweislich seines wissenschaftlichen Namens
doch um einen solchen handelt, der ein bißchen bunt ist, und
Carabus cancellatus, eigentlich ein mit Gitterwerk versehener,
der aber verdeutscht als Körnerwanze erscheint. Sollte hier
wirklich der Volksmund etwas beigetragen haben, der doch
sonst, was die Benennung von Insekten angeht, notorisch
maulfaul war? »Er ist einigen weiteren Arten zum Verwechseln ähnlich«, die dann auch gar nicht mehr genannt werden.
Die Gattung Carabus enthält 2000 Species, 2000 wissenschaftlich beschriebene wohlgemerkt, die alle zum Gattungsnamen
ihr je besonderes Attribut tragen. Garten-, Hain- und Gru-
benlaufkäfer können da bloß ein Anfang gewesen sein, bescheiden aber leicht getan, getauft, so denke ich es mir, von
den Studenten des großen Nomenklators Linné, als sie sich
zur Kaffeepause in ein Wäldchen oder eine Sandgrube hinter
der Uni begaben und gleich darauf mit vier oder fünf verschiedenen Arten zurückgekommen sind, namenlos wie neugebo-
rene Kinder. Diese ersten fragten sie noch: Heißest du etwa
Hinz? Heißest du etwa Kunz?, ehe sie bei Schnürbein und
Hammelwade anlangten; und angesichts der verzweifelten
Namensnot der Wissenschaft, der alles erlaubt ist, sollte es
mich nicht wundern, wenn es auch einen Carabus rumpelstil-
ciensis gäbe. Bei Carabus splendens jedenfalls, wörtlich dem
glänzenden Laufkäfer, ist die Erschöpfung schon so weit ge-
diehen, daß er einen deutschen Namen gar nicht mehr erhalten hat: Dieser Carabus erglänzt nurmehr lateinisch.

Sein Vorkommen erstreckt sich über die Gebirgsregionen
Frankreichs und Spaniens. Mit 25–36 mm Länge gehört er zu
den größeren Vertretern seiner Gattung (obwohl er an die bis
42 mm des Lederlaufkäfers, Carabus coriaceus, natürlich nicht
heranreicht). 36 mm will dem Laien nicht viel vorkommen,
weil er die Zahl nur absolut liest und nicht ahnt, wie viele

verschiedene Maßstäbe für Größe er simultan mit sich herumträgt; doch erstaunt er oder entsetzt er sich jedesmal, wenn ihm ein Insekt von diesem Format über den Weg krabbelt. Wenig weiß der Begleittext dazu zu sagen: »Zweifellos einer der schönsten großen Laufkäfer.« Zweifellos. Doch was bereitet dem Auge solches Vergnügen an ihm?

Klar, wie bei allen Käfern, liegt sein Bauplan zutage; daß ein so schlichtes Muster so außerordentlich vielfältig hat abgewandelt werden können, bildet den Fond von Haldanes so spitzer wie tiefsinniger Bemerkung. Drei Abschnitte weist der durch sein Exoskelett dosenartig abgeschlossene und kompakte Rumpf auf: Kopf, Brust und Hinterleib, die nach gewissen proportionalen Gesetzen aneinander schließen. Da man jedes Tier, wie auch jedes Gebäude (nicht jedoch Pflanzen), ohne es zu wollen oder auch nur zu bemerken, in Analogie zur menschlichen Gestalt betrachtet, so bietet dieser Körper nichts, was Mißfallen oder Angst erregt; es liegt etwas übersolid Herrenhaftes in diesen fest konturierten Abmessungen, ohne jedoch das Groteske oder Komische zu streifen.

Der Körper ist wie Metall; aber eines, das wir nicht kennen, ein grünes, überirdisches, wie Supermans Kryptonit. Außerordentlich fein ist es verarbeitet, trotz seines Glanzes nicht gänzlich glatt, sondern, wie mit dem winzigsten Hämmerlein auf dem Weg des Augenmaßes in seine vollkommene Form und zum herrlich goldmatten Widerschein des Lichts gebracht: von handwerklicher, nicht von industrieller Perfektion. Und wie als deren Siegel tragen die Flügeldeckschilde des Hinterleibs, die massiv und doch elegant gewölbten Elytren, punkthafte Vertiefungen, sorgsamste Einzelheit dieses sorgsamen Gebildes. Ja man kann dieses Wesen gar nicht ins Auge fassen, ohne es als dies, als Gebilde anzuschauen, etwas, in dem der Prozeß des Wachstums (durch den doch auch dieser Käfer zustande gekommen ist) seine Kostbarkeit durch den Anschein des Stück für Stück Absichtlichen beglaubigt. Von größter Bedeutung für das Auge sind dabei die Nähte dieser Rüstung: Nicht Verstärkung drücken sie aus, indem darin die Platten sich zu verschweißten Graten übereinander schöben; sondern Fugen sind es, ausgekleidet mit knitterbaren Häutlein, die zarten Gelenke des Insekts. In ihnen nistet, sonst kaum sichtbar, die liebliche Schwäche alles dessen, was lebt.

Was wir in diesem Bild genießen, ist das Naturschöne in einem ganz bestimmten Übergang. Es steht zwischen dem Lebendigen und dem Toten. Daß der Käfer lebt oder gelebt hat (denn ein Exemplar wie dieses hier bekommt jemand, der nicht mit der Botanisiertrommel durch die Pyrenäen turnt, ganz bestimmt nur tot zu Gesicht, oder noch nicht einmal tot, sondern als Bild des Toten), trägt zum ästhetischen Erlebnis anscheinend nur am Rande bei; an lebenden Exemplaren tritt für unsere Wahrnehmung bloß ein eher mühsames Krabbeln hinzu, gelegentlich ein Flug, der immer staunen läßt, wie ein solcher Brocken überhaupt in der Luft bleiben kann. Aber den Käfer als Tier, das täglich seinen Lebensunterhalt sucht, sich fortpflanzt und seine Ängste und Erfüllungen hat, sehen wir nicht wirklich und haben wir auch nicht wirklich Lust zu sehen; uns reicht völlig der gespießte Leichnam, lieber noch die Zeichnung, die durch ihre geduldige Vorzüglichkeit dem Gegenstand die angemessene Reverenz erweist. Dennoch geht in den Genuß der Schönheit das Wissen von der Notwendigkeit dieser so und nicht anders umrissenen und pigmentierten Gestalt ein. Was lebt, hat sich seinem Lebenszweck entsprechend ausgeprägt, diese Garantie empfängt man; und sie verleiht selbst den abenteuerlichsten Variationen zum Thema Käfer, dem dreifach körperlangen Fühler, dem monströsen Nasenhorn und den unwahrscheinlichsten Skandalfarben, eine heraldische Würde, die bei diesen Bildungen, wären sie von einem Designer hervorgebracht, das Mißtrauen vor dem bloß Skurrilen mobilisieren müßte. Wir bewundern an diesen und anderen Käfern (denn sie werden nie allein gezeigt, sondern immer im Rah-

men einer möglichst reichhaltigen Sammlung) die Bestimmtheit in der Vielfalt. Selbst die eigenwilligsten und größten Käfer flößen kaum Ekel ein, was bei den ansonsten durchaus ähnlichen Wanzen und Kakerlaken doch ohne weiteres geschehen
kann. Die Mitglieder dieser beiden anderen Ordnungen nämlich durchlaufen nur eine unvollständige Metamorphose, immerzu häuten sie sich und gehen noch größer aus dieser Häu-
tung hervor, als gäbe es, wie bei den Kristallen, für sie keine
Obergrenze des Wachstums, als wäre hier alles möglich. Mit
Abscheu sieht man in den Terrarien (oder den Kästen, in denen die Zoos ihre Futtertiere züchten) kleine und ganz kleine
Schaben über die schildkrötgroßen erwachsenen klettern, wie
ein bis zum Erbrechen sinnlos wiederholtes Motiv. Dem Käfer
vergibt man die Made, aus der er hervorgeht, weil sie ihm in
ihrer ekligen Weichheit so gar nicht gleicht. Er schlüpft und ist
fertig, wie etwas, das gemacht worden ist. Auf seine Gestalt hat
die Umwelt (wo sie ihn nicht geradezu vernichtet) keinen Einfluß mehr, auch die Ermüdung nicht, die es doch ist, die Landschaften formt, indem immerzu die Brandung die Klippen
höhlt und sie zu Sand zerreibt, und je sanfter sich schließlich
die Hügel schwingen, desto mehr hat sie ganze Arbeit getan.
Nichts gibt es hier, das, wie im Gesicht der Menschen, von Alter gezeichnet werden und erschlaffen könnte. Von all dem
weiß die Schönheit der Käfer nichts, die starr und ohne Ermattung in jedem Detail verweilt, in der Keulung der Fühler, dem
Lack und Glasfluß aller Oberflächen. Aufs präziseste ist es von
innen hervorgetrieben, so sehr es den Schein erweckt, von außen verfertigt zu sein: nicht Ergebnis von Kräften, sondern
Manifestation einer einzigen Kraft.

So ziemlich jeder, den diese Schönheit ergreift und der sich zu
ihr äußert, kommt bei derselben Metapher heraus: dem Juwel.
Käfern hat man gern Schmuckstücke nachgeformt, und
manchmal einfach sie selbst genommen und gefaßt: sie schie-

nen, wie sie waren, Schmuck genug. Das Juwel gehört nun zweifellos in den Bereich des Kunstschönen, also des nicht Gewachsenen, sondern Gemachten und Gewollten. Vom Kunstschönen wußte das 18. Jahrhundert viel zu sagen; es erblickte darin vor allem eine Zone der Heikelkeit, wo es leicht war, sich durch Ungeschmack zu blamieren. Demgegenüber präsentiert sich das Naturschöne als unverfänglich, da es einsehbar nicht anders sein kann, als es ist; es erübrigt sich, zur allgemeinen Erleichterung, hierüber ein Urteil zu fällen. Bewundern reicht, und bewundern kann jeder. Nicht zuletzt darum wirkt der Anblick der Natur so entspannend. Alles Menschengemachte schwebt daneben in der Gefahr des Mißlingens. Der Sonnenuntergang ist nicht kitschig, wohl aber die Postkarte davon, obwohl sie doch scheinbar nichts anderes getan hat, als ihn in aller Unschuld festzuhalten. Und Funktionalität ist kein wirksamer Abwehrzauber. Die Chemnitzer Villa Esche zeigt ein von Henri van de Velde persönlich entworfenes Pfeifenfutteral: schnittig, und kein Gramm Fett daran, und doch ist das ganze Ding von Grund auf lächerlich. Wahrscheinlich gibt es sogar kitschige Hämmer. Schmuck indessen ist vor dem Geschmacksrichtertum wenigstens etwas sicherer. Das hat zwei Gründe – oder genauer gesagt, Vorder- und Rückseite eines einzigen.

Schmuck, bestimmt als etwas, das getragen werden soll, bezieht sich auf die Konstante des menschlichen Körpers. (Das bestätigt auch die Etymologie des Wortes, das sich von »schmiegen« herleitet.) Den Ringen und Fußkettchen, Colliers und Ohrgehängen, sogar den Kronen und Lippenpflöcken ist eine gewisse Größenordnung vorgegeben, über die sie nicht hinausgelagen können, nicht einmal um den Preis der schamlosen Übertreibung: ihre relative Kleinheit nämlich. Darauf reagieren Material und Verarbeitung. Das Material wird stets relativ kostbar, die Verarbeitung relativ sorgfältig sein. Sie wirken wie zwei Faktoren, die die unabänderliche Winzigkeit der

Dimensionen *nach innen* multiplizieren. Das Juwel zeigt, daß so etwas geht, daß die physischen Schranken von Leib und Welt zwar bestehen bleiben, aber der Intensivierung keine Hindernisse in den Weg legen; daß der vorgegebene Raum aus sich dennoch das Unerwartete entlassen kann. Durch hohen Druck entsteht aus einem Stück Kohle ein Diamant. Diesen Diamanten gilt es zu schürfen, zu schneiden, zu schleifen, bis er in hundert Facetten strahlt und den schönsten Hals, der sich finden läßt, noch erhöht. Nur dieser Weg führt über die Welt hinaus: sic itur ad astra – so gehts zu den Sternen; und nicht umsonst heißen die schönsten Exemplare dieser Gattung »Stern«.

Dies erwartet man von Juwelen. Es ist viel, und wenn sie es leisten, darf man weitere Forderungen an sie eher niedrig halten. Stimmen müssen bloß das Maß (das versteht sich aber von selbst), der Wert des verwendeten Stoffs, die Feinheit des Handwerks. Wenn es damit seine Richtigkeit hat, wird man dem Goldschmied gern Freiheit bei allem anderen lassen. Man wird mit ihm nachsichtiger verfahren als mit dem Maler, dem Architekten und selbst dem Schneider. Fast allem, was er liefert, wird man das Attribut des Schönen gönnen. (So ist der Jugendstil der Stil der Juweliere gewesen; alles was er anfaßt, gelingt ihm nach Maßgabe der Nähe oder Ferne zum Körperschmuck – das heißt unter den Möbeln eher die kleinen als die großen, mehr die Lampen als die Aktenschränke, mehr die Pfeifen als die Pfeifenetuis; und am allerwenigsten die Gebäude.)

Von dieser juwelenhaften Schönheit des Kleinen, schrankenlos Vielfältigen und Kostbaren also sind auch die Gestalten der Käfer. Die Erde, wie der menschliche Körper, bleibt ewig dieselbe, ewig gleich klein – ihr Durchmesser von Pol zu Pol beträgt nicht mehr als 12.000 km, ihr Umfang gerade 40.000 km, von den heutigen Kommunikationsmitteln in Sekundenbruchteilen zu überbrücken, ein Zustand, der kosmische Klaustrophobie herbeiführen kann. Und wer die Erde, dieses hinreißend

himmelblaue Baby, auf den Bildern der Mondfahrer durchs
Weltall taumeln sieht, der erkennt noch nicht einmal ihre gei-
zigste Beschränkung: wie dünn die bewohnte Zone ist. Sie
reicht auf dem Land im Schnitt der Wälder und Städte etwas
über einen Meter in die Tiefe, in den Horizont der Keller und
Wurzelgeflechte, und rund zwanzig Meter in die Höhe; in der
Steppe ist es entsprechend weniger, zwei Meter vielleicht – so
hoch wächst maximal das Gras und springt ein Löwe. Darunter und darüber dünnen die Zeichen des Lebendigen rasch aus,
es beginnt der Zuständigkeitsbereich der Geologen und Astro-
nomen. Wir sind den Käfern dankbar, daß sie in dieses erstik-
kend enge eigentliche Universum (denn was geht uns der Siri-
us an?) die Qualität des Intensiven bringen. Ich liebe auch die
Namen, die diese Käfer tragen. In ihnen geht das Unvorherge-
sehene mit dem So-und-nicht-anders Hand in Hand. Ungeheure Namensmassen verlangt und verschlingt die Käferschaft
im Zug ihrer wissenschaftlichen Erfassung, und mit ihren vielen x und y klicken und klirren sie wie ein harter, teurer Werk-
stoff im Zugriff der Pinzette.

Es gibt von Rilke ein Gedicht »Der Käferstein«:

> Sind nicht Sterne fast in deiner Nähe,
> und was giebt es, das du nicht umspannst,
> da du dieser harten Skarabäe
> Karneolkern gar nicht fassen kannst,
>
> ohne jenen Raum, der ihre Schilder
> niederhält, auf deinem ganzen Blut
> mitzutragen; niemals war er milder,
> näher, hingegebener. Er ruht
>
> seit Jahrtausenden auf diesen Käfern,
> wo ihn keiner braucht und unterbricht;
> und die Käfer schließen sich und schläfern
> unter seinem wiegenden Gewicht.

Ich mißtraue Rilke ja sehr: der widerstandsfreien Art, wie es
ihm gelingt, alles in Verse zu gießen und seine komplexe
Syntax über die Versenden hinüberzuziehen, ohne daß sie an
den Ecken je reißt; seiner unbegrenzt plastischen Impressio-
nabilität, die beharrt, daß die Welt (obwohl sie doch schon da
ist) erst »geleistet« werden müßte, wie ein harter Stuhlgang.
(Auch diesem Gedicht hätte ich gern sein »mitzutragendes«
Blut zur Ader gelassen.) Aber wie er hier diese drei Dinge: Juwel, Käfer und Raum, aufeinander bezieht, drückt er in seiner tastenden, suggestiven Art etwas aus, was sich anders
schwer fassen ließe. Insbesondere sind ihm zwei Reime gelungen, die man diesem promisken Reimvirtuosen hoch an-
rechnen muß: wie die Nähe (der Sterne) hier in Kontakt zur
Skarabäe gerät, und wie den Käfern das schwere Schläfern
antwortet, dazu mit dem Nachsatz des Gewichts belastet: Das
enthält, was ich meine.

Zurück zu Haldane und seinem Gott. Für diesen Gott ist es
ohne Belang, daß er nebenbei auch noch das ganze Weltall geschaffen hat: Denn es ist leer; und wo nicht leer, da primitivst
strukturiert. Die Sterne, sagt Stanisław Łem, seien nur darum
interessant, weil es sonst nichts gibt; sie bleiben, füge ich hinzu, langweilig selbst dann. Haldanes Gott ist bemerkenswert
für die eine Ausnahme seines öde monströsen Schöpfungs-
werks, und das stellt die belebte Erde dar. Sie geriet ihm arg
klein. Warum, läßt sich nicht leicht einsehen; seiner Allmacht
stellt es jedenfalls kein günstiges Zeugnis aus. Das Übel der
Unterdimensionierung hat er allerdings dadurch teilweise aus-
geglichen, daß er die lebendige Welt sozusagen einfaltete, nach
innen vervielfachte wie eine Ajour-Stickerin eine Tischdecke.
Daß von allen Arten der Lebewesen ein Fünftel Käfer sind (und
ein weiteres Siebtel Schmetterlinge), halte ich für eine bedeut-
same Zahl. Dieser Gott wurde über seinen Versäumnissen zum
Ästheten.

Nicht daß ich an diesen Gott tatsächlich glaubte. Aber wenn ich ihn hier als Hilfskonstruktion setze, dann deswegen, weil sich die Welt des Belebten (der ich ja rettungslos angehöre) so einmal *von außen* betrachten läßt. Denn wenn man den ästhetischen Charakter der Welt betont, stellt sich sofort die Frage: Wem? Das heißt: Wer schaut hin? Ich habe früher einmal die Antwort versucht: Sich selbst seien die Tiere schön, ihre Schönheit wende sich in sie zurück und gehe in ihr Glück ein; und nur das individuelle Glück, selbst des kleinsten Tiers (von den Pflanzen weiß ich nichts), könne der Zweck der Welt sein, von der sonst nichts bliebe als die Spur eines unbegreiflich boshaften Irrsinns. Das Buch, in dem es darum ging, trug darum den Titel *Das Glück der Tiere*. Ich gebe diesen Gedanken auch nicht preis. Doch verkenne ich nicht seinen hochspekulativen Charakter, und ich halte die Frage nicht für überflüssig: Wenn ein Käfer keine Freude haben sollte an seinem goldenen Panzerröckchen – was ist die Welt dann? Dann wäre sie eben doch besagter Irrsinn; und da ein Irrsinn als solcher nicht existiert, muß ich ihn einem Irrsinnigen zuordnen. So soll vorerst Haldanes Gott stehenbleiben: als ob.

Dieser Gott also will es schön haben, wenn er es schon eng haben muß. Schönheit in diesem Sinn bedeutet: Formenmaximierung. Und hier regt sich in mir der Verdacht, daß die Zeit, die echte, harte Zeit, die den Tod als ihr Siegel trägt, eine Nachschöpfung war; daß sie als Notbehelf diente, die Mangelhaftigkeit des bereits fertig geschaffenen Raums in etwa auszugleichen. Die Erde wie sie ist bietet 300.000 beschriebenen Käferarten Raum, und wer weiß wie vielen, die noch kein Mensch kennt. Aber je größer die Lebewesen, desto weniger verschiedene von ihnen finden auf einmal Platz in dieser Welt. Schon Vögel gibt es nur rund neuntausend; und die Huftiere bewegen sich in der Größenordnung des Dreistelligen. Zwei (nach neueren Forschungen: drei) Elefantenarten finden zugleich ihr Auskommen auf diesem Planeten. Und eine Art von Menschen.

Sie alle, jedes einzelne Wesen das dazugehört, sterben. Und indem sie es tun, schaffen sie dem Wandel auf Erden Einlaß. Man hat geschätzt, daß eine Spezies eine durchschnittliche irdische Verweildauer von einer Million Jahren genießt. Gerechnet auf die fünfhundert Millionen Jahre, seit es mehrzellige Lebewesen gibt, bedeutet das eine Verfünfhundertfachung dessen, was an Verschiedenheit möglich ist. Der ästhetische Gott hat die Leistungsfähigkeit der armen Erde erhöht, indem er das Schichtsystem einführte. Die Erde der Steinkohlenzeit, die Erde des Perm, die Erde der Dinosaurier, die Erde mit den Dschungeln des Miozän und mit den Steppen der Eiszeit – es ist, als hätte er nicht eine, sondern viele Erden geschaffen. Und billiger: Denn der Schönheitssinn dieses Gottes wird offenbar nur noch von seinem Geiz übertroffen. Es ist kein Einwand, daß er diese Welten ja nicht mehr *hat*. Denn es handelt sich immerhin um einen Gott, dem man leicht zutrauen darf, geeignete Gefäße zu besitzen, um die Realität des Vorübergegangenen aufzufangen. Und, um unsere eingeschränkte Gottähnlichkeit als bescheidene Analogie zu verwenden: Was haben *wir* von allen unseren Reisen? Genug jedenfalls, um die nächste zu buchen. Schöne Erinnerungen! Nun denke man, was dies für einen Gott bedeuten mag. Mindestens jedenfalls: daß die Zeit ihm so real sei wie der Raum uns. Selbst wenn er nicht überall sein könnte, stünde es ihm doch jederzeit frei, zu fahren, wohin es ihm beliebt.

Doch dem göttlichen Geiz muß es irgendwann aufgefallen sein, daß sein System der maximalen Differenzierung in einem Punkt noch sehr ineffektiv arbeitet. Die Tiere sterben allesamt, und zwar bald; es kommt indessen nicht ohne weiteres etwas nach, wodurch das Bedürfnis nach Abwechslung befriedigt würde. Die Generationen werden ausgetauscht, aber sie ähneln einander bis zur völligen Verwechselbarkeit. Auf eine Hauskatze folgt eine Hauskatze folgt eine Hauskatze. Neue Arten entstehen nur nach einer aberwitzigen Anzahl von Generationen. Liegt hier, unter dem Gesichtspunkt der Varietät, nicht eine ungeheure Verschwendung vor? Man müßte bei jedem Wechsel, der schließlich teuer genug zu stehen kommt (das Individuum stirbt, ein anderes wird angeschafft), doch mit sehr mäßigem Aufpreis etwas ganz Neues bekommen können. So erschuf Gott, Haldanes Gott, zuletzt den Menschen mit seiner Geschichte. Denn, so sprach er, es mangelt mir an Geduld mit der trägen Wiederholung aller dieser Durchläufe, bei denen nichts herauskommt, als was vorher schon drin war; ich will von nun an bei jeder Umdrehung des Generationen-Rades eine Rendite sehen! Mögen die Insekten, bis sie des natürlichen Artentodes sterben, bleiben, was sie sind, es passen von ihnen, weil sie so klein sind, genügend viele verschiedene Modelle auf einmal in diese enge Welt; und von mir aus sogar die Fledermäuse. Siebenunddreißig Arten Libellen allein im Stadtgebiet von Chemnitz, das doch wahrlich nicht der Amazonas ist, und einhundertdreiundsechzig Arten von Laufkäfern – das soll genügen, sie zahlen ihren Sold mit ihren bunten Körperlein. Aber ich will mir einen kaleidoskopischen Großsäuger schaffen, der mich ergötzen soll. Gott nähte dem neuen Wesen, das er schuf, um es aus dem Paradies zu vertreiben, zuvor noch persönlich Röckchen aus Fell, damit es sehe, in welche Richtung die Erwartung ging und daß sein Schöpfer sich freuen würde, wenn es von nun an jede Saison auf seinen immergleichen Gliedern etwas Neues zum Anziehen und Vorzeigen hätte, aus Pelzen, aus Bast, aus Nylon, egal; so fing die Geschichte an.

Ich weiß nicht genau, was Nietzsche meint (dem hier zum Gott und damit zum Wahnsinn schon nicht mehr viel fehlt), wenn er sagt, nur als ästhetische sei die Geschichte groß und ewig gerechtfertigt. Es kann nicht das eigentlich Naturschöne gewesen sein, denn die Natur ändert sich nicht in geschichtlichen Zeitmaßen; auch nicht das Kunstschöne, das immer einen viel zu kleinen Teil des jeweiligen historischen Gesamtbestands

ausmacht, um für mehr als einen Index, eine Krone oder ein
Gewürz zu gelten; und erst recht nicht das Geschlechtsschöne,
das die Zeitgenossen bezaubert, aber auf die Nachwelt nur als
ein Hauch und ein Tau kommt, zudem die Beschränkungen des
Kunstschönen und des Naturschönen in sich vereinigt. Ich
glaube, was er am ehesten gemeint hat, ist: das Käferschöne der
Geschichte.

Über die Zeit

Was sich über sie allenfalls doch herausfinden läßt

Man kann nicht über Geschichte nachdenken, ohne an den Tod, und nicht über den Tod, ohne an das Problem der Zeit zu geraten. Wichtig ist, daß man sich zuvor überlegt, in welcher Richtung man den Aufschluß sucht; was einem eine »Antwort« heißen soll.

Besuche beim Arzt oder Friseur haben das eine Gute, daß einem dort Zeitschriften in die Hände fallen, mit denen man sonst nicht in Berührung käme. Z. B. *Bild der Wissenschaft*, eine Publikation, die sich zum Ziel gesetzt hat, den interessierten Laien über das moderne wissenschaftliche Weltbild auf dem Laufenden zu halten. Hier erfährt er, daß es gegenwärtig zwei Modelle gibt, eines, das die Welt auf elementarer Ebene aus »Strings«, und eines, das sie aus »Spin-Netzwerken« zusammengesetzt sieht. Dazu erhält er eine Illustration, die wie die Großaufnahme eines Häkelpullovers aus Glasfaserkabeln anmutet. »Auf diesem Geflecht«, so wird er informiert, »leben die Naturkräfte«. »Und die Zeit kommt, so zumindest eine Vorstellung, durch winzige Umgruppierungen im Spin-Netzwerk zustande.«

Das Modell stellt gewiß einen ernsthaften und umfassenden Versuch dar, den Bau der Welt zu erklären. Sein Kern ist, daran zweifle ich nicht, ein mathematischer; und niemand, der es wirklich versteht, wird die geringste Hoffnung hegen, es einem Nicht-Mathematiker begreiflich zu machen. Man darf vermuten, daß nicht einmal der Vermittler, der Redakteur der Zeitschrift, es wirklich begriffen hat, und daß er sich seinerseits mit den Metaphern begnügen mußte, die die Mathematiker, in ihrer Not, überhaupt *irgendetwas* über ihre Arbeit zu sagen, ihm

zuwarfen. Doch werden diese Metaphern dem Empfänger zu
einer neuen Not, da er sich bei einer 6., 7., 8. Dimension nichts
denken kann und die Metapher gerade das *nicht* leistet, wozu
sie da ist, nämlich um den Preis des Uneigentlichen Veranschaulichung zu bewirken. Den Eintrittspreis hat er bezahlt,
aber den Gegenwert der Faßlichkeit, die Show, bekommt er
trotzdem nicht zu Gesicht.

Ältere physikalische Modelle hatten die Zeit zwar auch
schon funktional gedacht und den Blick ausschließlich darauf
gerichtet, was in ihr sich vollzieht, ohne der Frage nachzugehen, was Zeit an sich wäre. Immerhin hatte man dort noch fassen können, wofür und worin sie funktioniert, wenn es um Bewegung, Beschleunigung usw. ging. Dies scheint heute nicht
mehr möglich. Ein Satz wie der oben zitierte, Zeit komme
durch winzige Umgruppierungen im Spin-Netzwerk zustande,
kann nur aus einer tiefen Resignation hervorgegangen sein, die
der Sprecher fühlt und genauso beim Angesprochenen voraus-
setzt. In seiner ausweglosen Unverstehbarkeit für den Nicht-
fachmann dürfte dieser Satz, was die Erklärbarkeit der Zeit
durch die Wissenschaft angeht, den aktuellen Stand bezeichnen. Ich spreche nicht von der inneren Logik des Modells, die
so streng und zwingend sein mag, wie sie will. Ich spreche davon, daß außerhalb des allerengsten Kreises von Spezialisten
das Problem der Zeit damit weniger gelöst als gewaltsam abge-
klemmt erscheint.

So weit die Naturwissenschaft. Es gibt noch einen zweiten
Bereich, der sich mit der Zeit beschäftigt: die Philosophie. Hier
ist Immanuel Kant maßgeblich geworden. Er bestimmt die Zeit
als eine von zwei apriorischen Kategorien, die nicht selbst Gegenstand von Erfahrung werden können, sondern vielmehr die
Bedingung bilden, innerhalb deren sich jegliche Erfahrung vollzieht. (Die andere Kategorie ist natürlich der Raum.) Nur ver-
mittels Zeit und Raum kann das Ding an sich Erscheinung für
das Subjekt werden; sie sind der Filter, durch den allein Welt in

die Wahrnehmbarkeit tritt. Ich hoffe, ich tue Kant kein grobes Unrecht, wenn ich sage: Es kommt mir vor, als würde dadurch alles weitere Fragen abgeschnitten, sowohl was Zeit und Raum, als auch was das Ding an sich betrifft; und daß sie, indem sie sich gegenseitig bestimmen, einander vollständig blockieren. Vom Ding an sich kann man nichts wissen, als daß es allein durch Zeit und Raum Objekt wird, von Zeit und Raum nichts, als daß sie diese Vermittlung zu vollbringen haben. Die Frage »Was ist Zeit?« wird damit endgültig als naiv abgewiesen.

Sie bleibt aber trotzdem, diesseits der Fachauskünfte, für jeden einzelnen wichtig. Denn Zeit ist, worin jeder einzelne lebt und, falls man diese Aussage banal findet, auch das, worin er sterben muß. Es bleibt das deutliche Gefühl, daß Physik und Philosophie, je auf ihre Weise, hier nichts weiter getan haben, als ein großes Stoppschild aufzustellen, das die Dringlichkeit der Frage zum Stillstehen zwingen soll. Ich muß mir einen Gewährsmann suchen, der mir zunächst hilft, auf eine angemessene Weise über die Zeit zu erstaunen. Dieser Gewährsmann soll Augustinus sein.

Aurelius Augustinus wurde im Jahr 354 in Thagaste geboren, heute im nordöstlichen Algerien, und starb 430 in Hippo Regius, nicht weit davon entfernt. Seit langem, seit dreizehn Jahrhunderten, gehört das ganze Nordafrika zur Welt des Islam. Damals aber befand sich das Gebiet im gefährlichen und schwierigen Übergang von gleich drei kulturellen Feldern, die davon ganz verschieden waren. Erstens gehörte es dem römischen Reich an und damit in die Tradition der Antike, die sich ihrerseits aus griechischem Denken, lateinischer Verwaltung und der fortdauernden Eigenart der unterworfenen Völkerschaften in der Provinz vielfältig zusammengemischt hatte. In diese relativ geschlossene Welt bricht im 4. Jahrhundert das Christentum ein, das, noch zu Jahrhundertbeginn eine verfolgte Sekte, sich in kurzer Zeit zur Staatsreligion entwickelt und

seinerseits alles Ältere entweder aufzusaugen oder aber auszu-
löschen sucht. Und beide zusammen sehen sich bedroht von
den Barbaren, die aus ihren germanischen Wäldern aufgebro-
chen sind und das Reich zerstören.

Auch Augustinus' eigenes Leben wird beherrscht von Brü-
chen und Sprüngen: Sein Vater ist noch ein antiker Heide, seine Mutter Monika hingegen schon glühende Christin. Nach einer Jugend, die er selbst als wüst und ziellos beschreibt, wird er
erst Schüler, dann Lehrer der Rhetorik in Karthago und Rom.
Er begegnet einem Buch Ciceros, das ihn mit Ernst zum Studi-
um der Philosophie ruft, und in einem noch mehr erschüttern-
den Erlebnis findet er später zum Christentum. Aus dem Nach-
barhaus hört er den Singsang eines Kindes: Nimm und lies,
nimm und lies!, das berühmte »Tolle lege!« Er nimmt die Bi-
bel, schlägt aufs Geratewohl eine Stelle beim Apostel Paulus
auf, sie spricht von Entsagung und Weltabkehr – Augustinus
bricht zusammen und beginnt ein neues Leben. Von nun verzichtet er auf akademischen Ruhm, verstößt seine langjährige
Lebensgefährtin und widmet sich einem zurückgezogenen,
gottgefälligen, keuschen Leben, das allerdings zunehmend,
nachdem man ihn zum Bischof gemacht hat, von den praktischen Aufgaben der Seelsorge und Administration in Anspruch
genommen wird, worüber Augustinus zuweilen klagt.

Über sein Leben bis zur Bekehrung hat er ein umfangrei-
ches autobiografisches Werk verfaßt, die *Confessiones – Bekenntnisse*. Der Titel deutet an, daß es ihm nicht um persönliche Memoiren zu tun ist, sondern um den exemplarischen Le-
benslauf eines Sünders, der der Gnade Gottes teilhaftig wird.
Da dieser Gesichtspunkt vorherrscht, kann der heutige Leser
das Werk leicht ein wenig öde und in seiner Zuspitzung auf
Sünde und Gnade abstrakt finden. Besonders ist Augustinus
immer wieder angekreidet worden, daß er es nicht einmal für
nötig hält, den Namen der Frau mitzuteilen, mit der er immerhin fünfzehn Jahre zusammen gelebt und mit der er einen

Sohn hat. Das Werk bricht einigermaßen unvermittelt ab, als Augustinus Mitte dreißig ist, nach seiner Bekehrung. »Unruhig ist unser Herz, bis es ruht in Dir«, sagt er; beim angeredeten Du handelt es sich natürlich um Gott. Der eingetretene Zustand der Ruhe ist nicht mehr erzählbar oder erzählenswert. Im Anschluß an das, was ihm in der Zeit widerfahren ist, fragt Augustinus nunmehr im XI. Buch, das eine Art Anhang bildet, nach dem Wesen der Zeit selbst.

Dieses XI. Buch, obwohl nicht frei von Widersprüchen und Unklarheiten, hat in allen Epochen eine starke Faszination ausgeübt. Gerade im 20. Jahrhundert schien es das Angebot zu enthalten, hinter dem Rücken von Newton, Kant und Einstein vorbei die Frage neu und unmittelbar in Angriff zu nehmen: Was ist Zeit?

Man muß sich davor hüten, sechzehn Jahrhunderte einfach auszublenden und Augustinus umstandslos für die eigene Gegenwart und die eigenen Vorlieben in Anspruch zu nehmen. Aber Augustinus' Stimme ist stark, und wenn man sie auch von ihrem Widerhall nicht immer säuberlich trennen kann, trägt sie doch über den Abgrund der Zeiten. Man spürt, wenn man insbesondere das berühmte 17. Kapitel liest, die große Kraft dieses Textes, den Leser anzuspringen und ihm das Gefühl zu vermitteln, hier gehe es um *seine* Sache.

»Was ist denn die Zeit? Wer kann das leicht und schnell erklären? Wer kann das auch nur in Gedanken erfassen, um es dann mit Worten zu erklären? Und doch sprechen wir in unseren Alltagsreden von nichts Vertrauterem und Bekannterem als der Zeit. Wenn wir über Zeit sprechen, wissen wir, was das ist; wir wissen es auch, wenn ein anderer darüber zu uns spricht. Was also ist die Zeit? Wenn jemand mich danach fragt, weiß ich es: wenn ich es jemandem auf seine Frage hin erklären will, weiß ich es nicht. Dennoch behaupte ich, dies mit Sicherheit zu wissen: Ginge nichts vorüber, gäbe es keine vergangene Zeit; käme nichts auf uns zu, gäbe es keine zukünftige Zeit; wäre überhaupt nichts, gäbe es keine gegenwärtige Zeit. Aber wie existieren denn zwei von diesen Zeiten, die

Vergangenheit und die Zukunft, wenn das Vergangene nicht mehr und die Zukunft überhaupt nicht ist? Und was die Gegenwart angeht: Bliebe sie immer gegenwärtig und ginge sie nicht über in die Vergangenheit, wäre sie nicht mehr Zeit, sondern Ewigkeit. Wenn also die Gegenwart nur dadurch Zeit ist, daß sie in die Vergangenheit übergeht, wie können wir dann von ihr sagen, sie sei, wo doch der Grund ihres Seins der ist, daß sie nicht sein wird? Dann können wir in Wahrheit von der Zeit nur behaupten, sie sei, weil sie zum Nichtsein übergeht.«

Der intensive Eindruck, den dieser Text hinterläßt, beruht vor allem darauf, daß Augustinus lange an einer Stelle stehenbleibt und sich erst einmal nicht weiter voran bewegt, sondern dem Affekt der Verwunderung breiten Raum gewährt. Wenn, wie Aristoteles oft zitiert wird, die Verwunderung der Geburtsakt der Philosophie ist, dann handelt es sich um eine Passage von hohen philosophischen Graden. Er geht die Frage, was Zeit sei, frontal an, wie es sich heute wohl niemand mehr so gestatten würde. Er fragt nicht nach ihrer Funktion, er sondert nicht Weltzeit von Zeitempfinden, er betrachtet sie nicht als Anschauungsform oder was auch immer: er will wissen, was sie *ist.* Damit scheint er gegen eine Grundvoraussetzung alles philosophischen Erörterns zu verstoßen, nämlich erst einmal den Gegenstand definierend zu umreißen, ehe man sich weiter mit ihm beschäftigt. Man wird auch im Fortgang der Untersuchung finden, daß der Begriff der Zeit bei Augustinus schillert und nicht festgelegt wird; auch schwankt er, mit nicht immer ersichtlichem Grund, zwischen dem Singular (tempus, die Zeit) und dem Plural (tempora, die Zeiten).

Augustinus vertraut sich zunächst der vorphilosophischen Alltagssprache an, die eben alle diese schillernden Aspekte der Zeit mit einschließt. Er sagt: »Wir drücken uns ohnehin selten genau aus. Vieles sagen wir ungenau, aber man weiß schon, was wir sagen wollen.« Die Zeit trägt hier einen Namen wie irgendein Gegenstand, die Kaffeekanne oder das Gaspedal, oder eines der vielen sozusagen konkreten Abstrakta, wie Urlaubsanspruch oder Großzügigkeit. Die scheinbare Unschärfe der Begrifflichkeit verhindert es jedenfalls, daß der Untersuchungsgegenstand allzu früh mit der für Philosophen kennzeichnenden Willkür in eine bestimmte Richtung gedrängt wird.

Im Lateinischen ist »tempora« außerdem das Wort für die Zeiten der Grammatik: Vergangenheit, Gegenwart und Zukunft; in ihnen hat die Art, wie Zeit erlebt wird, feste und verbindliche Gestalt angenommen. Indem er das mitbedenkt, bezieht Augustinus von Anfang an neben der einen Zeit auch schon die Dreigestaltigkeit ein, die sie vom Standpunkt des um sich blickenden einzelnen stets gewinnt. Man hat es ihm zum Vorwurf gemacht, daß er sich über diese Differenz zwischen dem gleichmäßig verlaufenden Strahl der äußeren Zeit und dem erfahrenen Auseinandertreten in das, was ist, was war und was sein wird, zu wenig Gedanken gemacht habe. Und man kann zu der Ansicht gelangen, die unbefriedigende Lösung, die er für die Zeitfrage schließlich findet, hänge direkt mit dieser mangelnden Unterscheidung am Beginn seiner Untersuchungen zusammen: daß dort der Wurm herauskäme, der in Wahrheit hier schon drin ist.

Doch hilft es ihm, wenn er seine Frage stellt, das Wesen der Zeit als ein Paradox zu formulieren. »Was ist Zeit?« heißt so, gleich am Beginn: Wie kommt es, daß wir Zeit als etwas vollkommen Reales erfahren und sie dennoch, wenn man genau hinschaut, nicht zu existieren scheint? Daraus eben geht die Ratlosigkeit hervor, daß man genau zu wissen meint, worum es sich handelt, aber es niemandem erklären kann. Was ist Zeit, da sie ist und nicht ist? Für ihr Sein steht Augustinus die Einheitlichkeit des Sprachgebrauchs ein; für ihr Nichtsein die jeweilige Eigenart der drei erlebnishaften Teil-Zeiten. Nach dem Wesen der Zeit fragen heißt, ein Gespenst umarmen wollen.

Augustinus bescheinigt den drei Tempora zunächst ihre Notwendigkeit, insofern das Dasein ablaufhaften Charakter hat und das, was passiert, sich unter diesem dreifachen Aspekt darbieten muß wie derselbe Körper, wenn er sich an verschiedenen Beleuchtungsquellen vorüberbewegt. Das wirkt ein wenig befremdlich, denn ein Satz wie »Ginge nichts vorüber, gäbe es keine vergangene Zeit« scheint sich kaum über den Rang einer Tautologie zu erheben. Und noch dubioser wirkt der Satz: »Wäre überhaupt nichts, gäbe es keine gegenwärtige Zeit« (»si nihil esset, non esset praesens tempus«). Er versteht sich einerseits ja von selbst; andererseits jedoch läßt sich die Notwendigkeit einer Gegenwart daraus, daß es überhaupt etwas gibt, mitnichten ableiten – es wäre ja auch eine zeitlose Starre der Dinge denkbar.

Eine wichtige Vorentscheidung ist an diesem Punkt, ohne daß dies deutlich ausgesprochen würde, jedoch schon gefallen: Zeit wird wesentlich dadurch bedingt, daß sich in ihr etwas *ereignet*. Das ist die Voraussetzung, wenn jetzt der vexierende Charaker der drei Einzel-Tempora entfaltet wird. Vergangenheit und Zukunft sind nicht mehr und noch nicht »da«, weil ja das, was sich in ihnen zugetragen hat, definitionsgemäß nicht mehr und noch nicht da ist. Welchen Status in der Realität also haben sie? Und von ihrer Fragwürdigkeit wird sogleich auch die Gegenwart angesteckt, die doch das definitionsgemäß Daseiende ist, im Deutschen ebenso wie im lateinischen Original (praesens tempus bzw. einfach praesens): Sie ist Gegenwart nur dadurch, daß sie nicht bleibt, sondern vorübergeht, das heißt, das Nichtsein anbahnt oder, wie Augustinus es zugespitzt ausdrückt: Der Grund ihres Seins sei der, daß sie nicht sein wird. Die Gegenwart erscheint so, gerade in der Drangsal ihrer punkthaften Enge, als der emphatische Inbegriff von Zeit überhaupt. Doch hätte sie darin wiederum nicht diesen unklaren und flüchtigen Charakter, so wäre sie eben – und damit ist der entscheidende Kontrastbegriff genannt – Ewigkeit.

Nun versucht Augustinus den Begriff der Gegenwart einzuengen: Wie lang ist sie? Kann man von hundert Jahren sagen,

sie seien gegenwärtig? Diese Gegenwart läßt sich jedenfalls
noch unterteilen, in einzelne Jahre etwa, und zu jedem einzelnen Jahr läßt sich das vorherige und das folgende angeben; es
handelt sich also noch nicht um Gegenwart im engsten Sinn,
es läßt sich von ihr immer noch eine Vergangenheit und eine
Zukunft abschälen. Diese Abschälung wiederholt sich auf
verschiedenen Stufen, die Zwiebel der reinen Gegenwart
schrumpft immer weiter ein, wenn man nun Haut um Haut
entfernt. Augustinus führt diesen Prozeß, mit ziemlicher Um-
ständlichkeit, hinunter bis auf die Schicht der Stunde durch,
weiter allerdings nicht – in der Antike ruft das Bedürfnis nach
zeitlicher Feinbestimmung noch keine Minuten auf den Plan,
von Sekunden zu schweigen. Augustinus hat offenbar das Gefühl, mit dem Nachweis, daß auch ein Tag sich noch in frühere und spätere Stunden zerlegen läßt, genug über den immer
punkthaften Charakter der Gegenwart gesagt zu haben.

Die Ratlosigkeit hat sich bis hierhin eigentlich immer noch
mehr vertieft. Augustinus, der oft recht umständlich verfährt,
arbeitet die Paradoxie der Zeit daran heraus, wie man sie *mißt*;
punktuell wie sie ist, spricht er ihr dennoch eine je bestimmte
Dauer zu. Er hatte sich für das Aufsagen oder Singen eines
Lieds oder Gedichts entschieden, um das zu illustrieren: Das
Gedicht ruht am Anfang der Deklamation noch ganz im Schoß
der Zukunft und wird mittels des Vortrags durch das Nadelöhr
der Gegenwart allmählich in Vergangenheit verwandelt, bis es
ganz und gar vergangen ist und wieder Stille eintritt. Worin
aber sind diese drei Formen des doch offenbar identischen
Dings, des Gedichts, gebunden? Die Antwort kann nicht zwei-
felhaft sein: in demjenigen, der das Gedicht auswendig kennt.
Er weiß es von früher her, und dieses Früher gewinnt nun die
Aktualität des Vortrags; zugleich weiß er auch schon, wie es
enden wird, noch ehe er am Ende angelangt ist.

»Das aber ist jetzt evident und klar: Zukünftiges und Vergangenes
sind nicht; die Behauptung, es gebe drei Zeiten, Vergangenheit,
Gegenwart und Zukunft, trifft nicht im strengen Sinne zu. Im
strengen Sinne müßte man wohl sagen: es gibt drei Zeiten, die Gegenwart von Vergangenem, die Gegenwart von Gegenwärtigem
und die Gegenwart von Zukünftigem. Denn diese drei sind in der
Seele in einem gewissen Sinne, und anderswo finde ich sie nicht:
die Gegenwart des Vergangenen als Erinnern, die Gegenwart des
Gegenwärtigen als Anschauen, die Gegenwart des Zukünftigen als
Erwarten.«

Es gibt also im Grunde nur die Gegenwart des jeweiligen einzelnen Bewußtseins, das sich aber seinen Inhalten gegenüber
auf drei verschiedene Weisen verhält, je nachdem ob es sie erinnert, anschaut oder erwartet; und in dieser Dreiförmigkeit
der Wahrnehmung oder Einstellung erfährt es sich und die
Welt als zusammenhängend. Man könnte meinen, Augustinus
habe an eine Schallplatte oder ein Videoband gedacht, die in ihren Regalen lagern, bis sie im Abspielen vorgeführt werden,
wenn er schreibt:

»Erzählt man vom Vergangenen wahre Geschichten, dann holt
man nicht vergangene Dinge selbst aus dem Gedächtnis hervor,
sondern Worte, die wir aufgrund der Bilder prägten, die sie auf dem
Weg über die Wahrnehmung wie feste Spuren im Geist hinterlassen haben, als sie vorbeigingen. Denn meine Kindheit, die nicht
mehr ist, liegt in der vergangenen Zeit, die nicht mehr ist; aber ihr
Bild, das ich heraufhole, wenn ich von ihr erzähle, sehe ich im gegenwärtigen Augenblick, weil es noch in meinem Gedächtnis ist.«

Die Schwächen dieses Konzepts liegen auf der Hand. Allzuviel
scheint da dem einzelnen Ich aufgebürdet. Auf der Welt ist so
Manches geschehen, woran es sich nicht erinnert, ja die Verschiedenheit der einzelnen Ichs voneinander ist gerade in der
Verschiedenheit ihrer Erinnerung gestiftet. Wenn ich nicht
weiß, d. h. mich nicht erinnere, wer vor zehn Jahren der deutsche Verkehrsminister war, hat es dann vor zehn Jahren diesen

Minister gegeben? Doch wohl ja. Und welchen Status vollends haben Ereignisse, die vor meiner Geburt gelegen haben? Sie erreichen mich auf einem Weg, der jedenfalls nicht zur Gänze in mir selbst liegt. Wie wäre hier z.B. die Schlacht von Waterloo einzusortieren? Kann man von ihr sagen, ich »erinnere« mich an sie? Höchstens daran, von ihr gelesen zu haben – und doch ist sie unbedingt mehr als diese Lektüre.

Noch klarer wird der Mangel von Augustinus' Vorschlag, wenn er die Zukunft bestimmt, sie sei »Gegenwart als Erwarten«. Was in der Vergangenheit geschah, ist in einer bestimmten Weise abgeschlossen, auch wenn es sich vielleicht meiner aktuellen Kenntnis entzieht. Aber die Zukunft unterscheidet sich von Vergangenheit und Gegenwart gravierend dadurch, daß sie in ihrer Gestalt eben nicht restlos geprägt ist.

> »Ich sehe das Morgenrot, und ich sage voraus, die Sonne werde aufgehen. Was ich sehe, ist gegenwärtig; was ich voraussage, ist zukünftig. (...) Aber weder ist das Morgenrot, das ich am Himmel sehe, schon der Sonnenaufgang, obwohl es ihm vorausgeht, noch jene Vorstellung in meinem Geist.«

Das ist kein besonders erleuchtetes Beispiel. Die Zukunft besteht nur in ihren belangloseren Teilen aus Morgenröten, Busfahrplänen und Lebensversicherungen. Weitaus bedeutsamer wird, daß sie auch das in sich schließt, was kein Mensch erwartet – und das werden die wahrhaft einschneidenden Geschehnisse sein. Wer, außer den Tätern, hat bei der Morgenröte des 11. September damit gerechnet, daß kurz danach das World Trade Center einstürzen würde? Und auch die Täter wußten es nicht wirklich, da ihr riskanter Plan ja auch hätte schiefgehen können. Im Nachhinein lassen sich natürlich auch die Gründe demonstrieren, die zum Unerwarteten geführt haben – daß es sich so verhält, bekamen hinterher die Geheimdienste zu spüren, denen man vorwarf, versagt zu haben, in dem sie das Kommende nicht kommen sahen; und dafür werden sie schließlich bezahlt. Aber sie sahen es eben nicht, und ob sie es *hätten* sehen können, das läßt sich nicht mit letzter Gewißheit entscheiden.

Das Gegenbeispiel des 11. September macht eines klar: wie wenig Augustinus, wenn er von Zeit sprach, an historische Zeit gedacht hat. Historische Zeit vermag, im Unterschied zur Maßzeit des Gedichts und zur Naturzeit der Himmelsabläufe, aus der Zukunft eine qualitativ völlig andere Gegenwart hervorzubringen; damit sprengt sie das Modell des Augustinus.

(Angesichts der Epoche, in der Augustinus lebte, muß man diesen Mangel allerdings als seine glückliche persönliche Anlage bezeichnen, denn das Neue, das kam, sollte im großen und ganzen das immer Schlechtere werden. In seiner Lebenszeit ging alles historisch Erreichte den Bach hinab. Die Westgoten eroberten und verheerten Rom, das Zentrum der Weltordnung; und Augustinus selbst starb, während die Vandalen die Stadt, in der er Bischof war, belagerten. Die Einnahme selbst mußte er nicht mehr mitansehen. Wie kann man in einer solchen Zeit leben? Wohl nur abgewandt.)

Wie konnte Augustinus, nachdem er sich dem Thema mit solcher Energie genähert hatte, sich mit einer so schwachen Lösung zufrieden geben? Für ihn jedoch war sie nicht schwach. Schwach war für ihn die Zeit selbst und jeder, der über sie nicht hinauszudenken vermochte. Augustinus aber wußte außer von der Zeit auch noch von der Ewigkeit.

Noch ehe ab dem 17. Kapitel vom Wesen der Zeit die Rede ist, setzt sich Augustinus mit der Frage auseinander, was Gott gemacht habe, bevor er die Welt schuf. Im Gegensatz zu den bloß Frommen, die diese Frage durch einen aggressiven Witz vom Tisch fegen wollen – »Er baute eine Hölle für Leute, die neugierig fragen« – weist Augustinus sie nicht von vornherein ab, er erklärt sie und das intellektuelle Interesse, das ihr zugrundeliegt, für legitim. Für dumm hält er sie trotzdem. Denn, so führt Augustinus aus, Zeit kommt nur der Schöpfung zu; alles Erschaffene erfüllt seine Bestimmung nur in Zeit, und Zeit hat ihren Sinn nur innerhalb des Erschaffenen. Ein »Bevor« kann es also in bezug auf die Schöpfung gar nicht geben. Das Paradox vom Sein und Nichtsein der Zeit hat seine wahre Wurzel im Mangel der Schöpfung, die ihre Bestimmung eben nicht auf einmal erfüllen kann, sondern nur in der Sukzession. Dadurch ist ihr Sein gewissermaßen ausgehöhlt; das massive, vollkommene Sein kommt allein Gott zu, der so der Zeit enthoben ist. Seine Ewigkeit stellt den absoluten Gegensatz zur Zeit dar, mindestens den ruhenden Hintergrund, vor dem die Zeit irrlichtern muß. Da er allerdings Herr der Zeit bleibt, liegt es bei ihm, das in der Zeit Geschehene wieder zu sich zurückzulenken, indem er es der Seele des Verstorbenen gewährt, ihn, Gott, anzuschauen in Ewigkeit: Dies eben ist der Himmel, der »Himmel des Himmels«, caelum caeli, wie Augustinus gern sagt.

> »Dort will ich dein Loblied hören und deine Freude schauen, die weder kommt noch geht. Jetzt aber vergehen meine Jahre unter Stöhnen, doch du, Herr, bist mein Trost und mein ewiger Vater. Ich hingegen, ich bin zersplittert in die Zeiten, deren Zusammenhang ich nicht kenne. Meine Gedanken, die innersten Eingeweide meiner Seele, werden zerfetzt vom Aufruhr der Mannigfaltigkeit – bis ich in dir zusammenfließe, gereinigt und flüssig geworden im Feuer deiner Liebe.«

Man sieht, daß Augustinus von Zeit überhaupt keine allzu hohe Meinung hat. Die Geringschätzung des Zeitlichen, ineinsgesetzt mit dem Weltlichen, die das ganze christliche Mittelalter und noch den Barock durchzieht, hat in Augustinus ihren Patron. In gewissem Sinn braucht das Paradox, vor dem Augustinus am Anfang so lang verweilt, darum auch keine wirkliche Auflösung: eben in diesem luftigen Beinahe-Nichts, dem die sterblichen Menschen aber nicht entgehen können, macht sich der Minderwert der Zeit bemerkbar. Und indem die Zeit so überhaupt nicht als objektive Kategorie erscheint, son-

dern ganz in die Seele des einzelnen eingesenkt wird, erkennt
ihr Augustinus das Ihrige zu, nämlich sich ausschließlich auf
die Geschöpfe zu erstrecken. Daß Zeit dabei der individuellen
Verwirrung in den Individuen erliegen könnte, fürchtet er
nicht, denn die Geschöpfe wiederum stehen ja in Gottes Hand.

Es fragt sich dann allerdings, warum Augustinus so großen
Aufwand betreibt. Der Schwung der Verwunderung über die
Nichtigkeit des Realsten, der diese Untersuchung wenigstens
in ihrem Anfang trägt (später verliert sie viel davon, springt
vor und zurück, landet mehr als einmal im Sumpf und müht
sich durch Wiederholungen, da herauszufinden), müßte doch
eigentlich vorab von der ruhigen Gewißheit des Ewigen ge-
dämpft sein. Die volle Wucht dessen, was Augustinus hier, am
Anfang, vorträgt, wird nur dem fühlbar, für den sich die augu-
stinische Vorstellung von Ewigkeit erledigt hat und für den der
Tod nicht der Übergang vom Uneigentlichen ins Eigentliche
bedeutet, sondern vom Fragwürdigen ins Garnichts. Der allein
wird den Schrecken im Ernst so spüren, der nicht wie Augustinus in der Antwort ruht, noch ehe er zu fragen beginnt. Die
Antwort, sowohl die implizite große, Gott und die Ewigkeit, als
auch die von ihr getragene kleine explizite, die Bindung der
Zeit in ihren drei Formen an die gegenwärtige Wahrnehmung
durch den einzelnen, ist morsch geworden. Die große Antwort
hat ihre universale Gültigkeit verloren, und ohne sie trägt die
kleine den Stempel des Unzulänglichen. Umso machtvoller
bleibt die Frage stehen, die eineinhalb Jahrtausende gebraucht
hat, um zu ihrer wahren zeitgenössischen Potenz zu erwachen.

»Nie war es so spät wie heute«: Es ist ein Satz, den ich mir so
sehr zu eigen gemacht habe, daß ich nicht mehr angeben könnte, ob ich ihn mir selbst ausgedacht habe oder ob er von jemand
anderem stammt. Mir gehört er jedenfalls. Er gleich einer besonders teuflischen Peperoni-Schote: Wenn man sie in den
Mund nimmt, merkt man ihre Tücke erst gar nicht, ein oder

zwei Sekunden lang kommen bloß die unbedeutend gemüsehaften Komponenten ihres Geschmacks zur Geltung, leicht säuerlich oder fade. Aber dann! Und das Brennen wird immer schlimmer, je mehr man versucht es zu löschen. Zum Schluß ist man außer Atem, und es steht einem der Schweiß auf der Stirn.

Der Satz scheint zunächst bloß den nonsensehaften Charakter einer verschleierten Tautologie zu haben, ähnlich wie »Der letzte Wagen ist meistens hinten« (wobei hier das »meistens« noch für eine kleine raffinierte Wendung sorgt). Dann geht einem, sofern man ein Fernsehgedächtnis hat, das bis in die späten Sechzigerjahre zurückreicht, der wahre Ursprung auf, den dieser Satz parodiert. Es handelt sich um einen Reklamespruch für ein heute etwas aus der Mode gekommenes, aber durchaus noch in Umlauf befindliches Tonikum. Wie alle derartigen Mittel besteht es vorwiegend aus Alkohol, den es durch die Tricks der Verpackung und Vermarktung von einem Gift- in einen Arzneistoff umzaubert. So wird es auch denen, die sonst nie daran dächten, ermöglicht, sich dann und wann ein Gläschen zu gönnen; und man geht wohl nicht fehl, wenn man dabei vorwiegend an ältere Damen denkt: »Klosterfrau Melissengeist – nie war er so wertvoll wie heute.« Das ist ein toller Spruch. Er bettet das Produkt auf salbungsvoller Heuchelei wie auf ein Kopfkissen. Die Schachtel, kirchturmhaft gestreckt, zeigt drei Nonnen, die das Feld eines gotischen Fensters wie eine Skulptur aus Büroklammern füllen, in jenem linear vereinfachten Stil, den sich die sakrale Kunst aus den Impulsen der klassischen Moderne geformt hat. Über deren schlechten Durchschnitt jedoch werden sie durch die geniale Frechheit erhoben, die den hochprozentigen Inhalt zu einem meßwein- oder weihwasserähnlichen Balsam adelt und, was die hervorgerufene Wirkung betrifft, es dem Konsumenten erlaubt, sich Illusionen hinzugeben.

Dieser Spruch weiß, wie man Zeit für sich arbeiten läßt. Gegenwart und Tradition setzt er in ein ganz bestimmtes Verhältnis zueinander. Der überkommene Wert besteht immer, und in gewissem Sinn wird das Vergangene höher gestellt als die Gegenwart; doch allein der Gegenwart wird zuerkannt, daß sie davon den angemessenen Gebrauch macht. Und zwar steigt der Grad der Besonderheit, den die Gegenwart besitzt, mit ihrer Bedürftigkeit an. In gewissem Sinn wird sie damit zum Vampir an der Vergangenheit; sie saugt das Vergangene aus und läßt davon nur die leere Hülle des »Nie« zurück. Und da die Firma diese Reklame auf Dauer gestellt hat und den Spruch über Jahrzehnte hindurch verwendete (ob immer noch, weiß ich nicht), ermächtigt er nicht nur den umschriebenen Augenblick, sondern das »Heute« ganz allgemein. Chimärisch, wie ein Regenbogen, rückt es mit dem Betrachter weiter und meint das jeweilige »Da« überhaupt. Das ist zunächst natürlich der Trick, der das je zugeführte Schlückchen für die je unverzichtbare Ausnahme erklärt, eine bequemerweise verewigte Notstandsgesetzgebung. Aber dabei läßt der Satz es nicht bewenden. Mit seiner starken Klammer aus »Nie« und »Heute« verharrt er fest in Verwunderung vor diesem Mirakel aus Bestand und Wandel, das die Gegenwart ist, wie ein Passant, der von der Brücke aus lang in den stehenden Wirbel eines reißenden Flusses hinabschaut.

Man muß gar nicht mehr so viel daran ändern, um vom Wertvollen aufs Späte zu geraten. Über die größten Dinge pflegt man sich die wenigsten Gedanken zu machen, einfach weil sie das Blickfeld ganz ausfüllen und nichts neben ihnen stehenbleibt, wogegen sie merkwürdig abstächen. Dazu gehört der Umstand, daß die Zeit jeden ihrer Augenblicke genau einmal durchläuft und, nicht genug damit, daß der Punkt dieses Durchlaufs sich unveränderlich im Jetzt befindet – im Jetzt, das sich doch immer so beiläufig einstellt, als käme es nicht drauf an: Zum Beispiel am Mittwoch, dem 19. 5. 2004, um 11.25 Uhr, einem freundlichen doch frischen Maitag, wo ich von meinem Bürofenster im Erdgeschoß der Universität Studenten in mäßiger Eile vorübergehen sehe; teils bleiben sie auch stehen und unterhalten sich und sind generell beschäftigt; nicht allzu dringlich zwar, jedoch bereits zu sehr, um sich klarzumachen, welch ein Königskind dieser Augenblick ist. Tatsächlich stellt er nichts geringeres dar als den Grat, der den ungeheuren Vorrat aller Zeiten messerscharf nach vorher und nachher trennt. Und der jetzige Moment, ganz allein, steht am Ende aller je gewesenen Zeiten, deren Menge sich darüber unablässig vermehrt – aber nie über diese rote Linie hinaus, deren Feinheit uns vergessen läßt, wie tief ihr Schnitt reicht. Nie, solang wir leben, entbehren wir dieses Jetzt. Was für ein ungeheures Privileg!

Wenn ich versuche, mir klarzumachen, was Zeit wäre, fällt mir zunächst auf, daß sie ganz andere Beschaffenheit als der Raum besitzt, mit dem man sie so gern in einem Atemzug nennt. Sie kommt mir überhaupt nicht wie dessen kategoriale Zwillingsschwester vor. Die Rede von der »vierten Dimension«, die sich mit den drei anderen in einem funktionellen Kontinuum verschränkt, mag ihre Berechtigung haben, wenn man das Energiequantum wissen will, das zur Beschleunigung eines physikalischen Körpers erfordert wird. Darüber hinaus finde ich sie irreführend, ja falsch: schon allein deswegen, weil Sekunden und Jahre der Zeit sich nie mit derselben Eindeutigkeit auf die räumlichen Maße beziehen lassen wie diese sich aufeinander. Ein Meter in der Länge entspricht, wie jeder einsieht, einem Meter in der Breite und einem in der Höhe, und alle drei zusammen vereinigen sich zur Angabe eines Volumens. Demgegenüber stellt es einen Akt der Willkür dar, ob man die Koordinatenachsen so einrichtet, daß eine Sekunde dieselbe Markierungsgröße erhält wie ein Zoll oder eine Meile. Ein Stundenkilomter ist eine nützliche Größe, aber eine ar-

biträre und übrigens auch eine spät erdachte; er bedeutet etwas ganz anderes als die Notwendigkeit, mit der sich die Hohl-
maße ausdrücken, als die Selbstverständlichkeit, in der der
Kubikmeter ruht.

Raum ist fest. Er wirkt aufs engste mit dem Tastsinn zusammen, dem Sinn, dem man am meisten traut; und darüberhin-
aus mit allen jenen anderen Sinnen, die sich als dessen Diener
und Stellvertreter begreifen lassen, dem Gesichtssinn, dem
Gleichgewichtssinn und jenem intimsten und darum am späte-
sten entdeckten aller Sinne, dessen Sensoren in den Gelenken
sitzen und uns in jeder Sekunde, ohne daß wir es merken, auf
dem laufenden halten, welche Stellung sie je zueinander einnehmen, also: welches Raumbild uns unser Leib bietet. Raum
ist kongruent mit den Körpern, die ihn einnehmen – kein Körper ohne Raum, kein Raum ohne Körper. (Was die Theorien der
modernen Physik aus der Solidität der Körper und der Verläß-
lichkeit des Raumes machen, kann hier außer Betracht bleiben,
es betrifft die sinnliche Erfahrung nicht.) Mit jedem Körper ist
der Raum schon mitgesetzt. Womit würde dagegen Zeit kon-
gruieren? Mit den Körpern bestimmt nicht; und sonst existiert
ja leider nichts auf der Welt. Sie hat nicht einmal das Wesen der
Luft, die durchsichtig und ungreifbar ist, aber immerhin zu we-
hen und Gerüche zu transportieren vermag und so die Sinne
leise doch berührt. Eher sollte man Zeit mit einer Strahlung vergleichen, einer Radioaktivität, die, nicht wahrnehmbar, doch da
ist und töten kann; und nur auf dem intellektuellen Umweg
über dieses Vermögen, als verstandene Drohung, geht sie am
Ende in unsere Wahrnehmung ein.

Zeit ließe sich wegdenken. Denkt man den Raum weg, hört
die Welt auf; denkt man die Zeit weg, bleibt ein starrer Raum –
so wie auch die Oberfläche des Mondes eine Landschaft ist, eine
Landschaft ohne Atmosphäre. Schwerlich wird jemand den
Raum als so paradox und gespenstisch empfinden wie die Zeit.
Er ist in die Dinge eingestiftet, so daß, wer diese in der Hand

wiegt, den Raum sozusagen mitanfaßt. Raum ist ohne Geheimnis – sofern man nicht die Existenz der Welt überhaupt als Geheimnis deklarieren will. (Von diesem jedenfalls wäre er nicht
verschieden.) Zeit aber ist nichts als Geheimnis.

Raum ist gewiß im Vollsinn des Wortes für Pflanzen, Tiere
und Menschen vorhanden, selbst für die Steine, er trägt sie zur
Gänze, durchdringt und hinterfängt sie; Zeit aber geht in manche Wesen ein, von anderen perlt sie ab. Gar nicht, denke ich
mir, nimmt der Stein sie auf, der, wenn er sich auf dem Mond
befindet, eine Milliarden Jahre auf demselben Fleck liegen bleiben kann, ohne daß sich auf ihm auch nur ein Stäubchen rührt;
und daß es sich so verhält, erfüllt ihn nicht mit Unruhe. Wo
sich nichts regt, rostet die Zeit ein wie ein Uhrwerk, das keiner
aufzieht. Auch die größte Masse im Reich des Lebendigen, die
Pflanzen nämlich, hat mit ihr offenbar nur sehr am Rande zu
schaffen. Eine Pflanze ist keiner Bewegung fähig, bei der es sich
nicht im Grund um ein Wachstum handelt; dadurch wird alles,
was mit ihr vorgeht, sehr langsam – so langsam, daß unsere
Augen es nicht mehr wahrnehmen – und der Räumlichkeit an-
heimgestellt. Wie wenig hat Zeit Teil am Leben eines Baums!
Gerade daß er in ihr wächst; aber indem er es tut, verwandelt
er sie, ganz so wie CO_2 und H_2O, in die Kompaktheit seines
Holzes und die weite Kuppel seiner Äste und Blätter. Zeit wird
gewissermaßen metabolisiert, so daß ihr unsinnliches Wesen
in etwas völlig anderes, Stabiles übergeht; und nur wie Nar-
ben, die er im siegreichen Kampf mit ihr davonträgt, erwirbt er
seine Jahresringe. Spät kommt sein Tod, er kann sich um hundert oder auch um zweihundert Jahre verzögern. Und er
kommt nicht, wie Tiere und Menschen ihn fürchten, auf einmal; sondern der Stamm schlägt noch einmal aus, wenn alles
restliche Holz schon abgestorben ist, mit einem Zweig reiner
Jugend. Manchmal überspielen die Pflanzen diese Grenze
überhaupt, wenn sie sich durch Ableger und Luftwurzeln, Rhi-
zome und Myzele in andere Gestalten unscharf hinübergießen,

ohne daß sich je sagen ließe: Hier hört das eine Wesen auf, und
es hat ein neues seinen Anfang.

Auch die Tiere, denke ich mir, gehören der Zeit nur auf recht
unvollständige Weise an. Von allem, was die Zeit ausmacht,
findet nur die Gegenwart Eingang in sie. Sie wissen nicht, daß
sie geboren sind, und daß sie sterben müssen, nur in der
Schrecksekunde der eigentlichen Todesangst; dann vergessen
sie sie wieder und gehen friedvoll zurück ans Äsen. Alles
Rhythmische an ihrer Existenz, Fortpflanzung, Brutpflege,
Wanderung, ergreift sie immer in Form eines starken gegenwärtigen Sehnens, und sie benötigen für ihre großen Aufgaben im eigentlichen Sinn keinen Plan und keine Erinnerung.

Wer von der Zeit reden will, braucht den Mut zur Metapher.
Es ist riskant aber wichtig, daß man für ihr Unsinnliches ein an-
gemessenes sinnliches Bild findet. Senecas Klepsydra z.B. leistet das Erforderliche nicht: In ihr wird die Zeit als ganz aus einem Guß angeschaut, als nur ein oberes sich leerendes und ein
unteres sich füllendes Behältnis, mit der Gegenwart als dem
Flaschenhals, der den tröpfelnden Vorrat reguliert. Die Zeit
bietet sich damit ausschließlich unter dem Aspekt ihrer Knappheit dar. Zwar ist sie knapp; aber das gibt ihrer Furchtbarkeit
noch nicht das volle Maß. (Nebenbei ist es aufschlußreich, daß
Seneca die Uhr noch als eine kühne Metapher für Zeit überhaupt einsetzen kann – uns erscheinen die beiden als so ausdehnungsgleich und unzertrennbar, daß wir das Bild gar nicht
bis zu der schlagenden Kraft führen könnten, die Seneca ihm
immerhin verleiht. Das ging nur, weil die halbe oder dreivier-
tel Stunde, die in die Wasseruhr paßt, eine kleine abgeschnit-
tene Insel exakter homogener Zeit im großen Meer der natürlichen Abläufe bildet. Sie präsentierte sich als beargwöhnte
Ausnahme, wovon auch der griechische Name noch Zeugnis
ablegt, der »Wasserdiebin« bedeutet. Die so gemessene Zeit
hing mit der Weltzeit nicht kontinuierlich zusammen, man

stellte sie an, wenn beispielsweise ein Redner vor Gericht das Wort erhielt, der dann unter Umständen »bis zum letzten Tropfen« sprach, und dann wieder ab; auch die besser bezahlten Prostituierten verfuhren so. Eine von ihnen führte den Spitznamen »Klepsydra« – es war nicht als Kompliment gedacht. Und auch bei Augustinus hat man den Eindruck, es verstünde sich noch nicht von selbst, daß Zeit zum Messen da sei, sondern als würde diese Prozedur ihrem störrischen Naturzustand erst aufgezwungen.)

Wie kann das gleiche, das sich ohne Unterlaß in einer einzigen Richtung bewegt, dabei auf dreierlei Art verschieden sein? Ich wähle als Bild (auf das Seneca und Augustinus aus technischen Gründen noch nicht kommen konnten) die brennende *Lunte*. Die Lunte ist lang und schmal, auch knapp in dem Sinn, daß ihre Befristung sich auf eine tödliche Gefahr bezieht. Doch kennt sie die drei distinkten Qualitäten des pulverhaltigen Strangs, des Funkens und der Asche. Was vorüber ist, ist verbrannt und verbraucht. Was da ist, bildet den glitzernden Punkt, der das Augenmerk fesselt; *da* ist er immer, aber immer winzig und immer am Wandern. Was kommen wird, speichert in sich das Potential, dem wandernden Funken auf jedem Zentimeter genau einmal Nahrung zu geben. Wer die Gesamtstrecke ins Auge faßt, auf der sich die Lunte verzehrt, unterscheidet also nacheinander die drei Eigenschaften des Grauen, des Weißen und des Schwarzen.

Metaphern geben der Bemühung um Erkenntnis den Weg vor, ohne daß schon gleich abzusehen wäre, wo man herauskommen wird. Darum sind sie so gefährlich. Mit dem Bild von der Lunte habe ich mich vorab dafür entschieden, die Dreiförmigkeit der Zeit nach Vergangenheit, Gegenwart und Zukunft für wichtiger zu halten als ihre Einheit. Das wird einem Physiker oder Philosophen nicht gefallen. Beide denken die Zeit nach dem Muster des Raums, der wohl eine Erstreckung hat, aber keine Richtung. So können sie den Punkt, an dem sie sich befinden, für zufällig erklären im Verhältnis zum Faktum des Abstandshaften überhaupt. Daß Sukzession waltet, scheint ihnen wichtiger, als wo in deren Verlauf sie gerade angelangt sind. Sie bedenken nicht genügend, daß sich verschiedene Personen zwar an verschiedenen Orten aufhalten können, je nachdem wo ihre Umstände sie eben hingetragen haben; daß sie aber allesamt, ohne die geringste Schwankung oder Möglichkeit der Wahl, zur genauesten Zeitgenossenschaft verdammt sind, bis in die Millisekunde hinein (wenn es so etwas denn wirklich geben sollte). Mit dem Raum zusammen besteht die Freiheit; mit der Zeit, niemals. Jeder kann sein Hier, wenn er es will, gegen ein Da oder Dort eintauschen. Keiner aber kommt am vorbestimmten Jetzt vorbei. Zeit herrscht absolut; vor allem weil sie knapp ist und von der lockeren Großzügigkeit des Raums nichts weiß. Nur darin hat ein Unterschied statt zwischen den Insassen der Zeit, daß sie von ihrem Vorrat verschieden viel schon aufgebraucht haben und darum die identische Sekunde hoffnungsfrisch erleben, müde, oder im Geist einer Praxis, die keine Muße hat, aufzublicken. Aber da fängt dann schon wieder die Psychologie an, die man an dieser prinzipiellen Stelle der Überlegungen doch draußen halten sollte: Sonst findet man sich zu früh in einer ausführenden Beliebigkeit wieder, die den Bogen abspannt, noch ehe der Schuß versucht worden ist.

Die absolute Differenz von Raum und Zeit, die vom neueren Denken eskamotiert worden ist, gewinnt jedoch, wenn überhaupt, Faßlichkeit nur in der Metapher, die scheinbar das Gegenteil betreibt und Zeit in den Bildern des Raums ausdrückt. Das ist paradox und unvermeidlich. Wenn von Zeit als von Zeit geredet werden soll, gerät man in Sätze, die sich selbst nachjagen wie eine junge Katze ihrem Schwanz. Sie kann ihn niemals erwischen, weil der Schwanz ihr stets genau so weit voraus ist, wie sie ihm hinterher. Es resultieren Formulierungen vom Muster (wenn auch im Wortlaut oft verdeckt), die Gegenwart sei gegenwärtig und die Vergangenheit vergangen. Jede Besinnung über die Zeit muß anheben mit einem Wo?, wie bei einem Kind, dem man boshafterweise etwas erst vor der Nase baumeln läßt, um es dann wegzuschnappen. Wo ist die Zeit hin? fragt Augustinus, um gleich darauf festzustellen: Weg ist die Zeit! Er beharrt auf ihrer Räumlichkeit, um zu beklagen, daß es ihr gerade an dieser Räumlichkeit aufs bestürzendste gebricht; als von ihr geäfft erklärt er sich. Nur so geht es. Zeit findet ihren sprachlichen Ausdruck nur, wo sie sich, wie auf einem Bilderrätsel, in das ihr Fremde verbirgt.

Auch das Bild von der Lunte drückt noch nicht alles aus, was ich wünsche. Zu sehr erkennt es der Zeit noch die einhellige Eigenschaft des Substantiellen, Bestandhaften zu. Daß die Einheit, die man ihr doch schwerlich absprechen kann, dennoch mit dem völlig Disparaten einhergeht; daß Zeit gar nicht als solche, sondern immer nur in der bestimmten, von den anderen beiden grundverschiedenen Form erscheinen kann: das soll nun die Metapher des *Aggregatzustands* sinnfällig machen.

Drei Aggregatzustände kennt jeder Stoff: fest, flüssig, gasförmig; sie schlagen mit Plötzlichkeit an einem bestimmten Punkt in je den anderen um. Ganz unähnlich sehen sie sich: Dampf scheint jedem anderen Gas verwandter als dem Eis, und Eis jedem anderen soliden Stoff mehr als dem Wasser; und doch sind sie, in einer kaum glaublichen Dreifaltigkeit, alle dasselbe. Es gibt aber keinen eigentlichen Zustand, in dem dieses selbe sich niederschlagen könnte und als solches zu besichtigen wäre. Schon daß man zu einem Verb wie »sich niederschlagen« seine Zuflucht nehmen muß, das einem der drei Zustände den Vorrang vor den anderen einräumt (denn es schlägt sich das Gas als Flüssigkeit nieder), zeigt die Unmöglichkeit an. Das Flüssige steht, bei völliger Verschiedenheit von beiden, im Übergang zwischen dem Ungreifbaren und dem Harten: *Hier* soll der Kern der Metapher sein.

Die Erscheinungsweise der Vergangenheit wäre dann das Harte; was zu geschehen hatte, ist geschehen und damit, so sehr sich auch die Deutung, die Erinnerung und die Vergessenheit seiner bemächtigen, unabänderlich; Schlachten sind gewonnen und verloren, Menschen gestorben, Häuser gebaut und Dokumente gesiegelt. Niemand kann daran mehr modeln, alle ihre Wesen sind fossilisiert; gerade als Festes entzieht es sich. »Ändern« kann man sie allenfalls, wie man eine Skulptur ändert, wenn man betrachtend um sie herumgeht (oder nicht hinschaut). Die Gegenwart fließt, sie betätigt sich wie ein großes silvesterliches Bleigießen und verleiht, indem sie es tut, unablässig dem Flüssigen die Gestalt, als die es in das große Magazin des schon Vergangenen eingeht. Und wenn die Vergangenheit, weil sie erstarrt ist, die plastische Hand nicht duldet, dann wehrt die Zukunft diese Hand ab, weil sie, gasförmig, überhaupt keine Gestalt kennt und annimmt – so wenig, daß sich nicht einmal, was doch sonst dem winzigsten Kristallisationskern geschieht, der Neid um sie sammelt, dieses genügsamste und doch üppigste Kraut im Garten der menschlichen Phantasie. Es ist merkwürdig: Wir können noch so sicher sein, daß die Menschen in hundert Jahren es besser haben werden; aber wir beneiden sie nicht und sind kaum der Sehnsucht nach dieser Epoche fähig – während jede beliebige Vorzeit, die der Postkutsche oder die der römischen Republik, ja selbst das Neandertal Gegenstand intensiven Sehnsuchtsneides werden können.

Mit der Zeit kommt (wie Augustinus weiß) das Irreale in die Welt. Um dies zu begründen und zu verdeutlichen, muß man ins Auge fassen, was sich spezifisch in jedem ihrer Zustände präsentiert. Vergangenheit und Zukunft sind, aus entgegengesetzten Ursachen, ungestaltbar – die eine, weil in ihr alles, die andere, weil in ihr gar nichts feststeht. Beides, Vergangenheit und Zukunft, beschäftigt uns zwar auf je unterschiedliche Weise; aber wir kommen nicht heran an sie. Das ist eine ganz ver-

trackte Qualität! Von keinem Fleck im Raum ließe sich das behaupten, er stellt höchstens praktische Probleme, wie seine
großen Distanzen im All und die starre Masse seiner Tiefen, die
etwa das Eindringen in den Erdkern verhindert. Der einzige
Punkt aber, der sich in der Zeit berühren läßt, der *da* und als
solcher definiert ist, während Zukunft und Vergangenheit, auf
je ihre Weise, durch Abwesenheit glänzen, ist die Gegenwart;
sie aber stellt eben nur einen Punkt dar, der, je genauer man
ihn ins Auge faßt, desto mehr zusammenschrumpft. Es gibt
von ihm ein wechselnd weites Verständnis: »Gegenwart« kann
eine ganze Epoche bezeichnen, in der man wenig Veränderung
verspürt, unter Umständen jahrzehntelang, oder auch jene
kleinste Einheit, die die menschliche Aufmerksamkeit als eine
separate festzuhalten vermag, den Augenblick, die Zehntelse-
kunde. Man muß nicht physikalische Meßverfahren bemühen,
die dieses kleinste trennbare Zeitstück bis auf eine Millionstel-
sekunde zusammenquetschen, um festzustellen: Reine, rein-
ste Gegenwart, scharf geschieden von dem, was schon vorbei
ist und erst noch kommt, ist so gut wie Nichts; genau genommen bloß der Umschlagspunkt des früheren ins spätere. Von
früher und später läßt sich sagen, daß sie zwar lang, aber auf
ihre spezifische Weise Nichts sind; vom Jetzt, daß es zwar etwas, aber so kurz ist, daß es, streng betrachtet, auch wieder als
Nichts gelten muß. Will man es aufs äußerste zuspitzen, so
kann man, ähnlich wie Augustinus, sagen: Zeit ist, indem sie
nicht ist. Und dies wiederum teilt sie allem mit, was durch sie
ist – das heißt längst nicht allem, aber ganz bestimmt *uns*. Auf
unsere doch immerhin robuste Körperlichkeit wirkt sie wie ein
Zerstäuber – so daß, wer die grauenhafte Begabung hat, Zeit
verrinnen zu fühlen (jeder kann sie haben), sich an die Nase
fassen und sich fragen mag, wie ihm dieser Betrug und Dieb-
stahl am hellen Tag widerfahren konnte.

Von der Zeit möchte ich, wie gesagt, keinen physikalischen
oder philosophischen Begriff entfalten, auch das Psychologi-

sche an ihr zunächst aus dem Spiel lassen; es genügt mir zu sagen, sie erreiche die volle Macht über uns nur dadurch, daß wir in ihr enden müssen und es wissen. Da wir unsere Sterblichkeit kennen, ermessen wir die Zeit ganz in ihrer Dreiförmigkeit. Davon ahnt ein Tier wenig; und damit müßte ein Unsterblicher sich nicht beschäftigen. Mag, so könnte er sagen, alle Vergangenheit immerhin futsch sein und alle Gegenwart nur ein Feuerwerk, so braucht mich das nicht weiter zu bekümmern angesichts eines Nachschubs, der nie stockt und mit dem es ansonsten stehen kann wie es will. Bekümmern muß es allein uns, wie beschaffen das Geringe ist, das sich uns darbietet. Die absolute Knappheit der Zeit erst, bezogen auf das je einzelne Leben, das jeder führt, ist die Voraussetzung, daß ihre Nichtigkeit spürbar wird. Erst wer sieht, daß sie, ihrer äußeren Dauer nach, so wenig ist, bringt jenen Scharfblick mit, der ihre innere Leere erkennt. Erst ihre Kürze offenbart ihre Hohlheit.

Zeit rundet sich nicht. Auch der Hundertjährige stirbt zu früh, insofern er nicht *ankommt* – wo auch? Ernst Jünger hat noch über seinen hundertsten Geburtstag hinaus Tagebuch geführt. Mit Bangigkeit blättert man zu diesen letzten Seiten. Er liest die *Brüder Karamasov* von Dostojevskij. Er mag es ahnen, daß dies das letzte Buch seines Lebens ist; ich aber *weiß* es. Nun sind die *Brüder Karamasov* bestimmt kein schlechtes Buch, vielleicht sogar eins der besten – aber auch das allerbeste täte der Stellung, in die es blindlings geraten ist, nicht Genüge. Daran, wie schmerzlich diese Vorstellung des *letzten Buchs* berührt, merkt man plötzlich, wie wenig alles Nacheinander in dem, was wir ergreifen, unserem Dasein Gerechtigkeit widerfahren läßt. Das letzte Buch: dieser wilde Zufall trifft noch den Höchstbetagten wie die Kugel eines Schützen aus dem Hinterhalt.

Um ein abschließendes Bild zu bemühen, dem keine weitere Erkenntnisanstrengung mehr aufgeladen wird, sondern das unter diesem schwierigen und fragwürdigen Teilstück nur als

eine Vignette stehen soll: Es halten sich die drei Nichtigkeiten
untergefaßt wie die Gruppe der drei Grazien; zwei davon, Vergangenheit und Zukunft, blicken den Betrachter an, wehmü-
tig die eine, schmachtend die andere; die dritte und reizendste
aber, die Gegenwart, von den zweien in der Mitte gehalten,
kehrt ihm ihren hübschen Hintern zu.

Natürlich stimmt das alles »nicht ganz«; und würde ich darauf bestehen, daß es in sturer Buchstäblichkeit zutrifft, so wäre
ich wie Seneca, der einem weismachen will, zwischen Leben
und Tod sei doch gar kein Unterschied, und wir sollten uns nur
getrost ins Nichts schicken. Die Gegenwart ist in Wahrheit
nicht dieser mathematische Punkt, sondern er wird, so winzig
er ist, in seiner intensiven Farbe von den Säften unserer Erinnerung und Empfindung benäßt, so daß die Konturen verwa-
schen. Und davon, wie er ins Ungenaue weint und blutet, leben wir. Wer der Vergangenheit die Realität ganz absprechen
will, der sei an die Phänomene der Reue und der Architektur
erinnert; und wer dasselbe für die Zukunft tut, der sollte an das
Sparbuch denken und auch an den morgigen Zahnarzttermin.
Und doch ist das oben Gesagte wahr: wahr genug, um darüber
heftig zu erschrecken, daß unser weniges noch weniger ist, als
die einfache Angst vor dem Tod es weiß, und das Herz unseres
Lebens hohl. In diesem Erschrecken, in dem das Alles sich auf
einmal panisch in ein Nichts zusammenkrampft und der Flug
seiner selbst als Sturz inne wird, vollzieht sich die Einsicht in
die widerspruchsvolle Tücke der Zeit. Daß man, was man nie
besessen hat, dennoch unter Schmerzen verlieren muß: in diesen Abgrund fällt das Lot, das die traurige Einrichtung der Welt
ermißt.

Wer sich aber allzu sehr entsetzt, wie unwirklich ihm alles ist,
was ihm vergangen ist, und wie doppelt unwirklich die begra-
bene Erfahrung der Toten: dem sei geraten, sich auf jene beiden Dinge zu besinnen, in denen etwas, das länger währt als je-

der einzelne, dennoch in diesem einzelnen ganz unmittelbar anwest und ihm niemals verloren gehen kann. Ich meine die Sprache und die Sexualität. Länger, sage ich, nicht größer; denn sie können nicht größer werden als der einzelne, der an ihnen teilhat (hierin verschieden von Bibliotheken und Kathedralen), sondern sind ihrem gesamten Umfang nach in ihm enthalten, und in ihm allein. Ein Mensch wird mit der Begabung für diese beiden uralten Dinge geboren, aber ohne sie selbst. (Was Freud an frühkindlicher Sexualität beschreibt, hat wohl, als Suchbewegung, mit ihr selbst zunächst nicht mehr zu tun als die Lautäußerung »mama« mit dem späteren Sprechvermögen.) Er erwirbt sie erst in seiner Lebenszeit, auf ontogenetischem Wege, ohne daß er später noch angeben könnte, wie er sie »gelernt« hat, und zwar das jüngere System vor dem älteren. Die Dunkelheit des Erwerbs steht in inniger Verbindung mit seiner Unfehlbarkeit; niemand als der traurig Verkürzte – der Eunuch, der Taubstumme – bleibt ausgeschlossen, alle anderen Menschen fallen in diese beiden Dinge mit schlafwandlerischer Sicherheit hinein.

Was Sprache überhaupt bedeutet, ermißt man am ehesten im Vergleich der Muttersprache zu jeder später erworbenen. Bei dieser bekommt man, und sei es in letzten verräterischen Spuren, niemals den Akzent und das Konstruierenmüssen los, nie ganz die Unsicherheit, die auch den gewiegtesten Weltbürger treu begleitet, wenn er seine Vorträge überall auf dem Erdball auf Englisch hält. Wohl steht diese oder jene Formulierung in keinem Widerspruch zu den Regeln – aber würde der *native speaker* es auch so sagen? Und weshalb doch nicht? Die Fremdsprache bleibt immer das Aufgedrungene, die Bildung; sie kann auch vergessen werden, und von ihr gilt, wie es im *Faust* heißt: Ein jeder lernt nur, was er lernen kann. Man lernt sie schamlos schlecht, wie die Italiener, die es niemals schaffen, den Umkreis ihrer eigenen Phonetik zu verlassen, oder schamlos gut – denn auch das gibt es: Wer sich wirklich eine fremde

Sprache zu eigen mache, sagt Lichtenberg, der müsse etwas von einem Gecken an sich haben. Oder auch schamhaft mittelmäßig, wie die Deutschen, die sich bei der Wiedergabe des englischen R hin- und hergerissen fühlen, ob sie es wie ein verquetschtes W aussprechen sollen und dann nicht verstanden werden, oder ob sie es eher wie der italienische Kollege halten, der es einfach rollen läßt wie ihm der Schnabel gewachsen ist und auf diese Weise zwar kein Oxford English und kein Cowboy-Texanisch, aber klare Verhältnisse herstellt. Denn niemals, in keiner Sprache der Welt, gelingt dem Fremden das R ganz, dieser einheimischste und heimtückischste aller Laute. Dies also, alle diese mühe- und jammervollen Gradierungen, muß man sich vor Augen oder besser vor Ohren halten, wenn man das stets vollständige Gelingen des primären Spracherwerbs bedenkt. Er beschränkt sich auf eine einzige relativ kurze Phase im Leben des Individuums, die sich, da in ihr alles ein für allemal reift, als die Sprachpubertät bezeichnen ließe. Und er gelingt, wie nur biologische Prozesse gelingen können, das Wachstum eines Auges oder der Hormonhaushalt. Für begrenzte Zeit stehen glückliche Kanäle offen, die, wie es scheint, vom Ohr direkt in den Mund verlaufen, analog im informationstechnologischen Sinn, und es garantieren, daß das Gehörte genauso auch gesprochen wird, mit jenem unverwechselbaren Zungenschlag, der nur dem Hineingeborenen eigen ist und dessen angestrengte Nachahmung den Wahlmünchner gnadenlos der Peinlichkeit preisgibt. Ein begabter Vogel schafft es sein ganzes Leben lang, neue Geräusche in sein Lied einzubauen, so daß man tatsächlich nicht unterscheiden kann, ob hier wirklich ein Gartentor quietscht und der Dackel getreten wurde oder ob nur der Graupapagei gerade ein Ständchen bringt. So fremd erscheint dieses Vermögen, daß man Vögel, die es können, »Spötter« nennt: als besäßen sie, was dem erwachsenen Menschen nur als genialische Ausnahmsbosheit zufällt. Kinder aber, bis vielleicht zum fünften Lebensjahr, können es auch, und dann nicht mehr; danach hat man nur noch die Option, der zu sein, dessen gespottet wird.

Nur bis dahin wächst man in die Sprache so hinein, daß man sie wie ein Körperteil gebraucht: daß sprechen wollen und es tun ein und dasselbe sind, ohne Verzögerung im Nachdenken. Wie viel Unwillkürliches enthält hier das Gewollte! Sprechen geht fast wie Schlucken: Es genügt gewissermaßen ein Antippen mit dem Willen, und alles läuft ganz von selbst weiter. Ausnahmslos jede Sprache ist ungeheuer komplex. Die sie sprechen, wissen nichts davon. Sie müssen über die Regeln, nach denen sie sprechen, eigens belehrt werden, denn die Regeln sitzen drin und funktionieren wie ein inneres Organ, wie die Leber oder Bauchspeicheldrüse: absolut zuverlässig und vollkommen unbewußt. Den Wortschatz erweitert man allenfalls im Laufe der intellektuellen und sonstigen Reifung, er entspricht der Nahrungszufuhr und den austauschbaren Zellen im Körper; das Regelwerk aber, den Bauplan, nach dem der Stoffwechsel der Rede sich vollzieht, nie. Und doch ist er geworden, über Jahrhunderte und Jahrtausende der Überlieferung und ungezählte Jahrzehntausende, von denen wir gar nichts wissen; von denen sich nicht der Hauch einer Spur erhalten hat und die dennoch, ihrem Resultat nach, vorhanden sind. Nirgends sonst erntet der einzelne so aus dem Untergrund ein, fast wie ein Baum, der sich seine Nährstoffe wurzelhaft osmotisch aus einer Leiche holt; er kennt sie nicht und steht ihr doch näher, als jeder Geschichtsunterricht und jede Ahnenfrömmigkeit je gelangen könnte.

Man denke etwa an das Wort »Zeit« selbst. Wie viel Zeit ist in es eingegangen! Alle Erfahrung mit ihr die Zeitalter hindurch, von so vielen ganz anders gearteten Menschen und Epochen gemacht, haben sich darin abgelagert und sind mit umschlossen, ohne daß die Verständlichkeit des Wortes litte. Man weiß, was einer meint, der sagt, er habe keine Zeit, oder er sei zeitig aufgestanden, oder das seien noch Zeiten gewesen, obwohl alle drei Zeiten, die hier anklingen, im modernen Sinn der Stoppuhr Unfug sind. Ja selbst die Dinge, die der einzelne ohne geschichtliche Schulung nicht wissen kann, wie der Zusammenhang der Zeit mit der Zeitung und der Herbstzeitlosen, oder wie »schon«, »schön« und »schonen« sich aufeinander beziehen, sind als Ahnung und Abglanz doch da, nur in der Sprache, und können z. B. von einem Lyriker jederzeit zu einer Wirkung erweckt werden, die dann alle spüren.

In der Sprache ist für jeden die Geschichte der Menschheit präsent. In die noch rätselhafteren Tiefen der gewordenen Tierheit führt die Sexualität hinein. Zu ihr will ich nur wenig sagen. Auch darum, weil sie in zwei Hälften zerfällt, von deren einer ich nichts wissen kann. Vielleicht ist es allein den Männern vorbehalten, sie in ihrem Widerspruch, das Persönlichste und das Fremdeste zu sein, so stark zu empfinden. Daß in dem, was man selbst so sehr wünscht, ein viel Stärkeres und Älteres seinen Willen durchsetzt, daß man es weiß und doch nicht umhin kann, es als das Eigenste zu erkennen, zu lieben und zu durchleiden – diese Erfahrung läßt sich nur hier machen. Sie ist der wahre Dämon, der den Leib ergreift und in ihn hineinfährt. Auch Hunger, Durst und Atemnot fußen natürlich auf einem alten Erbe, und sie verfolgen ihr Ziel teils mit noch höherer Triebenergie; aber sie sind dabei ausschließlich dem Erhalt des Individuums dienstbar. Dem Zweck des Individuums jedoch wäre die Sexualität ganz gut entbehrlich; in ihr strebt es an, was es nicht bräuchte, wäre bloß es selbst der Fall, zum Mechanismus der Fortpflanzung verlockt durch das, was Freud, mit dem unbewußten Zynismus des Wissenschaftlers, eine »Lustprämie« nennt: eine kleine Belohnung für einen sehr großen Dienst.

Zeit als die, die traurig verstreicht, tritt vor allem als Jahreszeit hervor. Noch kaum Beklemmung muß der Umlauf des Tages erzeugen. Zwar mag der Morgen dem, der gerade aufsteht, von der Heiterkeit seines Anfangs abgeben und der Abend später die Melancholie allmählichen Aufhörens auf ihn abfärben. Aber das bleibt auf der allegorischen Ebene, Tage gibt es immer genug, und selbst ein Schwerkranker darf immer hoffen, wenigstens noch ein paar davon zu erleben. Die Tageszeiten sind zur Lebenszeit bloß mittelbar, ihre kleinen schnellen Rädchen schließen sich nur in Übersetzung in deren großes Rad. Doch Frühling, Sommer, Herbst und Winter greifen direkt hinein. Es gibt keine Zwischeninstanz mehr, die ihren wiederkehrenden Kreis von der unwiderruflich einen Umdrehung, die jeder hat, schiede. So wohnt ihrem Zyklus eine Mahnung inne, die sich in die Worte kleiden ließe: Paß aber diesmal auf!

Zeit, sollte man denken, verläuft ja ohnehin, und es steht in der Macht keines Sterblichen, diesen Gang aufzuhalten. Merkwürdigerweise entspricht diese logische Sichtweise nicht der Art, wie wir Zeit erleben. Ihr bloßer Verlauf hat die starke Neigung, sich uns als unsere schuldhafte Vergeudung darzustellen. Haben wir wenig in ihr getan, so reut uns der schlechte Nutzen; haben wir viel getan, so reut es uns auch, weil wir sie nicht genossen haben. Tendenziell (ich spreche als Person mittleren Alters, der sich alles vervielfacht, was früher einfach war) haben wir an immer mehr Dingen Anteil, und es bedeutet immer weniger. Es scheint, als hätten wir, bei jedem Durchgang, immer weniger Dankbarkeit für das Jahr, und das Jahr immer weniger Geduld mit uns. Die Tageszeiten mögen noch Spiel sein; aber sobald wir aufblicken und die Jahreszeiten sehen, muß uns in all ihrer Lieblichkeit ihr Ernst bewußt sein. So ernst sind sie, daß Gesellschaften, die in den inneren Tropen wohnen, wo es keine Jahreszeiten gibt, ein uns gar nicht vorstellbares anderes Verhältnis zu Zeit überhaupt haben müssen; diese Menschen, denke ich mir, haben ein Leben, das dem ungezeichneten, jahresringlosen Holz ihrer Bäume gleicht.

Die Lieblichkeit der Jahreszeiten vermindert nicht die Trauer, die alles an ihnen angetan ist hervorzurufen; jede gibt eine andere Farbe hinzu. Beim Herbst, als der Saison des Absterbens, und beim Winter als der des Todes oder todesähnlichen Schlafs liegt es auf der Hand. Aber auch der Frühling hat in seinem Aufbruch etwas Armseliges, so viel an Kühle, Nässe, Dreck, durch das sich seine Blüten arbeiten müssen, eine Mühsal, die doch immer wieder an dem vorhersehbar selben Punkt anlangt. Und der Sommer zerfrißt sich selbst von innen heraus: Er beginnt mit seiner eigenen Widerrufung, genau in dem Moment, wo die Tage schon wieder kürzer werden, zunächst nur wenig, aber schon nach ein paar Wochen recht fühlbar; ihm fällt, indem er die Augen aufschlägt, ein Eiskristall hinein, und wächst. Während er sich in seiner herrlichen Fülle und Wärme erst entfaltet und die Badeseen öffnet und die Malven, Goldruten und Wegwarten erblühen läßt, gibt sein regelhaft schwindendes Licht zugleich schon das Gnadenlose der mechanischen Zeit zu verstehen, als die Wahrheit hinter den schönen Blumen. Für mich ist der Sommer in seiner Gerste enthalten, die so rasch von einem Grün, das ins Blaue sticht, in ein Gelb mit rötlichem Einschlag hinüberwechselt, manchmal alle vier Farben aufs erstaunlichste durcheinander, weit bunter, als man einem bloßen Getreide zutrauen möchte; mit ihren stachligen, parabolisch niederfahrenden Ähren hängt sie auf ganz kurzen Halmen, ausdrucksvoll und lächerlich wie ein Heer bärtiger Zwerge; und plötzlich, schon im Juli, ist sie weg, um Stoppeln und Schollen Platz zu machen, dem Totenhaften. Wo der Weizen, der auf großen Feldern reift bis weit in den August (und in schlechten Jahren bis in den September), beruhigend wirkt, macht mich die Gerste nervös.

Es ist so schmerzlich, das Sommerliche erkennen zu müssen; das Freundliche dieses Trugs und das Trügerische dieser Freundlichkeit. Geschützt davor bleibt, ein wenig zumindest, wer in der Verschiedenheit der Jahreszeiten noch aufzugehen vermag; wem es im Sommer wie ein fernes Greuelmärchen erscheint, daß er dereinst wieder, wenn er um fünf Uhr nachmittags nach Hause kommt, dies in Nacht und umwölkt von seinem Atem tun wird; und wer im Winter, wie ans verheißene Paradies, an die Herrlichkeit der Blumen und langen warmen Abende, an die eigentliche Bewohnbarkeit dieses Planeten nicht recht glauben kann (könnte er es, er ertrüge den Winter nicht mehr). Wie sich die zwei Zeiten doch unterscheiden, wenn man emporsieht! Im Winter steigt der Himmel zur Erde nieder, in seinen wilden Morgen- und Abendröten dringt auf einmal das Weltall in die Städte ein und macht alle Architektur, die sich geschwärzt darunter duckt, zu Fußnoten einer zügellosen Astronomie. Im Sommer umgekehrt ersteigt die Erde den Himmel; hier wachsen auf einmal die Wolken zum Riesenhaften an und tragen die Landschaft noch über die höchsten Gebirge hinaus, größer, freier und in ihrer sinnlosen Räumlichkeit so viel wirklicher als sie; oder sie segeln in ein blaues Hinterland, das kein in Hügeln und Tälern weilendes Auge in solcher Tiefe erschließen kann. Nimm dir vor, sagt mir jemand, dieses Frühjahr auf die Entfaltung eines einzelnen, ganz bestimmten Motivs zu achten! Sieh auf die Baumblüte, wie zuerst die Kirschen kommen, wie kindlich sie blühen, mit welchem Ungeschick und welcher Schwäche sich ihr Liebreiz darbietet! Und dann, wenn sie abzufallen beginnen, wie dieselbe Melodie, in einem erfahrenen Alt, von den Apfelbäumen zu ihrer endgültigen Form geführt wird! Oder nimm den Raps, der beide ablöst, auf den riesigen Erstreckungen, wo er heute überall angebaut wird, mit seinem Duft und seinem Farbton, wie sie sonst in der gemäßigten Natur nicht vorkommen, gelb und süß, und diese Süße zugleich verschämt, als enthielte sie etwas Tierisches, wie Speichel; und wenn dir der Anblick zu grell ist und du die Augen zusammenkneifen mußt, dann warte, bis der Abend dem Mai zu Hilfe kommt und alles, was Licht war, in eine wunderbare Malfarbe verwandelt: die Welt, spät, als Gemälde. Umsonst, das alles ist *schon* da, dann *noch* da und dann vergangen. Wer aber darüber verzagt, daß es schon wieder so weit sei, wo er es nicht hat kommen spüren; wer, gleichgültig welchen Monat man schreibt, vor ihm mit der einen reuevollen Empfindung steht, daß es so früh schon wieder so spät geworden sei: der ist zum wahren Sinn der Zeit geweckt, dem ist nicht mehr zu helfen.

Wenn man von der Zeit spricht, sollte man nicht nur an ihre drei nacheinander vorrückenden Schlachtreihen der Vergangenheit, Gegenwart und Zukunft denken, sondern auch sehen, wie sehr, bis in ihren Kern hinein, Zeit sich über dem verwandelt, was sich in ihr zuträgt. Die Zeit, die dem Raum nahesteht und dessen bloße Vollzugsgehilfin sie ist, gibt es schon auch; es ist eine minderwertige Zeit, die ich von wahrer Zeit geschieden wissen möchte. Um den Unterschied deutlich zu machen, wähle ich ein mir, als Lehrer, naheliegendes Beispiel. Ein Prüfling, der eine Klausur zu schreiben hat, tritt emphatisch in die Zeit ein – nicht nur, weil die 45 oder 90 oder 180 Minuten sich so scharf von ihrer Umgebung abheben und so viel davon abhängt; sondern vor allem, weil in ihr noch nichts feststeht und alles möglich scheint. Der Prüfling hat keine Ahnung, was drankommt (obwohl es hinter seinem Rücken natürlich längst ausgemacht ist), er weiß nicht, wie er darauf reagieren, mit welchem Fuß er einsteigen wird und wie alles weitere sich gestaltet. Einen Genuß bedeutet das nicht, im Gegenteil, eine Qual ist es. Man darf es auch nicht mit Freiheit verwechseln, denn ein größerer Zwang, als einen Vormittag lang bei Strafe des Durchfallens an ein Blatt Papier genagelt zu sein und unter standardisierten, anonymen Bedingungen sein Bestes leisten zu sollen, läßt sich im zivilen Leben kaum denken. Aber es ist eine Zeit, die sich, wie in der Schlacht, ihre inhaltliche Bestimmung erst im eigenen Verlauf erteilt und dann ein Ergebnis aus sich entläßt, das es vorher nicht gab.

Damit vergleiche man nun die Zeit des Korrektors. Es handle sich, das sei vorausgesetzt, um eine mathematische oder

Übersetzungsaufgabe, nicht um einen deutschen Aufsatz, bei dem die Korrektur manchmal zu einem größeren Abenteuer geraten mag als ihn zu verfassen. Es sei eine Arbeit, bei der man, wenn man sie einsammelt und in die Aktentasche steckt, weiß, daß alles zwar vorerst noch dunkel, aber aus und gelaufen ist. Sich darüberbeugen und sie korrigieren heißt dann nicht sein Urteil fällen, sondern ein im Grunde schon gefälltes Urteil enthüllen und, indem man dies tut, es vollziehen. Weniger noch: dem Vorgang beiwohnen, wie wenn ein schon geschossenes Foto sich langsam zur Sichtbarkeit entwickelt. Der Korrektor hat, bei aller Bangigkeit, keine Wahl; vor ihm liegen lauter entschiedene, wenngleich vorerst unbekannte Fälle, die er mit einer großen, mißmutigen Anstrengung ins Bekannte zu heben hat. Was ihm solchen Verdruß schafft: daß er im Grunde nicht mehr Einfluß auf das Geschehen nehmen kann, als wenn er einfach *wartete*; daß es ihn aber zugleich so viel aktive Mühe kostet und ihm Verantwortung auflädt. Jedesmal, wenn er eine neue Arbeit, äußerlich noch ohne Spuren und gewissermaßen unverletzt, zur Hand nimmt, ruft er ihr, in einem schwer entwirrbaren Gemisch aus Entschiedenheit, Erbarmen und Ingrimm, sozusagen zu: Werde, die du bist! und macht sich ans Werk. Dieses Werk, vollzogen mit dem Rotstift wie eine Auspeitschung, dauert zehn, zwanzig, dreißig Minuten; es geht nach einem komplexen aber starren Schema vonstatten, wie das Lied, das aus dem Leierkasten tönt, den Stiften und Löchern einer Matrix folgt. Die so verfließende Zeit ist nichts als eine Hilfsfunktion. Die tiefe natürliche Feindschaft, die zwischen Prüfling und Korrektor besteht und selbst durch triftigste rationale Klärung nur zu einer oberflächlichen Koexistenz gemildert werden kann: Hier hat sie ihre Wurzel. Jeder muß dem anderen die besondere Tortur, die dieser ihm bereitet, übelnehmen, wohl wissend und darauf beharrend, daß es hier kein geteiltes Leid gibt, sondern nichts als zwei einander ausschließende, hochspezifische Formen davon. Der Korrektor hat nicht teil an der angstgedrängt vollen, der Prüfling nicht an der mühselig leeren Zeit. Der Einsicht, daß der andere dafür die komplementäre Qual erduldet, ist keiner von beiden fähig, und sie würde ihn auch wohl nicht versöhnen. Ich erinnere mich an einen Professor während meines Studiums, der ehrlicher als nötig war, als er den Studenten sagte: »Sie haben es gut, für Sie ist am Ende der Klausur alles vorbei – denken Sie mal dran, was dann auf mich zukommt!« – und an die einhellige Erbitterung, die er mit diesen Worten bei uns hervorrief. Er hätte es – so empfinde ich es noch heute, wo ich die Seiten gewechselt habe – nicht sagen dürfen.

Von der Art der Korrekturzeit, die stets nur das Vorausbestimmte zeitigt, ist aber vieles und vielleicht das meiste, was an Zeit verstreicht; und oft ist das Resultat noch viel absehbarer als bei einem mit Korrekturen verbrachten Nachmittag, der immerhin einem bislang Verborgenen ans Licht hilft. Zehn Sekunden braucht man, um unter dem Wasserhahn eine Gießkanne zu füllen; man weiß vorher, daß es zehn Sekunden sein werden und daß nachher die Kanne voll ist. In gewissem Sinn ist die ganze Prozedur damit bereits vorbei, ehe sie begonnen hat, und die Kanne jetzt schon voll – wozu der Zeitverlust? Wozu, genaugenommen, überhaupt Zeit in einem solchen Fall? So etwas sollte der Raum mit sich allein auszumachen haben.

Vor einiger Zeit habe ich ein Buch gelesen, das fast nur aus assoziativ gereihten Erinnerungen an Gelesenes bestand – eine traurige und lästige Art, Zeit zu verschwenden, fremde und eigene. Aber auch solche Literatur beschert, wie der Müllkübel eines reichen Haushalts, zuweilen Funde. Ein solcher Fund war der Abschiedsbrief eines Selbstmörders. Er bestand nur aus einem einzigen Satz, oder genaugenommen noch nicht einmal einem Satz: »Das ewige Zuknöpfen und Aufknöpfen.« Nicht etwa das Zu- und Aufknöpfen, sondern das Zuknöpfen und Aufknöpfen: Er litt eben daran, daß das Aufknöpfen das Zuknöpfen und das Zuknöpfen das Aufknöpfen niemals entbehrlich macht oder abkürzt, daß es hier keine Wegbahnung gibt, sondern bloß das Unterholz der Wiederholung mit der unverminderten Mühsal jedes Schritts – für nichts, denn Zuknöpfen und Aufknöpfen haben nur das eine zu tun, einander unaufhörlich zu widerrufen. Sie vernichten einander so, daß vom je vorangegangenen keine Spur bleibt, wenn man nicht die entropische Wirkung im Weltall rechnen will, die aber auch nicht viel Trost spendet. Es muß ein Mensch gewesen sein, dem die unbewußte Gnade der Gewohnheit physiologisch gesperrt war. So entschied er sich, auf die Zeit, das heißt das Leben überhaupt, lieber zu verzichten, als länger ihr prozedurales Wesen zu erdulden. »Nun aber leide ich die leere Zeit«, heißt es in einem Sonett von Walter Benjamin; auch er, wie bekannt, endet, wenngleich Jahrzehnte später, durch Selbstmord.

Vielleicht ist Depression nichts anderes als dies: das Vorhandensein eines Organs für den Verlauf von Zeit, den bloßen Verlauf. Alle Menschen können ihre Glieder bewegen; aber nur manche verfügen über die Fähigkeit, sie außerdem sich in den Gelenken rühren zu hören. Ihr Leben muß eine grauenvolle dauernde Symphonie aus Knirschen, Mahlen, Knarren sein. So auch der Zeitsinn: er ist das denkbar nutzloseste Vermögen, das ein Lebewesen haben kann. Ihn haben heißt, es noch schlimmer machen müssen, als es an sich schon ist. Der Depressive kommt nicht mehr aus dem Bett heraus. Depression ist die private Hölle, die, anders als Verletzung, Verlust und was dem Menschen noch so widerfahren kann, keinen Laut und kein Zeichen nach außen entläßt, ein schwarzes Loch, unvorstellbar dem, der nicht drinsteckt. Stünde mir eine Frage frei, die ich an den Depressiven richte, damit die Antwort mir hilft, ihn zu begreifen, so wäre sie: In welchem Verhältnis stehen in dieser deiner Hölle die Depression selbst und die Langeweile zueinander? Ich rechne auf keine Antwort; denn daß der Befragte sie nicht geben kann, gehört zu seinem Zustand.

Man reise; und man tue es nicht so, daß schon der Weg als Ziel gelten kann, mit der Eisenbahn durch eine anmutige Landschaft – sondern auf der Autobahn durch die Ebene zwischen Schallschutzmauern, wo Weg Weg und Ziel Ziel ist und Zeit Vollzug und Langeweile, überraschungsfrei. Und noch einmal darunter hinab wird die Zeit degradiert, wo der Verkehr vom Fluß in den Stau gerät, zur vollkommenen Leere, im Hinblick auf unsere begrenzte Lebensdauer eine Verschwendung ohnegleichen – der als Inhalt dann aber wieder doch das Bewußtsein, daß es so sei, die bittere Ungeduld entspricht.

Das Üble am Warten ist gar nicht, daß es »uns die Zeit stiehlt«, wie wenn man einem Menschen einen Geldschein aus der Tasche zieht; daß der Bestohlene sonst mit dem abhanden gekommenen Zeitstück etwas viel besseres unternommen hätte, stellt eine oberflächliche Rationalisierung dar, denn meistens tut er es doch nicht, oder es kommt nicht darauf an. Warten *demütigt*: weil es klar macht, was es bedeutet, nur in Zeit leben zu können. So gibt es eine leichtere, aber dennoch perfide Art der Folter, die darin besteht, jemandem ein starkes Abführmittel einzugeben: das immer vorhandene Strömen, sonst als vitale Voraussetzung unbedacht hingenommen, steigt auf einmal zur Hauptsache auf (die es freilich ist) und hält den, der es leiden muß, in beschämender Position an einer schäbigen Örtlichkeit fest. Im Warten tritt Zeit hervor als das, was uns niemals zugezählt und immer abgezogen wird. Wer wartet, erfährt Zeit, indem er sie nicht erfährt. Indem ihr das einzige Prädikat, das sich auf sie beziehen läßt, nämlich daß sie etwas zeitige, abhanden kommt, verflüchtigt sie sich wie Wasser in Dampf: sie wird ungreifbar und macht doch die Luft schwer und drückend. Warten erzeugt Ohnmacht. Am schlimmsten ist es, auf sich selber warten zu müssen: bis man sich aufrafft, ein unangenehmes Telefonat zu führen, bis man in Stimmung ist, den angeforderten Text zu schreiben.

Am besten noch, wenn jemand uns warten *läßt*; auf ihn kann man wütend sein und sich so verhehlen, wie sehr man der leeren Zeit ausgeliefert war. Es gibt den Grad der Souveränität überhaupt an, die man im Leben genießt, in welchem Maß man sich diesen Ärger auszudrücken gestattet. Denn es ist völlig unverzeihlich, wen auch immer warten zu lassen, und hat schon beim ersten Mal nachdrücklichen Tadel verdient. Wer warten läßt, verbindet die Unfähigkeit, den eigenen Krempel auf die Reihe zu kriegen, mit der vollkommenen Mißachtung des anderen (eine häufige Kombination); und sollte er auf Vorhaltungen ein beleidigtes Gesicht ziehen, so verblüffe man ihn übergangslos mit der vollen Schärfe seiner Feindschaft.

Ich bin mit der Zeit nicht fertig, wie ja wohl noch keiner mit ihr eigentlich fertig geworden sein dürfte. Aber ich möchte mich, nachdem ich mich an ihrem Problem mit dem Staffellauf der Metaphern und der Verzweigung der Aspekte versucht habe, ihr noch auf einem anderen, einem praktischen Weg nähern: indem ich betrachte, was sie, wenn sie einmal erfaßt ist, mit dem Leben eines bestimmten Menschen anrichten kann. Davon spricht das nächste Kapitel.

Ahasver stirbt

*Was das Paradox der Zeit im Leben eines einzelnen
bewirken kann*

Dieser Mensch ist der österreichische Schriftsteller Arthur
Schnitzler, der erfolgreichste unter den Autoren des »Jungen
Wien« um 1900; seine Tagebücher möchte ich betrachten. Als
deren Verfasser ist er erst in jüngerer Zeit hervorgetreten,
nachdem die testamentarisch gesetzte Sperrfrist abgelaufen
war und sie Stück für Stück, in langsamer Folge, erscheinen
konnten; inzwischen ist die Edition komplett.

Voranstellen möchte ich eine kurze Bildersequenz von Wilhelm Busch. Busch ist eine Generation älter als Schnitzler,
reicht aber noch weit in dessen Lebenszeit hinein; als Busch
1908 mit 76 Jahren stirbt, ist Schnitzler 46. Die Auffassung,
daß es *Zeit* ist, die tötet, herrscht hier ganz unverkennbar. Das

Die Zeit

So ist nun mal die Zeit allhie,
Erst trägt sie dich,

– – Dann trägst du sie;

Und wann's vorüber, weißt du nie.

Stundenglas steigt unaufhaltsam höher von Bild zu Bild, bis zu
seinem schließlichen Triumph, wenn der Mensch in den Abgrund nicht so sehr stürzt als stolpert und auf ebenso drasti-
sche wie slapstickhafte Weise abserviert wird. Der schwarze
Fleck, schwerstes und beharrlichstes Teil der Komposition, im
ersten Teil als noch verweilende nächtliche Wolke, im zweiten
als der Schlagschatten des Greises motiviert, erweist seinen
wahren Gehalt erst im dritten: als Tod.

Aber das Grauen über den tödlichen Verlaufscharakter der
Zeit ist noch gestaut und beschönigt durch die humoristische
Allegorie, womit Busch (ganz ein Sohn des 19. Jahrhunderts,
das seine Todestrübnis durch lautere und stillere Lustigkeit be-
täubt) der leeren Zeit zum vollen Bild verhilft. Die unerbittlich
gleiche Zeit, wie sie durch den Isthmus des Stundenglases rie-
selt, wäre nicht bildfähig. Dies sind allein die drei Naturzeiten,
die in den Zeichnungen mehr oder weniger deutlich außerdem
in Erscheinung treten: Die Tageszeit in der ahnbaren Morgen-
dämmerung des ersten Bildes; die Jahreszeit in den drei vignet-
tenhaften Bouquets am unteren Bildrand, aus Blumen, Disteln
und dem Gekrakel der Verdorrung; und die menschliche Lebenszeit in den Gestalten des Säuglings, der den Thyrsusstab
schwenkt wie das trunkene Gefolge des Dionysos, sowie des
Greises, der sich auf den Stock stützen muß. Alle drei Zeiten,
je für sich und alle zusammen, spenden Trost: Wie aus vielen
Tagen sich ein Jahr ergibt, so aus vielen Jahren ein Leben, und
in allen drei ineinander verschlungenen Zyklen kommt etwas
mit Notwendigkeit an sein Ende. Darum besitzt auch jeder Teil
des Zyklus seine qualitative Besonderheit: Der Morgen unterscheidet sich vom Mittag und dieser vom Abend, die Blüte hat
ihr Recht und ihr Recht hat die Frucht und auch das Schweigen
der kahlen Äste. Und ebenso haben die einzelnen Lebensalter
ihren Sinn und Gehalt, das kleine Kind ist etwas für sich wie
der gereifte, selbst noch der zum Tod gebeugte Mensch. Solche
Zeit fließt nicht, sie spannt sich als ein Bogen; jeder Abschnitt

darin weist über sich selbst hinaus auf das Gewölbe, in dem jeder Stein seinen Platz hat: Zeit wird räumlich erlebbar und damit erträglich.

Soweit das Alte in dieser Bilderreihe. Aber Busch kennt schon nur noch zwei Lebensalter, das ganz frühe und das todbestimmte, worin er andeutet, daß es nur zwei Verhältnisse zur Zeit gebe: die kindliche Unschuld, die von ihr nichts weiß; und die alles überschattende Erkenntnis des Sterbenmüssens. Der Mittelteil, erwachsene Erfüllung in der Welt, ist, als unwesentlich, übergangen. Entweder man hat noch viel Zeit und weiß es nicht (»erst trägt sie dich«), das Paradies der reinen Gegenwart – symbolisiert durch das orgiastische Bild des Thyrsusstabs; oder aber nur noch wenig und weiß es, und dieses Wissen vergiftet noch das wenige, das bleibt (»dann trägst du sie«). Der Tod kann da kein Abschluß sein, sondern immer bloß Abbruch, verfrüht, so spät er auch kommen mag (»und wann's vorüber, weiß man nie«).

Vor allem aber spricht sich Zeit in der Figur des alten Weibes und dem gräßlichen Gleichmaß ihrer Vergnügtheit aus. Sie, die Zeit, vergeht in gnadenloser Gleichform und nimmt von dem, durch das sie hindurchfließt, keinerlei Merkmale mehr an, sondern weiht es dem Untergang, ohne es zuvor zur Eigenart reifen zu lassen. Wie sie da in den Lüften thront, unbesorgt darum, ob sie auf ihrem Besen reitet oder auf den Schultern des Greises (denn *sie* jedenfalls kommt immer voran!), ist der eigentliche Bildgegenstand. Das Reiten auf dem Besen weist sie als das grauenhafte Alte aus, als Hexe; aber nicht als böse Hexe, die Ränke spinnt oder in die Enge getrieben wird; sondern als eine, die hat, was sie will, und nun jeden Morgen bester Laune prüfen kommt, ob Hänsel in seinem Gitterstall wohl schon fett genug zum Schlachten sei. Diese Figur weist in die Zukunft; sie ist modern.

Hier setzen die Tagebücher von Arthur Schnitzler ein. Sie sind
das literarische Projekt seines langen und reichen Schriftsteller-
lebens. Von seinem 16. Lebensjahr bis zu seinem Tod 1931 hat
er sie ohne Unterbrechung geführt, 52 Jahre lang. Was an ihnen
zuerst ins Auge fällt, ist ihr manisch kompletter Charakter; so
wenig an jedem beliebigen Termin eingetragen ist, so undenk-
bar wäre es, daß jemals ein Tag übersprungen würde; selbst wo
gar nichts eingetragen ist, erscheint doch zumindest das Datum
und ein Strich, als müßte sonst etwas unwiderruflich abreißen.
Nur ein einziges Mal, so weit ich sie gelesen habe, fehlt in ihnen
ein Zeitraum von zwei Wochen – nach dem Tod seiner Geliebten Mizzi Reinhard: Es ist Ausdruck eines schweren, existenz-
bedrohenden Zusammenbruchs und als Aussparung erschüt-
ternder als jede Beschreibung seines Zustands es hätte sein können. Schnitzler selbst war der Ansicht, die Tagebücher seien sein
Hauptwerk; in seinen testamentarischen Verfügungen hat er ein
ungebrochenes Interesse der Nachwelt daran vorausgesetzt. Be-
sieht man sie daraufhin, so verblüfft dieser Anspruch: Über große Abschnitte hinweg bieten sie kaum etwas anderes als einen
Terminkalender des Nachhinein, voll schwer auflösbarer priva-
ter Kürzel für Personennamen, und nur aufs knappste die gesell-
schaftlichen Verpflichtungen am »Vm« (Vormittag) und »Nm«
(Nachmittag) verzeichnend.

Der Herausgeber der Tagebücher, Werner Welzig, wirft die
sehr berechtigte Frage auf, wie Schnitzler zu dieser Wertung
hat gelangen können: Denn weder sind sie »literarisch« im
Sinn einer besonderen Form des fragmentarischen Schreibens
(obwohl aus ihrem glatten Spiegel immer wieder, unvorher-
sagbar, kleine Novellen emporschießen), noch auch führen sie
in die Intimität des »wahren« Schnitzler hinein. Und nicht einmal für die, die das »Junge Wien« vor allem unter dem inter-
essanten Aspekt seiner geselligen Verwicklungen untersuchen,
bilden sie eigentlich eine Fundgrube (wenngleich man natürlich nebenbei schon etwas erfährt über Hofmannsthals Sno-

bismus und Andrians Hypochondrie – aber immer knapp, knapp!). Selbst wenn Welzig mit seiner Mutmaßung recht haben sollte, daß Schnitzler insgeheim doch hoffte, bedeutender zu sein, als er es sich selber offen zugestand, und eine biographische Zugänglichkeit nach dem Muster von Goethes Leben von Tag zu Tag ermöglichen wollte – so klärt das doch noch nicht das Problem des *Hauptwerks*.

Was also hebt die Tagebücher heraus aus dem restlichen Werk Schnitzlers? Offenbar, daß *Zeit* in ihnen noch auf andere Weise präsent ist als in seiner erzählenden Prosa und seinen Dramen, Schnitzlers beiden anderen Werkbereichen: Sie gibt hier nicht nur die formale Bedingung ab, der ein ablaufender Inhalt nun einmal unterworfen ist – als erzählende Zeit, Erzählzeit, Bühnenzeit usw. –, sondern sie wird selbst zum Gehalt, und zwar in einer Weise, wie es wohl in keiner anderen Gattung möglich wäre als diesem lückenlosen Schnitzlerschen Tagebuch, das die Garantie der Deckungsgleichheit geschriebener und gelebter Zeit gibt und einlöst; in der abstrakten Gleichheit seiner außerdem nach Tageszeiten aufgeschlüsselten Einträge ähnelt es zuweilen mehr noch einem Uhrwerk als einem bloßen Kalender.

Schnitzlers Erweckungserlebnis war die Todesangst. Er berichtet, wie er als Dreizehnjähriger eines Nachts im Bett lag und plötzlich wußte, *daß er würde sterben müssen*. Wenig später dürften die Tagebücher begonnen sein – damit, wenn alles rettungslos und gleich vergeht, wenigstens dieser Rest davon überdaure. Wenn Zeit nichts mehr »zeitigt«, nicht in sich das Moment der Vervollkommnung umschließt, dann kann ihr Verlauf für das Wesen, das ihn an sich spürt in der Gewißheit seiner Sterblichkeit, nur noch den permanenten Verlust bemerken. Vom Leben, das man niemals *hat*, dieser Null, wird doch unentwegt abgezogen.

In solcher Schärfe scheint dies eine Erfahrung der Zeit erst ab 1890 zu sein, vor allem bei österreichischen Autoren. »Man

lebt nicht einmal einmal!« sagt Karl Kraus und meint damit
dasselbe wie Wilhelm Buschs zweites Bild: Wer sterben muß
und es weiß, den drückt dieses Wissen so zu Boden, daß er seines bißchen verbleibenden Lebens nicht mehr froh wird. Es
muß damals in aller Stille ein Umschlag erfolgt sein, ein Umschlag wie auf einer Waage, auf deren einer Schale sich neues
Gewicht *langsam* häuft, bis sie *plötzlich* zu sinken beginnt. Viel
hatte sich verändert in den Jahrzehnten zuvor: Die Entwicklung der Industriegesellschaft und der Lohnarbeit, die, statt des
handwerklich-bäuerlichen Stückpreises direkt vom Erzeuger,
nurmehr das abstrakt gleiche Maß der in Stunden und Minuten beglichenen Lohnarbeitszeit anerkannte und bezahlte,
höhlte Tages- und Jahreszeit aus und ersetzte sie durch die
Stechkarte und den Akkord. Wer im Akkord arbeitet, dem blühen keine Schneeglöckchen mehr und reifen keine Äpfel; und
selbst wer der Produktion müßiggängerisch fernsteht, den erreicht die Gleichschaltung der Zeit doch auf dem osmotischen
Weg des Trübsinns. Die Stechuhr beseitigt auch im Herzen
desjenigen, der nie eine gesehen hat, alle schöne verweilende
Melancholie und ihr tröstliches altes Bildnis, das sie zeigt, wie
sie das Kinn in die Wange stützt. Nichts bleibt zurück als ein
schleichendes, farbloses, geschmacks- und geruchloses Gift, ein
Arsen, das erst in den Haaren und Fingernägeln des greisen
Leichnams nachgewiesen werden wird. »Zeit ist nur eine Ein-
bildung?« notiert Schnitzler: »Aber das *Altern* ist real!«

Ich werde mich darauf beschränken, eine Doppelseite aus
Schnitzlers Tagebüchern zu betrachten, die ungefähr acht Tage
am Ende des Jahres 1893 umfaßt. Der Übergang 1893/94
scheint mir besonders interessant, weil für jeden Außenstehen-
den Schnitzlers Existenz damals außerordentlich vom Glück be-
günstigt wirken mußte: Er war jung, gerade über dreißig; er hatte soeben seinen ersten durchschlagenden Erfolg am Burgthea-
ter erzielt, dem wichtigsten Theater Österreichs; er hatte seine

eigene ärztliche Praxis eröffnet; die Frauen lagen ihm zu Füßen und namentlich Adele Sandrock, die die Hauptrolle in seinem Theaterstück spielte; es erscheinen hier als seine vertrauten Freunde die bedeutendsten österreichischen Schriftsteller der Zeit, von denen jeder (ausgenommen Felix Salten, weithin unbekannter Verfasser der Klassiker *Bambi* und *Josefine Mutzenbacher*) inzwischen längst seinen eigenen Ruhmestempel besitzt: Diese Größen fanden sich zwanglos zusammen wie auf einer Art Wiener Kongreß, der mit allen seinen Bällen und Tees, scheinbar bloß geselligem Ereignis, die Weichen weit ins kommende Jahrhundert stellt. Es war sehr gut, und es versprach, noch besser zu werden: In der Tat ließe sich kaum vorstellen, was einer *noch* haben könnte oder müßte, um glücklich zu sein. Doch wird man feststellen, daß Schnitzler keineswegs glücklich war. Das Jahr 1894, in welches die Doppelseite hineinragt, ist gleichzeitig dasjenige, in dem Wilhelm Busch seine Bilderreihe zeichnet. Wilhelm Busch war damals 62 Jahre alt; und seine Todesangst verrät sich nicht, außer in dem diskreten Faktum, daß er nicht das letzte Bild der Reihe mit seinem vollen Namen und der Jahreszahl signiert, sondern das *vorletzte*, inständig andeutend, es möge *noch nicht so weit* sein. Schnitzler war genau halb so alt, 31, und trotz seiner Jugend scheint ihm der Tod näher zu stehen. Busch trennten damals noch 14, Schnitzler noch 37 Jahre vom Grab. Ich empfehle, die abgebildete Seite in Ruhe durchzulesen; aus ihr und ihrem Zwilling gegenüber beziehe ich die nun folgenden Stichworte.

LANGEWEILE

»...das Jahr 93 mit all den Banalitäten, die es an mir verübt, mit seinen schweren Enttäuschungen und mit seinem schauerlichen Verluste.«

Bedenkt man, daß Schnitzler sonst in seinem Tagebuch wiederholt die Ansicht äußert, jeder vernünftige Mensch könne

sein Leben nur als Galgenfrist bis zur Vollstreckung seines To-
desurteils auffassen, so erstaunt es zunächst, daß ihm diese äußerste Verknappung des einzig wirklich kostbaren Guts nicht
größere Innigkeit in dessen Genuß beschert. Tatsächlich jedoch
hängt beides – Galgenfrist und Langeweile – eng zusammen.
Der formalen Gleichheit der homogenen Zeit, die keinen »natürlichen« Abschluß kennt und darum immer zu kurz bleiben
muß, egal wann sie endet, entspricht inhaltlich die Banalität
dessen, was sich in ihr zuträgt. Sie ließe sich bestimmen als die
Unfähigkeit eines jeden Augenblicks, sich aus der Schar der anderen hervorzuheben, »fruchtbar« zu werden, wie Lessing es
vom Augenblick in der bildenden Kunst verlangte, d.h aus dem
Verlauf zur Gestalt zu gerinnen. Die homogene Zeit hat ihr
technisches Gegenstück im fotografischen Schnappschuß, der
gerade damals aufkam, gleichsam ein Stückchen zerschnitte-
nen Lebensfilms, das kraß verdeutlicht, was sonst noch verbor-
gen bleibt: Wie wenig die Zeit von dem benetzt wird, was über
sie hinströmt und an ihr abperlt; nichts einzelnes, nur, *daß* es
so ist, kann noch Erfahrung werden. Nur so wird Schnitzlers
merkwürdige Formulierung verständlich, das Jahr 93 habe an
ihm Banalitäten »verübt«, wo doch jeder unbefangene Leser
zunächst einmal den Eindruck gewinnt, das habe Schnitzler
durchaus selbst getan. Unter den genannten Voraussetzungen
aber bleibt ihm nichts, als (in einer noch weit grundsätzliche-
ren Weise, als es sich in der Frage nach der Freiheit des Willens
erschlösse) seine eigenen Taten zu erleiden.

Die kategoriale Banalität verhindert überraschenderweise
nicht die Enttäuschung – nichts zu erwarten und doch stets ent-
täuscht zu werden, das sei sein Schicksal, schreibt Schnitzler
andernorts –, ja nicht einmal den Verlust. (Gemeint sind wohl
der Tod des Vaters und der Betrug Mizzi Glümers, für den
Schnitzler sich freilich schon im voraus schadlos gehalten hat.)
Es stimmt dies jedoch mit der Feststellung überein, daß das
Leben zwar niemals besessen, trotzdem ununterbrochen ver-

64   1893: XII 22 – XII 29

Verh. mit Jenny und D. lieb ich Mz. wieder mehr.– Briefe Mizis;
verzweifelnd und schön.–
23/12 Rührend schöner Brief von Mz.– Mg. und Abd. bis spät bei
Diltsch. Ich: „Du wärst vielleicht ein sehr wichtiges Abenteuer für
mich, wenn ich bestimmt bedeutend wäre.–"
24/12 Schickte Blumen an Dilly.– Bringe ihr täglich welche. – War
Abd. 1 Stunde bei ihr.– Sie: „Es geht nicht so weiter. Ich werde toll."
– Brief von Mz.– Von Beeth Stock, Brieftasche, von Ehrenstein
hübsche kl. Uhr.– Mama 100 fr.– Geschwister Cigarren.– Bei Alt-
manns Abend.– Sextett vierhdg. mit Helene (Brahms) – Wollten (L.
B.-Hofmann S. ich) zur Messe; war keine.– Central.– Die andern
spielten Domino.–
25/12 Mittags Felix (Onkel) bei uns.– Blumen aus D. von Mz.– Abds.
bei D.– Dann bei Jenny.– Rasende Kopfschmerzen.
26/12 Nm. bei mir Schwarzkopf (Nachfolger Bahr's bei der Dtsch.
Ztg.) Loris (Gedichte) Salten, B.-Hofmann.– Abds. Felix bei uns.
   – Kfh.– Telephon Diltsch.– Brief an sie.– Wie auch Bahr dann
schrieb, vielleicht auch an sie, komischer Effect.–
27/12 Mg. bei Karol. Jellinek.– Felix.– Else etc.– Klavier; plötzlich
behauptet E., die kleine Else S. sei gestorben.– Ich hörte zu spielen
auf, und stand auch gleich schon dabei, und sah der Pose zu: aufhören
zu spielen, wortlos weggehen –
   – Abends bei D.– Sehr schön, bis 4 früh.– Plaudern. Schicksale
meiner „Werke".–
28/12 Kam ein entzückendes Bild in Rahmen von Mz.– Schrieb ihr
unter Thränen.– (Nachzutragen: zum Stück kam ein Lorbeerkranz
von ihr.) – Bei Tante Irene, Felix – Wie rasch die Todten vergessen
werden.–
29/12 Brief von Mz., der in die Weltliteratur des Unbewußten gehört.– Bei Diltsch. Wie sie vor Willy mich küsst, vor ihrer Mutter mir
in den Haaren wühlt. Meine seltsame Freude an dieser aufrichtigen
Depravation; als nähme ich Revanche.– Abends doch wieder Jenny
bis 2.
   – Gespräch mit Salten, wie man (ich) in Hinsicht auf die verschiedenen gleichzeitigen Abenteuer ganz verschiedene Charakter ist. In
Hinsicht auf Mz. bin ich beständig, sentimental, tief und „treu"füh-
lend;– in Hinsicht auf Diltsch erlebnisfreudig und experimentirend,–
in Hinsicht auf Jenny leichtsinnig und wollüstig – in Hinsicht auf
Else das Kind (von dem ich noch immer nicht mit Sicherheit weiss ob
sie todt ist) – hart, oberflächlich, herzlos.–

*Seite aus der von Werner Welzig herausgegebenen Edition der Tage-
bücher Arthur Schnitzlers*

loren wird. Daß einer zugleich sich langweilen und über die Kürze der Zeit bis zu seinem Tod – der im Verlust seinen objektiven und in Schnitzlers ewiger Hypochondrie seinen subjektiven Boten vorausschickt – verzweifeln kann, ist im paradoxen Wesen der Zeit begründet: Die Identität aller ihrer Sekunden macht sie öde, und raubt doch jedem Ende den beruhigenden Charakter eines Notwendigen, das sich erfüllt. Die Langeweile aber ist die Vergeudung des einzig wirklich knappen Guts und damit das eigentliche Laster des Schnitzlerschen Typus, das ihn so sicher zugrunderichtet wie einen Opiumesser das seine.

Spiel

»Die anderen spielten Domino.«

Die Zeit schlägt tot; aber sie muß zugleich von dem, der sich langweilt, totgeschlagen werden. Auf deutsch läßt sich das längst nicht mit so schönem Doppelsinn sagen wie auf englisch: *Killing time* – hier ist die Zeit Subjekt oder Objekt, je nachdem von welcher Seite man es ansieht, ein Vexierbild. Von der Wechselseitigkeit solchen Totschlags hat die Zeit ihr furchtbares Gesicht. Im Spiel kommt beides zusammen; und man spielt viel in diesen Kreisen: Poker vor allem, Domino, verschiedene Brettspiele, Billard, Mackau. Gerade für das Jahr 1893 findet sich die Eintragung »Einreißen des Spiels in unserer Gesellschaft«. Das Spiel treibt die Zeit auf die Spitze: In ihm wird sichergestellt, daß jedes Interesse und jeder Affekt genau ausdehnungsgleich ist mit den Minuten, die der Vorgang des Spielens benötigt, und dann folgenlos erlischt, um beliebig wiederholt werden zu können. Eine Abendgesellschaft, die zusammenkommt, um zu spielen, nimmt den eigenen Tod vorweg. Sie unterstellt das Leben in allen seinen Äußerungen ganz dem Nihilismus des Transitorischen, das *jetzt schon so gut wie vorüber* ist. Goethe, einer vergleichsweise frühen Zeit angehörig, hatte das noch nicht gespürt, er empfahl das Kartenspiel mit seinen raschen und straflosen Umschwüngen als willkommene Einübung ins wirkliche Leben, das ihm noch nicht problematisch war. Schopenhauers Poltern gegen den Stumpfsinn, der nicht einen Augenblick Ruhe geben kann, und wo er einmal nicht reale Interessen hat, sich solche im Kartenspiel künstlich schafft, wittert die neue Gefahr, wenngleich er noch nicht recht weiß, aus welcher Richtung sie kommt. Wer das Spiel in seiner vollen totenhaften Entfaltung sehen will, muß Schnitzlers Tagebücher lesen.

RUHM

»Schicksale meiner ›Werke‹«; »Nachzutragen: zum Stück kam ein Lorbeerkranz von ihr«

Das Schicksal seiner Werke bereitet Schnitzler noch im Augenblick des Triumphs die schwersten Sorgen; so schwere, daß er sich nicht einmal getraut, die Werke ohne Anführungszeichen zu nennen. Es ist nicht etwa Pose, wenn er eine Woche zuvor schreibt: »Ich weiß nicht zu gestalten, ich kann einfach nichts. Ich habe meine anmaßenden Stunden –, solang ich nicht zu schreiben versuche; setz ich mich aber endlich hin, so bin ich ratlos.« Durch nichts im einzelnen können seine Arbeiten vor solcher Ratlosigkeit errettet werden; nur indem die Zeit ihrer ganzen Schrecklichkeit nach begnadend in sie eingeht, kann möglicherweise etwas gelingen.

Wo sie ihm und seiner Arbeit nicht im Genick sitzt, da sprengt er die Grenzen des aufgeklärt Konventionellen nicht. Von äußerer Lebensführung und vom Schreibduktus her gehört Schnitzler noch ganz dem liberalen Zeitalter an; Versammlungen der »Saubermänner« zu besuchen (einer Art karnevaleskem Rotarier-Club, wo die Honoratioren einander mit spaßigen Namen wie »Kalakalauer« und gereimten Büttenreden traktieren) ist ebenso wenig außerhalb seiner geistigen

Reichweite wie der goldbrokatene Historienschinken. Wo Zeit in seinem Leben und Werk sich nicht zur vollen Kraft der leeren Funktion erhebt und durch die überlieferten Formen der Novelle, des Gesellschaftsstücks etc. die glühenden Farben des Unglücks bloßen Verrinnens durchscheinen läßt – da schlägt Schnitzlers Produktion mit verblüffender Plötzlichkeit ins Matte um, wie ein Kirchenfenster, wenn sich eine Wolke vor die Sonne schiebt. (Aus diesem Grund steht der zyklische *Reigen* höher als der bloß episodische *Anatol,* und *Sterben* sticht den Großteil der wehmütig-glatten Novellenproduktion aus.) Der nachgetragenen Lorbeerkränze wird Schnitzler niemals recht froh: Denn dauernden Ruhm kann ihm nur bescheren, was er unmittelbar aus seinem Unglück schöpft, nicht, was er »gestaltet«. »Ich [zur Sandrock]: ›Du wärst vielleicht ein sehr wichtiges Abenteuer für mich, wenn ich bestimmt bedeutend wäre.‹« Man beachte, wie sich hier die Schlange in den Schwanz beißt, wie er sich am Schopf seines Unglücks zum Glück emporziehen will! Ist er nicht bedeutend, so hat auch die ihm widerfahrende Affäre nichts zu bedeuten. »Bestimmt bedeutend« ist Schnitzler als Autor aber nur dort, wo sein Erlebnis des tiefen Unwerts aller Abenteuer sein Schreiben durchtränkt. Also – wird es für ihn niemals wichtige Abenteuer geben! Sondern immer nur solche, wie sie im Gespräch mit Salten erwähnt werden – womit wir bei der

LIEBE

wären:

> »In Hinsicht auf Mz. [Mizzi Glümer] bin ich beständig, sentimental, tief und »treu« fühlend; in Hinsicht auf Diltsch [Adele Sandrock] erlebnisfreudig und experimentirend,– in Hinsicht auf Jenny leichtsinnig und wollüstig – in Hinsicht auf Else das Kind (von dem ich noch immer nicht mit Sicherheit weiß ob sie todt ist) – hart, oberflächlich, herzlos.–«

Hier sind es also aktuell gerade vier Frauen; zu einem anderen
Zeitpunkt schafft es Schnitzler, gleichzeitig nicht weniger als
drei Mizzis zur Hand zu haben, von denen, um das Maß voll
zu machen, eine noch die Rolle der Mizzi Schlager in Schnitzlers *Liebelei* spielt. Bis zu seiner Hochzeit 1903 nehmen
Schnitzlers diverse Liebesaffären – wie ja auch auf der vorliegenden Seite – den bei weitem größten Raum in den Tagebüchern ein, während man über seine Familie, seine Arbeit als
Arzt, seine finanziellen Verhältnisse, seine Wohnung, selbst
über sein Schreiben vergleichsweise wenig erfährt. Ganz eindeutig liegt hier das Zentrum der Verausgabung.

Es ist reizvoll, Schnitzler mit den zwei anderen polygamen
Männertypen zu vergleichen, die der abendländischen Tradition einzufallen pflegen: dem Casanova und dem Don Juan.
Wie diese beiden ist Schnitzler besessen von der Idee der möglichst großen Zahl, die ihnen jeweils für »Unendlich« einsteht
und deren nie völlig befriedigendes Surrogat die Strichliste bildet, die sogar von dem großen Don Juan mit einer gewissen
Kleinlichkeit geführt wird. Davon abgesehen, sind die zwei so
verschieden wie nur möglich. Das erweist sich schon an der unterschiedlichen Betonung, die beide Namen im (gehobenen)
Volksmund annehmen. Casanova wird, bei aller Anerkennung,
niemals ohne Ironie ausgesprochen. Casanova ist der gebrech-
liche Mann, ihm kann allerlei widerfahren; er kann Mißerfolg
haben, er kann altern; er kann eine konkrete Person sein. Er
vernichtet die Frauen nicht. Casanova ist eine höfische Figur;
das höfische Leben betrachtet die Erotik als den zugleich
schlüpfrigsten und verläßlichsten Leim des Sozialen, einen vis-
kosen Zusammenhalt unter festen Körpern. Die Frauen, die
Casanova liebt, sind solche, die zugleich viele oder doch wenigstens mehrere andere Männer lieben können. Er ist unter diesen – bis auf weiteres – der Beste; durch diese Rekordhalterei
scheint er immerzu leicht bis schwer überfordert. Casanova
kann impotent sein. Das Prinzip Casanova setzt eine Organi-

sation des erotischen Lebens nach dem System von Kette und Schuß beim Webstuhl voraus: Die Gesamtheit der Frauen bildet die Kette, die Gesamtheit der Männer den Schuß, jeder der waagrechten Fäden kann jedem der senkrechten Fäden begegnen; Casanova ist nur der stärkste und schillerndste darunter. Es entsteht ein flaches und buntes Gewebe des höfisch-erotischen Lebensgefühls, das zu seiner geradezu arithmetischen Voraussetzung hat, daß auch die in Frage kommenden Frauen ähnlich immer willig sind wie die Männer allzeit bereit. Der Ruhm des Casanova ist ein schaler.

Anders Don Juan. Er ist der Zerstörer der Frauen. Er ist weder alternd denkbar, noch impotent, noch in bezug auf einen Rivalen. Man kann sich ihn nicht einmal als eigentliche Figur vorstellen: Er ist der Verführer abgewandten Gesichts, der süße Höllentraum der Verführten. Ein Sterblicher kann er eigentlich gar nicht sein, höchstens ein Verdammter: Nicht die Natur macht Schluß mit ihm, sondern es muß die Hölle selbst sich auftun, um ihn zu verschlingen. Don Juan setzt das unerschütterte Prinzip der Jungfräulichkeit voraus, oder mindestens die die Frau absolut verpflichtende Ehe. Don Juan ist keine Person, sondern, in seiner leuchtenden, gesichtslosen Schlankheit eine Flamme, in die ein Insekt nach dem anderen hineintaumelt und verbrennt. Es kann keine Frau geben, die ihn überlebt: Ihr Leben war vorher keins, nachher wird es keines mehr sein; sie lebt in ihrer Liebe zu ihm, aber in der Liebe als einer einmaligen, verbotenen und zerstörerischen Aufgipfelung des bloßen Daseins. Der Mythos von Don Juan ist unmenschlich, für Mann *und* Frau. Keiner von beiden findet Halt im Frieden einer Individualität, die dauert. Die Frau taucht auf aus der Nacht des Bedeutungslosen und fällt hinterher in sie zurück, bereichert allenfalls um Reue und hoffnungslose Sehnsucht. Oft genug – wir sind in Spanien – zieht ihr die Verführung den Tod auf den Hals. Und dem Mann ist keine andere Art zu erscheinen erlaubt als die eines Gottes.

Schnitzler steht gewiß dem Casanova näher als dem Don Juan; und für jenen bringt er auch, wie gleich zwei Werktitel beweisen, das größere Interesse auf. Von Casanova hat er die Gebrechlichkeit seiner Virilität, die Aussicht auf Alterung und Verlust der erotischen Attraktivität. Was ihn jedoch mit Don Juan verbindet, ist die Tendenz zur *Vernichtung* der Frauen. Bei Don Juan geht sie als unvermeidlicher Nebeneffekt aus dem erotisch Absoluten hervor; für Schnitzler jedoch wird sie geradezu die Hauptabsicht. »Ich glaube den Frauen erst dann, wenn ich sie besessen habe – und auch dann nur, daß ich sie besessen.« Dieser unschöne Mangel an Großmut und Unbefangenheit, dieses lauernde Mißtrauen und diese Häme, dem Feind etwas abgewonnen zu haben, wäre sowohl dem Casanova als auch dem Don Juan fremd: Don Juan, seiner göttlichen Unwiderstehlichkeit sicher, begibt sich nicht soweit hinab, daß er den Frauen »glauben« müßte; Casanova achtet sie als ebenbürtiges Gegenüber und betrachtet die erotische Begegnung als einen zeitlich befristeten Pakt zu beiderseitigem Vorteil.

Schnitzler jedoch wird unter allen Affären der neunziger Jahre affektiv am stärksten von derjenigen mit Mizzi Glümer in Anspruch genommen, die in Reue und Zerknirschung vergeht; deren Leben, das läßt sich wohl ohne Übertreibung sagen, von Schnitzler ausgelöscht wird. Daß sie ihn »betrogen« habe, gibt hierfür nur die oberflächliche Motivierung ab: Wichtiger ist, daß sie sich als Verschmähte ganz und gar auf ihn bezieht. Die größte Inständigkeit erlangt dieses eigentümliche Verhältnis, als es eigentlich beendet ist und Schnitzler die vor ihm buchstäblich auf den Knien rutschende Mizzi zu berühren sich weigert. Nur so gelangt Schnitzler zu einer Empfindung ihrer Liebe, so vermag er sie ästhetisch zu goutieren – »verzweifelnd und schön« sind ihre Briefe: schön, *weil* verzweifelnd; und gleich darauf »rührend schöner Brief von Mz.«: schön, *indem* rührend.

Erkennbar ist, daß der Akzent sich von der Lust weg verlagert und einem unlustvollen Zwang weicht. »Stimmung beim Spazierengehen: geradezu ein Schmerz, all diese schönen Mädeln – ungeliebt vorbeigehn zu lassen – ab und zu entschließ ich mich eins anzusprechen. – Kommt's zu einem Rendezvous, so bet ich – daß sie nicht kommt. – Kommt sie, und ›erringe‹ ich sie – so hab ich natürlich die vorgeschriebenen 3–4 Wochen Angst.–« Solcher Schmerz ist doppelt unstillbar: Denn weder läßt das Allgemeine, das Schnitzler in so tausendfältiger Gestalt und Ausfächerung entgegentritt, sich jemals so, wie es erforderlich wäre, in die Sukzession der tausend Eroberungen verwandeln, immer wird die unbewältigte Überzahl fortdauern; noch auch bereitet es, wenn man dieses Allgemeine sich im je besonderen Fall durch den Geschlechtsakt aneignet, den Genuß, der die rationalisierende Hülle für die unausgesetzte erotische Aktivität abgeben muß. Im »Erringen« mitsamt seinen Anführungszeichen spricht sich die Wahrheit der Mühsal aus. »Wieder die alte Beobachtung, wie man vom Schicksal gewaltsam ins typische hineingejagt wird.« Diesem erotischen Sisyphus entgleitet der Felsbrocken immer wieder auf dem Höhepunkt, und es ist niemals Ruhe. Schließlich landet Schnitzler, nicht ohne Komik, bei der Abbreviatur der geschlechtlichen Begegnung, dem bloß gegebenen und dann nicht eingehaltenen Rendezvous. Dies wird ihm das Allerliebste: Er darf das schöne Mädel sozusagen für genossen ansehen. Ein wenig ähnelt das dem Club der Witzeerzähler, in dem jeder Witz, da ohnehin bekannt, nur noch mit seiner Nummer aufgerufen zu werden braucht, und weit ökonomischer auch so für hinreichendes Amüsement sorgt. Freilich hat selbst diese freudlos glatte Reihe ihren Widerhaken: die Syphilis; auf sie bezieht sich die »Angst«: Nicht erst das Alter, sondern selbst der Unfall weit vorher kann zum Abbruch führen – »und wann's vorüber, weiß man nie«.

Schließlich notiert Schnitzler: »Ich freu mich geradezu auf einen weiberlosen Tag.« Ein solcher, und nicht das erotische Glück, ist das negative Geschenk, welches das Leben dann und wann für ihn bereit hält. An einem solchen Tag darf er früh zu Bett gehen und sich richtig ausschlafen, er muß nicht weit nach Mitternacht mit erheblichem Mißmut durch den Schnee nach Hause stapfen und zuvor noch eine unerquickliche Auseinandersetzung mit der Gefährtin der Nacht bestehen, die ihn nicht gehen lassen will. (Man lese in diesem Zusammenhang Schnitzlers wenig bekanntes Dramolett *Halbzwei*, das seine Frische dem Haß auf die Frau schlechthin verdankt.) Gerade im Verächter der Sitte und Moral, dem Verführer, der die Grundlagen der Gesellschaft bedroht, verbirgt sich der auf seine Bequemlichkeit bedachte Spießer und tritt ans Licht, sobald die Kräfte nur im geringsten nachlassen.

In dem Maß, wie sie sich von der Lust entfernt, nähert sich solche Liebe dem Spiel an, dessen Komplement sie für Schnitzler wird – einem asymmetrischen Spiel allerdings. Seine Grundregel lautet: »Nicht lieben, und lieben lassen«. Spiel ist sie für den Mann, für die Frau hingegen, idealerweise, Ernst. Bedeutet jede neue Affäre für den Mann Schnitzlerschen Typs nur eine neue Banalität, so liegt doch ihr Reiz darin, daß sie es für die Frau womöglich nicht ist, daß sie sich ihr vielmehr zur tiefen, prägenden Erfahrung gestaltet: So hinterläßt, wer der Vernichtung seines Lebens in der Zeit nicht entrinnen kann, doch in der Verletzung, die er zufügt, seine Spur. Weder als patriarchalisches Gebaren noch als Sadismus ist dieses Verhaltensmuster zulänglich beschrieben. Es rührt daher, daß Schnitzler nur dann innehaltend zu einem Gefühl seiner selbst gelangen kann, wenn er sich in der Wirkung, die er bei der anderen auslöst, spiegelt. Allein hierin, in der unbelohnten Treue, die die Frau ihm hält, erkennt er so etwas wie einen Bestand seines Ich. Schnitzler, obwohl aufgeklärter als die meisten seiner Zeitgenossen, hängt hierin einer Idee nach, die damals gras-

sierte: der vom »Weib« als dem naturhaften Gegenstück zum
Kulturwesen Mann. Dieser steht auf der Höhe der homogenen
Zeit und ist ihr ausgeliefert; jenes, seiner selbst nicht recht bewußt, verharrt auf der sicheren Stufe des Älteren, das der völligen Verzeitlichung des Lebens Trotz bietet. So kann Schnitzler Mizzis Liebesbriefe als ein Stück »Weltliteratur des Unbewußten« würdigen; ihr Unbewußtes fällt ihm als bewußter
Besitz zu.

Traum

Schnitzler kennt noch einen zweiten Zugang zur »Weltliteratur des Unbewußten«, und einen, der sich ihm noch wider-
standsloser erschließt als die Briefe seiner Geliebten. Liest man
die Tagebücher des Fünfzigers, so trifft man auf keine erotischen Eskapaden mehr: Die langen, abkürzungs- und termin-
freien Passagen der Tagebücher zur Zeit des Weltkriegs sind
nicht mehr die quasi-novellistischen Schilderungen von Lieb-
schaften, sondern Träume; ja es scheint, daß nunmehr sie die
eigentlichen Erlebnisse sind, die der zunehmend müde und
enttäuschte Mann noch hat. Mit den früheren Affären und besonders mit dem Spiel haben sie einen entscheidenden Zug ge-
meinsam: Wie das Spiel im Augenblick aus ist und als ob nie
geschehen, sobald man die Karten wieder eingepackt hat, so
scheiden sich in der Sekunde des Erwachens auch die Träume
messerscharf vom Kontinuum des sonstigen Lebens, vom Geflecht aus Ehe, Familie, Bekanntenkreis, literarischer Produktion, Kulturbetrieb und Politik, über das sich Schnitzler immer
wortkarger äußert; sie sind ein Reservat, das gedeiht, indem die
Außenwelt schrumpft. Es ist nicht auf Anhieb ersichtlich, was
ihnen diese Sonderrolle verschafft. Denn weder bilden sie einen Archipel des Glücks in der Ödnis des Alltags, vielmehr haben sie (aus dem Klang der Nacherzählung zu schließen) trotz
ihrer unsinnigen Eindringlichkeit an dessen sonstiger Stim-

mungsfarbe teil. Noch auch verspürt Schnitzler das Bedürfnis, sie zu interpretieren. Der Name Sigmund Freuds fällt zuweilen, aber in einem Ton der ironischen Abwehr. Von dessen Methode übernimmt Schnitzler nur einen einzigen Aspekt, nämlich die Fixierung der »Tagesreste« – getreulich verzeichnet er, welche Vorkommnisse den Träumen ihren Rohstoff geliefert haben. Aber damit hat es auch schon sein Bewenden, alle weitere Seelenarbeit unterbleibt. So stehen sie da, glücks- und deutungsfrei, ein wenig wie bestellt und nicht abgeholt. Es ist offenbar genug damit geschehen, daß sie durch die Schriftform dem Vergessen entrissen worden sind, dem Träume sonst in aller Regel am nächsten Morgen verfallen.

»Ich erkenne Idee; Metaphysik, – Unbewußtes an; dulde nur nicht, daß man sich allzu früh in diese Gebiete rette«, schreibt Schnitzler im Dezember 1915 in sein Tagebuch. Diese Reihung ist charakteristisch für ihn. Nicht als ob er überhaupt abstritte, daß ihnen etwas Reales entspräche. Aber daß sie zum System ausgebaut werden, in dem fest mit ihnen gerechnet werden kann und darf; daß sie einen ganzen Berufsstand der Philosophen, Pfarrer oder Analytiker in Lohn und Brot setzen sollen, ausschließlich damit befaßt, einer überforderten Laienschar Trost und Vernebelung zu spenden: das hält er für einen Vorwand, um sich der Verantwortung als Mensch zu entziehen. Der Philosophie erweist Schnitzler kaum mehr als höfliches Interesse. Die Metaphysik, das weiß er, kann nur in der Gnade des Glaubens zuteil werden, die dem Agnostiker Schnitzler gesperrt ist. Doch ins Unbewußte führen ihn die drei Wege der naiven liebenden Frau, des Kindes und des Traums.

An die ersten beiden heftet sich Schuld: die unmittelbare, berechnende Gewalt, die der Geliebte der liebenden Frau antut, bis sie ihm, wie ein abgezapftes Elixier, die »Weltliteratur des Unbewußten« liefert; und die mittelbarere, tückischere des Vaters. Schnitzler muß sich den Vorwurf seiner Ehefrau Olga gefallen lassen, das einzige Wesen, das er liebe, sei seine kleine

Tochter Lili: weil sie unbewußt sei. Jenseits der bloßen elterlichen Affenliebe labt er sich an diesem Traumborn, der wachen Auges sprudelt. »Lili's Lieder [...] Ein lieber Gott, der hatt' ein Reh, das gang, wo die Häuser stehn, und hing an einem Aste«, zitiert er am 3. 10. 1913 die Vierjährige; und diese Zitate sind beinahe so häufig im Tagebuch wie die Träume. Die Träume aber gehören ganz ihm allein an, in dem Sinn, daß er sie keinem anderen entreißen muß: Von selbst wallen sie in ihm auf, und er tut nichts, als sie zu fassen, ehe sie wieder versinken.

Im Traum spielt die Ödnis des Lebens hinüber in die Farbe der Trauer. Kein anderes Glück gewährt er, als daß er *zustößt*: daß, wer sich seiner erinnert, ohne das mindeste getan oder entschieden haben zu müssen, ihn als das Seinige vorfindet. Der Träumer, so muß es dem Erwachenden erscheinen, lebt nicht; er *wird* gelebt, ohne daß dies seine Lebendigkeit geschmälert hätte: Darum, und nicht wegen seiner Folgenlosigkeit, ist der Traum frei von Schuld und Reue. In den stärksten, eindrucksvollsten Träumen, die Schnitzler widerfahren, erscheint ein Hund. Nicht immer derselbe: mal ist er sehr groß und anschmiegsam, und der Träumende liebt ihn sehr; mal ein schwarzer, der ihn leckt, was ihn ängstlich macht, ganz leicht ekelt, und rührt; mal ein kleiner weißer mit Nasenfutteral. Der Träumende kehrt ins Leben des Tiers zurück.

TRÄNEN UND TEMPORA

Diese beiden Dinge sind bei Schnitzler schlechterdings nicht voneinander zu trennen. Tempora tauchen grundsätzlich dann auf, wenn die Gegenwart zersplittert und die Betrachtung des Vorher und Nachher in sie einsickert. »...die kleine Else S. sei gestorben.– Ich hörte zu spielen auf, und stand auch gleich schon dabei, und sah der Pose zu: aufhören zu spielen, wortlos weggehen – «. Das ist Gegenwart, als ob sie schon vergangen wäre. »(Copiren; Lagern, auf dem Eisbärfell, u.s.w.)« Das ist

Vergangenheit, als ob sie gegenwärtig wäre. »Werde nie mehr
so lieben, nie wieder so glücklich sein, würde aber jetzt unglücklich mit ihr.« Die unmögliche Zukunft wird aufgerufen,
um die Realität des künftig Vergangenen zu bekräftigen – was
nur funktioniert um den Preis, die Gegenwart zu ersticken.
Schnitzlers Unglück ist methodisch abgebunden im System
seiner Tempora. Gegenwart entzieht sich, so oder so, ihr muß
aufgeholfen werden. Die klassische Grammatik weiß davon
wenig, sie setzt das »Haupttempus« Gegenwart in frischem
Optimismus, kennt als »Nebentempora« drei Vergangenheiten und behandelt die Zukunft frischvergnügt, als ob sie eine
ausgemache Sache wäre. Nur eins ihrer Tempora ist von jener
süßsauren Wehmut, wie sie allgemein Schnitzlers Tagebücher
durchzieht, das Futur II, die Zukunft unter dem Aspekt des Ab-
getanen: »Es wird erlebt worden sein«.

Schnitzler ist jedoch verdammt, in einem fort aus seiner Gegenwart herauszufallen; dies begreift er als den Geburtsfehler
seines Lebens. Nicht zuletzt deswegen nimmt er zum Tagebuch
seine Zuflucht: Damit wenigstens, wenn es schon keine reine
Gegenwart für ihn gibt, doch dieser Zustand der Vermischung
der Tempora sozusagen frisch eingefangen wird. Hier findet
auch die Thräne ihren Platz – die Thräne, der die Schreibung
mit H, ehe die Rechtschreibreform sie zu trockener Sachlich-
keit zwang, so viel angemessener scheint. Sie ist nicht, wie in
der klassischen und romantischen deutschen Literatur sonst die
männliche Träne in ihrer Seltenheit, Beglaubigung des Men-
schentums: sondern Ausdruck des Vergeblichen – zugleich
aber der Distanz zum gegenwärtigen Geschehen. Sie gehört
nicht dem unmittelbaren Schmerz an, sondern der Rührung,
d. h. der Fähigkeit, schon das Augenblickliche der eigenen Lage
so aufzufassen, als wäre es Gegenstand der Betrachtung aus der
Ferne. Und doch ist sie zugleich der Firnis, der, erst flüssig und
dann in der Schrift des Tagebuchs fixiert, dieses Gemälde des
Affekts in seinen Farben steigert und versiegelt. Darum ist bei

diesen Tränen nicht selten ein wenig Schwindel dabei: »ich noch immer in dem leicht überreizten Alkoholzustand – nahm das Bild und mußte sehr viel weinen. Heiße, wehe Thränen. – Das gehört schon ins 94er Jahr – ich wollte mir aber das Gefühl suggeriren...« Alkohol und die kleine Manipulation der Uhrzeiten – das betrifft schon den

KALENDER

Auf die Ähnlichkeit, die Schnitzlers Tagebuch mit einem Terminkalender hat, wurde bereits hingewiesen. Die gewählte Seite ist für dessen Aufbau insofern untypisch, als der 24. auf einen Sonntag fällt und Schnitzler es hier, anders als sonst, für überflüssig hält, diesen Festtag der Woche eigens zu registrieren, in den früheren Jahren als »Sonntag«, später noch mit einem »S«. Besonderes Augenmerk gilt dem eigenen Geburtstag, in dessen Notierung sich ein ungläubiges Grauen mengt, daß schon wieder so viel Zeit vertan und das Alter unmerklich eine so weite Strecke vorangekommen ist; ferner die Sterbetage seines Vaters und der Geliebten Mizzi Reinhard, als wären wenigstens diese negativen Jubiläen, ab denen man datierbar etwas *nicht mehr* hat – egal, was man vorher daran hatte –, etwas, woran man sich halten könnte. Ostersonntag und selbst Ostermontag werden stets extra markiert; bei Weihnachten, das seinen Termin nie ändert, entfällt die Notwendigkeit hierzu. Das Fest wird in der Familie begangen, lieblos, und von Schnitzler noch liebloser festgehalten: »Mama 100 fl.– Geschwister Cigarren.«

Der Kalender und der in ihm eingeschlossene Festtag haben dennoch etwas Tröstliches. Dessen rote Farbe, oder auch der bloße Buchstabe S, bekräftigen den gleichförmigen Verlauf der Zeit und heben ihn zugleich erhöhend auf. Deshalb mag der Agnostiker Schnitzler den katholischen Jahreskreis nicht missen, und auch die natürliche Jahreszeit muß das Ihrige beisteuern, wenn die Bilanz des Jahres 1893 gezogen wird: Silvester, Frühglocken, Schneestöbern; der Alkohol, der obendrein dazukommt, belehrt darüber, welchen Staffage-Charakter auch diese anderen Dinge haben. Dieses sentimentale Ensemble scheint geradewegs aus einer der schlechteren Schnitzler-Novellen bezogen. Aber zumeist entrinnt doch der Lakonismus des Tagebuchs der sozusagen wattierten Stimmung solcher Veranstaltungen: »Wollten (L[oris] B[eer]-Hofmann S[alten] ich) zur Messe; war keine«, ist unter dem 24. 12. vermerkt. Daß die vier Juden (Loris ist Hugo von Hofmannsthal) sentimental genug sind, sich termingerecht katholisch rühren lassen zu wollen – und daß es ihnen mißlingt: ironisch drückt sich hierin aus, wie weit die neue Zeit ihre natürlichen und sakralen Vorgänger schon vertilgt hat.

WOZU TAGEBUCH

– wenn es doch nichts vermag, als das sinnlose Ablaufen der Zeit mit qualvoller Deutlichkeit zu verdoppeln? Aber darin erschöpft es sich nicht. Es stellt auch den Versuch dar, sich dieses schlüpfrigen Dings zu bemächtigen. Freilich nicht, wie bei Schnitzlers Zeitgenossen Proust, durch die Suche nach der *verlorenen* Zeit. Proust sucht diesen Verlust vergegenwärtigend aufzuheben, Zeit selbst im Akt des Erinnerns stillzustellen: alle verflossene Zeit wird im Akt des Erinnerns *auf einmal* verfügbar. Schnitzler dagegen will Zeit arretieren, noch ehe sie Gelegenheit hatte, vorüberzugehen – das Tagebuch wird in der Regel noch am Abend desselben Tages verfaßt, sonst aus Zetteln nachgetragen; es ist ein Ritual, dessen Unterlassung Beunruhigung schafft. Allerdings kann dabei nicht das Verfließende selbst ergriffen werden, wie Proust es in seinen peniblen Mikroanalysen will; bei Schnitzler findet es, trotz aller Vollzähligkeit, doch bloß die knappste Abbreviatur, bis in die Hast des Schriftbildes und seiner vielen Kürzel hinein. Als *Spur* soll es überdauern, allersparsamstes Trittsiegel der vergehenden Zeit, aber von der *Berührung* mit ihr geprägt – wie auch die Beschädigung der liebenden Frauen eine solche Spur ist. Das eigentliche Ereignis sinkt schließlich zum bloßen Vorwand herab, es wird sozusagen sein faktisches Gewicht nur noch benötigt, diesen Stempel einzutiefen.

So wäre dann das Tagebuch also doch zuletzt nur eine Verschärfung des Übels, dem mit ihm gesteuert werden sollte? Nicht ganz. Schnitzler läßt sich von ihm etwas bekräftigen, wovon man glauben sollte, daß es sich von selbst versteht: daß alle Stunden nicht nur *leer*, d. h. homogen und gleichgültig gegen das in ihnen Vorgefallene waren, sondern zugleich auch *voll*, indem Zeit unter allen Umständen nur dadurch vergeht, daß in ihr etwas *passiert*: physikalisch gesprochen: Zeit und Bewegung existieren als Kategorie nur dadurch, daß sie sich jeweils in der anderen darstellen. Jede Bewegung ist Veränderung eines Ortes, die sich nur in Zeit vollziehen kann; alle Zeit wird gemessen in Ortsveränderungen innerhalb eines Meßsystems. In diesem anspruchslosesten Sinn war auch Schnitzlers Leben ein bewegtes; dies darf er konstatieren, wenn er, was er häufig tut, in alten Tagebüchern liest. In tiefem Schrecken über die Abstraktheit der vergehenden Zeit, der Zeit, die tötet und getötet werden muß, schöpft er, da er sie im anderen Medium abgebildet sieht, den nicht minder abstrakten Trost, daß jedenfalls immer etwas vor sich gegangen ist.

Das ist seines Lebens Spur: ein einförmig schmales Band zwar, aber unweigerlich in jede Art von durchrolltem Untergrund eingeprägt und beruhigender zu betrachten als bloß die sinnlose Drehung des Rades als solche. So verliert die überreiche Mannigfaltigkeit des durchmessenen Geländes ihren sirenenhaft quälenden Reiz. Das Gefühl, etwas zu versäumen, das den jungen Schnitzler bei aller vielfältigen Tätigkeit so peinigt: mildert und verliert sich in dem Maß, wie die Gleichform des Tagebuchs alle besonderen Qualitäten in sich einschluckt und

zum Ausgleich die Gewißheit schafft, daß alles andere jedenfalls auch nicht anders gewesen wäre. (Das ist der Punkt, an
dem Schnitzler, der früher zwei, drei, ja vier Geliebte auf einmal hatte, heiratet.) Die Qual, die die homogene Zeit bereitet,
ist unerträglich nur, solang noch Heterogenes im Gesichtskreis
verbleibt: Das Tagebuch erst, getreuer Verzeichner des Vielen
und Vielzuvielen, macht aus allem Eins.

Unglück

»Warum soll einer nicht *todunglücklich* werden können? Es ist
eine *Möglichkeit*«, schreibt Kierkegaard. Um diesen Satz zu
verstehen, muß man nacheinander zwei geistige Operationen
vollziehen, zweimal in Erstaunen geraten. Zuerst darüber, daß
solches Unglück überhaupt soll angezweifelt werden können.
Es scheint das Selbstverständlichste, daß einige Menschen
glücklich, andere unglücklich sind und unter diesen wieder
welche sogar todunglücklich. Aber so ist es nicht: Es müssen
noch bestimmte besondere Voraussetzungen erfüllt werden,
damit Unglücklichkeit, Todunglücklichkeit, losgelöst von ak-
tuellem Schmerz, zu einem *dauernden* Zustand der Existenz
werden kann. Man pflegt sich an sein Glück wie an sein Unglück zu gewöhnen; man führt mit ihnen gewissermaßen eine
Ehe, in deren Verlauf das eine wie das andere an scharfer Kon-
tur verliert, so wie spätestens bei der Goldenen Hochzeit der
Unterschied zwischen einer Liebes- und einer Vernunftheirat
durch die Jahrzehnte vertilgt ist; und gäbe es nicht den Neid,
so fände sich überhaupt niemand mehr zurecht. Und dennoch,
dem gilt das zweite Erstaunen, existiert die Möglichkeit, todunglücklich zu sein. Zeit heilt alle Wunden, und nebenbei noch
so einiges, was keine Wunde ist. Ein dauerndes tiefes Unglück
muß also unmittelbar die Zeit betreffen.

Bekannt ist die Geschichte von Ahasver, dem Ewigen Juden.
Er war ein Schuster in Jerusalem, an dem Jesus auf dem Weg

nach Golgotha vorüberkam, und er weigerte sich, dem Ge-
schundenen auf dessen Bitte ein wenig Wasser zu reichen. Jesus verfluchte ihn dazu, nie mehr sterben zu dürfen und für
immer über die Erde zu irren. Es war der schlimmste Fluch, der
ihm einfiel: daß die Zahl der Erlebnisse, die einander ja in der
Zeit ablösen, gegen Unendlich stieg und ihre Bedeutung damit

gegen Null gehen mußte. Ahasvers Strafe bestand also in einer tödlichen Langeweile – tödlich aber eben doch wieder nicht, weil er darin ja für immer lebte. So blieb ihm nichts, als unentwegt die Zeit totzuschlagen, die aber dennoch immer unverdrossen nachwuchs wie das junge Gras.

Auch in Schnitzlers Tagebüchern waltet dieser Fluch. Aber er modifiziert sich auf eine gräßlich ironische Weise: Es blickt daraus (und je älter er wird, desto deutlicher formen sich danach seine Züge) ein *sterblicher* Ahasver entgegen. Sein Leben, jeder Augenblick darin ist entwertet; aber nicht dadurch, daß es kein Ende finden kann, sondern im Gegenteil weil er nichts sieht als dieses Ende, und weil jede einzelne Sekunde nur die eine Eigenschaft besitzt, ihn näher an dieses Ende heranzubringen. In der Todesangst werden sie alle gleich, und in der Gleichheit werden sie öde. Sie laufen zu schnell, denn sie führen zum Tod. Aber da sie für den, der sie wirklich als Sekunden zu erleben vermag, nur noch dies tun und jede andere Bestimmung höhnisch von sich weisen, so erzeugen sie doch auch im Umschlag Langeweile. So geht das Leben unausgesetzt doppelt verloren.

Vorabende

Welche Rolle die Möglichkeit und die
Wahrscheinlichkeit spielen

Muß geschehen, was geschieht? Die Menschheit scheint es
nicht zu glauben, sonst würde sie sich keine Kriege leisten.
Denn das tut sie, nicht wie man eine Großtat leistet, sondern
wie etwas, das man sich leisten *kann*, was Teures extra. Zwei
Seiten treffen aufeinander, und das heißt: zwei einander ausschließende Hoffnungen. Natürlich gibt es auch den Fall, und
gar nicht so selten, wo einfach die brutale Übermacht den
Wehrlosen niederknüppelt; die NATO hat es getan, als sie im
Jahr 1999 Serbien überfiel und sich vorgab und durchhielt, ihr
Opfer ohne einen einzigen eigenen Toten zu Boden zu werfen.
Es war der feigste Krieg aller Zeiten. Aber nicht von dieser Art
von Krieg soll hier die Rede sein, sondern von dem, der sich
seinen Ehrennamen durch die Gefahr verdient; vom sozusagen
freiwilligen Krieg zweier vergleichbar Starker gegeneinander.
Und da Kriege verwickelte, langwierige, oft auch in Zwischen-
pausen ruhende historische Vorgänge sind, möchte ich ihre
Kristallform betrachten, die Schlacht.

Auch die klassische Schlacht hat heute abgedankt. Was seit
dem 20. Jahrhundert als »Schlacht« bezeichnet wird, sind
räumlich und zeitlich nur schwer umgrenzbare, riesige Geschehnisse, in denen ganze Jahrgänge und Landschaften über
viele Monate hinweg maschinell verheizt werden, die Somme-
schlachten, die Atlantikschlacht, die Luftschlacht über England
oder Deutschland. Ich meine hier die alten Schlachten, wie sie
bis ins 19. Jahrhundert stattfanden, für die es ein umgrenztes
Schlachtfeld gab wie das Spielfeld eines Mannschaftssports, die
einen Nachmittag währten bis höchstens in die Nacht, und
wenn sie über zwei oder drei Tage gingen, so war es eine denk-

würdige Überdehnung; die Geister der Erschlagenen, so sagte man dann gern, um das Maß der aufgewandten Kräfte und den Grad der Erbitterung anzudeuten, kämpften fort in den Lüften. (So etwas kann man natürlich nur so lang sagen, wie es noch keinen Luftkampf gibt.)

Aber eigentlich waren es Verabredungen. Die beiden Heere nahten einander, begleiteten und umkreisten sich für einige Zeit, schließlich bot die eine Seite die Schlacht an, indem sie sich in Formation aufstellte, ein paar Tausend, meistens ein paar Zehntausend Mann, auseinandergestreckt über zwei, drei Kilometer, selten mehr, eher weniger, und etliche Reihen in die Tiefe, Reiter an die Flanken, auf die Anhöhe die Kanonen. Die andere Seite nahm die Einladung an oder schlug sie in den Wind; in diesem Fall fiel die Schlacht aus, wie ein Tanz, wenn die Dame einen Korb gegeben hat. Alles hatte seine Ordnung, wie die Figuren auf dem Schachbrett, bevor die Züge beginnen. Und alles stand dicht an dicht, das war der wichtigste Teil der Abmachung: Denn angesichts der miserablen Qualität von Reichweite, Durchschlagsvermögen und Nachladegeschwindigkeit der alten Waffen (das schließt lange noch die Feuerwaffen ein) konnte man nur dann eine befriedigende, das heißt entscheidungsstiftende Zahl von Toten erzielen, wenn die Soldaten beider Seiten nicht nur am Feind, sondern auch am Kameraden eng genug dran waren. Aufrecht stehenbleiben, wenn der Nachbar umfällt: Das stellte die wichtigste Regel dieses Brettspiels dar, darin bestand die Ehre des Offiziers und die eingeprügelte Tapferkeit des Gemeinen. Ein paar Stunden währte es, indem die Ordnungen sich entfalteten und ins vorgesehene Chaos versanken, dann begann der Unterlegene zu wanken, und der Sieger stand fest.

An diese Art von Schlachten, an dieses heute fast nostalgische Bild des Tötens denke ich, wenn ich »Vorabende« sage. Am Abend vor der Schlacht kampieren die beiden Heere, einander schon nahe; sie stehen in Sichtweite des feindlichen Lagers, manchmal können sie seine Rufe hören und rufen zurück durch die Nacht. Ein paar Aufklärungsritte und Versorgungsaktionen finden statt, sonst halten beide Heere sich still. Sie haben sich unausdrücklich versprochen, einander, bis es im Ernst so weit ist, nichts zu tun (ein paar Nadelstiche vielleicht abgerechnet) und die Ruhe zu gönnen, die sie beide brauchen. Niemals wird das Ungewisse aller Zukunft so greifbar wie an einem Vorabend. Jeder wird einräumen, daß in der Zukunft, ungeachtet der sorgfältigsten Planung, alles möglich ist; aber nur selten so klar so bald nur eins von zwei Dingen. Die Zeit scheint sich zu stauen kurz vor der Gabelung, unschlüssig, ob sie, in einem jähen Ruck, jetzt gleich, entweder nach rechts oder aber nach links schießen wird; denn *eins* wird sie müssen. Im Nachhinein entsteht oft der Eindruck, als hätte die Schlacht notwendig so geendet, wie sie es tat, denn alles seither fügt sich zu jenem großen historischen Tableau, das sich von damals ohne Riß bis zu uns her erstreckt. Das hätte es freilich auch im gegenteiligen Fall getan, denn die Welt ist stets voll. Bevor es aber so weit ist, weiß keiner, was geschehen wird. Und selbst wenn die eigene Seite siegt, so werden doch viele ihrer Soldaten gestorben sein, manche auf einen glatten Streich, manche aber erst lang hinterher, verdurstet oder von Hunden gefressen. Schlachtfelder am Tag danach sind der grauenhafteste Anblick, den die Geschichte bis ins 20. Jahrhundert kennt. Der Abend zuvor ist der Ort der Sammlung und der Furcht.

Die Schlacht von Agincourt im Jahr 1415 ist eine der großen Schlachten im Hundertjährigen Krieg, der zwischen England und Frankreich um die Vorherrschaft auf französischem Boden gekämpft wird. Die schiere Dauer dieses Kriegs, drei- und selbst viermal so lang wie unser eigener Dreißigjähriger, erstaunt. Wie die Kreuzzüge und der Bau der Kathedralen scheint er eher einem Geisteszustand als einem Plan entsprungen zu sein, unter dem Vorwand eines Ziels ein Geschehen zu zelebrieren. Die Schlacht von Agincourt spielt eine große Rolle beim Zustandekommen jenes Bildes, das die britische Nation von sich selber hat. Wichtig an ihr erscheint, daß sie trotz ungünstigster Voraussetzungen durch festen Mut zuletzt doch gewonnen wird. Shakespeare hat ihr in seinem Königsdrama *Heinrich der Fünfte* die bis heute erinnerliche Gestalt gegeben. Er läßt den König unmittelbar vor ihrem Beginn eine Ansprache halten, worin er die verzweifelte Unterlegenheit in einen trotzigen Schwung umwendet. Hier fällt das (seither oft neu gedeutete) Wort von den »happy few«, die das Glück haben, in dieser Schicksalsstunde so wenige sein zu dürfen und damit für alle Zukunft einen exklusiven Kreis der Tapferen und Stolzen zu bilden. Heute, so verkündet der König, werden die Eintrittsbilletts in diesen Kreis ausgegeben, und dann nie wieder; und gereuen wird es alle, die den Entscheidungstag daheim im sicheren Bett verbracht haben.

Die jüngere Geschichtsschreibung hat versucht, die Zahlenverhältnisse zurechtzurücken: So wenige seien die Engländer vergleichsweise keineswegs gewesen. Und selbst dem Patrioten Shakespeare fällt nicht viel ein, um den schroffen Aggressionscharakter des Feldzugs, der seinen Höhepunkt in Agincourt erreicht, zu bemänteln. Der Dauphin von Frankreich habe dem englischen König ein Faß voll Federbälle geschickt, um ihn für seinen leichtsinnigen Lebenswandel als Kronprinz zu verspotten – das hat als Anlaß zu genügen. Beide Einwände prallen ab von der Macht des nationalen Mythos.

Zu diesem gehört auch und vor allem das Bangen am Abend und in der Nacht vor der Schlacht, die angsterfüllte Ungewißheit. Diese furchtbare Nacht, die nicht enden will, hat Shakespeare in der Rede seines Chors vergegenwärtigt.

> »Nun lasset euch gemahnen eine Zeit,
> Wo schleichend Murmeln und das blinde Dunkel
> Des Weltgebäudes weite Wölbung füllt.
> Von Lager hallt zu Lager, durch der Nacht

Unsaubern Schoß, der Heere Summen leise.
Daß die gestellten Posten fast vernehmen
Der gegenseit'gen Wacht geheimes Flüstern.
Die Feu'r entsprechen Feuern, und es sieht
Durch ihre bleichen Flammen ein Geschwader
Des andern bräunlich überfärbt Gesicht.
Roß droht dem Roß, ihr stolzes Wiehern dringt
Ins dumpfe Ohr der Nacht; und von den Zelten,
Den Rittern helfend, gehen Waffenschmiede,
Die Rüstung nietend mit geschäft'gem Hammer,
Der Vorbereitung grauenvollen Ton.
Des Dorfes Hähne krähn, die Glocken schlagen
Des schlafbetäubten Morgens dritte Stunde.
Stolz auf die Zahl und sichern Muts verspielen
Die muntern selbstvertrauenden Franzosen
Die nichtsgeacht'ten Englischen in Würfeln,
Und schmähn den krüppelhaften Gang der Nacht,
Die, einer schnöden garst'gen Hexe gleich,
Hinweg so zögernd hinkt. Die armen Englischen,
Wie Opfer, sitzen sie bei wachen Feuern
Geduldig, und erwägen innerlich
Die morgende Gefahr; die trübe Miene
Auf hohlen Wangen, und, vom Krieg vernutzt
Die Röcke, stellen sie dem schau'nden Mond
Wie grause Geister dar.«

Als der Morgen doch kommt, zeigt er als Schlachtfeld ein wirkliches Feld, ein großes, neugepflügtes, das Erdreich nach wochenlangen Regenfällen tief aufgeweicht. Niemand hat es eilig, die erhebliche Strecke zu den feindlichen Reihen mit einem halben Zentner Eisen und mehr am Leib durch ein Gelände zurückzulegen, das sich als ein Albtraum aus Schlamm darbietet. Vier Stunden stehen beide Fronten da und warten, wer wohl zuerst die Nerven verlieren und angreifen wird. Die Franzosen lassen sich schließlich durch einen Pfeilhagel der englischen Longbowmen, der die Gegenseite gerade eben noch erreicht, zum Losschlagen provozieren. Das war nicht klug von ihnen.

Der beiderseits von Wald gesäumte Acker ist zu schmal und wird nach vorn zu immer schmäler, die Schwerbewaffneten, die alle in der ersten Reihe kämpfen wollen, sind sich gegenseitig hinderlich und fallen in den tiefen Schlamm, in dem sie, während der mühselige Angriff ihrer eigenen schweren Reiterei zäh über sie hinweggeht, regelrecht ertrinken. Der Kampf schwankt lange, zwischendurch scheinen die Franzosen sogar die Oberhand zu behalten, woraufhin König Heinrich alle schon gemachten französischen Gefangenen vorsorglich umbringen läßt – was ein dauernder dunkler Punkt auf seiner Ehre bleiben wird. Schließlich erleidet das französische Heer eine schwere Niederlage, ein großer Teil des französischen Adels ist erschlagen, bei recht geringen englischen Verlusten.

Am Wetter, an den Bodenverhältnissen, an der Enge des Geländes hatte der Ausgang gehangen. War er also zufällig gewesen? Immerhin hatte auch das Element der Wahl von Ort und Zeit, also eine von der Vernunft getroffene Entscheidung, seinen Teil beigetragen. Shakespeare weist außerdem dem verblendeten Hochmut der Franzosen, die den Sieg schon in der Tasche zu haben glauben, eine Rolle zu, womit ein moralischer Faktor in die Rechnung eingeführt wäre – der am schwersten überprüfbare.

Doch noch ein zweites Set von Fragen, die das Schicksal einer solchen Schlacht betreffen, drängt sich auf. Wie weit und wie tief wirkt sie in die Zukunft? Ganz gewiß hat sie als nationaler Mythos gewirkt. Noch Churchill beruft sich in seinen Blut-, Schweiß- und Tränenreden von 1940 auf den Geist von Agincourt; noch Tony Blair beschwört ihn beim Kampf gegen den Terrorismus; und noch der Romancier Ian McEwan offenbart in seinem Buch *Saturday*, publiziert 2004, die literarische Unbildung seines ansonsten feinsinnigen Protagonisten, indem er ihn die Anspielung verkennen läßt. Etwas weniger freundlich ausgedrückt, wirkt diese Schlacht in Gestalt einer Lüge; und da es die Lüge eines Goliath ist, der sich als David zu verkleiden sucht, muß sie Widerwillen erregen. Liest man genau, so wird man das Eingeständnis einer Lüge in der Wendung von den »happy few« auch schon bei Shakespeare selbst entdecken: König Heinrich hat behauptet, wer immer ihm heute die Treue halte, der werde, über die Grenze der Stände hinweg, sein Bruder sein für alle Zeiten – aber als die geschlagenen Franzosen bei ihm vorsprechen und um die standesgemäße Beerdigung ihrer Adligen nachsuchen, damit nicht deren edles Blut sich mit dem der toten Gemeinen vermischt, da bewilligt er diese Bitte, als sei es eine Frage der humanen Großmut.

Als historisches Datum jedoch hatte Agincourt nicht annähernd die Tragweite, die der englische Mythos ihm zuspricht. Zwar wird England dadurch auf einen Schlag zum Herrn von fast der Hälfte Frankreichs (nicht zum ersten Mal in diesem langen und an Umschwüngen reichen Krieg) und zum wichtigsten Staat in Westeuropa; Heinrich empfängt im Jahr darauf den Besuch des Kaisers, der französische König muß ihm seine Tochter zur Frau geben, der gemeinsame Sohn Heinrich der Sechste wird als Thronfolger beider Reiche designiert. Jedoch nur ein gutes Jahrzehnt später tritt bereits Jeanne d'Arc auf, die Jungfrau von Orléans, für Frankreich trotz ihrer noch kürzeren Aktivität ein bedeutsamerer Mythos als für England Agincourt, und von da an ist die englische Macht auf dem Kontinent im Rückgang, wenngleich die Kampfhandlungen sich noch viele Jahre hinziehen. Heinrich der Sechste tritt die Regierung in Frankreich niemals an.

Vor einigen Jahren erfreute sich die Schmetterlings-Hypothese großer Beliebtheit: So labil seien die komplexen Umstände und Verhältnisse der meteorologischen und geschichtlichen Welt gelagert, daß der Flügelschlag eines Schmetterlings einen Orkan auf der anderen Seite der Erde auszulösen vermöge. Ist dem so?

Verhält es sich wirklich so, daß die Mongolen Europa überrannt hätten, wären sie nach der siegreichen Schlacht von Liegnitz in Schlesien weiter westwärts geprescht, statt eilig heim nach Innerasien, um an der Kür eines neuen Großkhans teilzunehmen, nachdem das Pferd des alten bei einem Galopp über die Steppe mit dem Huf in ein Mäuseloch geriet, stürzte und dem Reiter das Genick brach? Hing das Schicksal Europas an dieser Maus, oder genauer: nicht einmal an ihr, sondern bloß an einem Löchlein, das sie selbst vielleicht schon lang vergessen hatte, um sich Dingen zuzuwenden, die ihr wichtiger schienen?

Oder darf man so nicht rechnen, da auf eben diese Weise wie der Khan ja gewiß noch mehr Mongolen ums Leben kamen, also sozusagen nicht die Maus schuld war, sondern der mongolische Reit- und Lebensstil? Und muß man sich nicht sagen, daß beide Dinge – die Waghalsigkeit zu Pferde und die Bereitwilligkeit, mit der schon Erreichtes um eines plötzlich auftauchenden anderen Ziels willen wieder aus den Augen gelassen wird – nur zwei Facetten am selben unruhigen Charakter jenes Eroberervolks darstellen, so daß seine Siege zwar überwältigend, aber wenig nachhaltig auszufallen pflegen?

Napoleon verlor die Schlacht von Waterloo möglicherweise seiner Hämorrhoiden wegen, die ihm eine undienliche Ungeduld schufen. Heißt das, dieses Adernknötchen an unscheinbarer Stelle hat das Geschick Europas für das nächste halbe Jahrhundert festgelegt? Oder muß hier eingewendet werden, daß es ganz andere, viel weiter gespannte Faktoren waren, die, nach dem seßhaften 18. Jahrhundert, nunmehr einen Menschen hochkommen ließen, welcher außerstande war ruhig zu sitzen?

Die Römer pflegten zu sagen, sie verlören zuweilen eine Schlacht, aber niemals einen Krieg. Sind damit die Größenverhältnisse, in denen Chaos und Ordnung den Weltlauf regeln, zutreffend bestimmt? Wenn man eine Münze auf die Gleise

legt, wird sie plattgewalzt oder bringt sie den Zug zum Entglei-
sen? Kann ein größerer, sozusagen besserer Grund einen kleineren, sozusagen unberechtigten gewissermaßen heilen, so
wie das gewaltige Gewicht des Zugs den geringen Störfaktor
der Münze auf dem Gleis heilt (oder eben nicht)? Oder sollte
man es so formulieren: Es muß ein größerer Grund vorliegen,
daß plötzlich kleine und kleinste Gründe den Ausschlag geben
können, so klein, daß man sie mit dem Fuß wegstößt und ruft:
Pff! Zufall!?

Schlachten entscheiden sich; aber wieviel wiederum die ge-
wonnene oder verlorene Schlacht entscheidet, das wird von anderem entschieden. Agincourt sorgte für ein zeitweiliges Über-
gewicht der Engländer, es führte sogar einen Friedensschluß
herbei, was den meisten Schlachten nicht vergönnt ist; aber in
die Zukunft wies es, wie gesagt, nicht. Die Zukunft lief auf den
Abschied Englands von Frankreich hinaus. Warum? Nun, da
ließe sich manches anführen: Die Engländer mußten erst über
den Kanal, um ihre französischen Besitzungen zu behaupten,
die Franzosen waren immer schon da; der lange Krieg hatte
mitgeholfen, das mittelalterliche Lehenswesen, auf das sich
Englands Ansprüche stützten, ansatzweise durch Vorstellun-
gen von nationaler Loyalität zu ersetzen, was zu Ungunsten
Englands wirken mußte; der hochnäsige, hochgradig indivi-
dualistische Adelshaufen, als den Shakespeare das französische
Heer schildert, begann nach etlichen schlimmen Erfahrungen
doch, sich nach englischem Vorbild zu disziplinieren; und alle
diese Faktoren mußten schließlich den Grundvorteil Frankreichs, seine relative Größe, gegen das kleinere England zum
Tragen bringen. Und als beide Seiten erschöpft waren und genug hatten, verzichteten die Engländer leichter auf das, was für
sie zuletzt bloß eine überseeische Domäne war, als die hier hei-
mischen Franzosen. So entwischt oft ein Reh einem Wolf:
Selbst wenn sie beide gleich gut rennen können, rennt der Wolf
nur um eine Mahlzeit, das Reh jedoch um sein Leben.

Manchmal hilft ein Witz, ein Problem aufzureißen. Es steckt in ihm proportional mehr Geist als in jeder anderen Art von Literatur, und dazu mehr Bescheidenheit des Urhebers, der immer anonym bleibt. Hat man sich je Gedanken gemacht, welche Leute das eigentlich waren, die die guten Witze erfunden haben? Der Witz schenkt innigere Teilhabe, er verlangt dem Teilhabenden aber auch mehr ab als Literatur sonst, ausgenommen den Mythos; denn wie dieser nimmt er seine Gestalt stets erst im Mund dessen an, der ihn weitererzählt, und jeder, der es tut, darf ihm ein anderes Stück Sinn verleihen. Einen Witz schlecht erzählen ist schlimmer als ein Lied falsch singen. Vom Lied bleibt immer noch was übrig, das der Hörer sich herausklauben kann, die schwer zu beschädigende eigentliche Melodie; vom Witz nicht. – Also: Begegnet ein Münchner Pensionsgast im Treppenhaus seiner Wirtin und sagt: »Sie, heute habe ich fast Ihren Mann getroffen!« Fast? Wieso fast? erwidert diese in verständlicher Verwunderung. »Na, Ihr Mann ist doch der Dienstmann Nr. 87, oder?« »Ja, freilich.« »Sehen Sie, und ich bin heute am Marienplatz dem Dienstmann mit der Nummer 86 begegnet.«

Es kann einem schwindlig werden bei diesem »Fast«. Auf festem Boden steht man in der geschichtlichen Welt nur, wenn man sich an den tautologischen Satz hält: Es geschieht, was geschieht. Hätte stattdessen vielleicht aber auch etwas anderes geschehen können? Viele werden schon bei der bloßen Frage die Stirn runzeln, weil sie ahnen, daß hier etwas seinen Anfang nimmt, wofür ein Ende sich nie wird finden lassen. Mißmutig werden sie höchstens sagen: Klar hätte es das – aber warum sich über etwas den Kopf zerbrechen, was doch so offensichtlich keine Realität besitzt? Beifällig werden sie den Gehalt des Satzes von Johann Nestroy aufnehmen: »Wirklichkeit ist immer der schönste Beweis für Möglichkeit!« – aber nur den Gehalt, wohlgemerkt; den ironischen Ton werden sie ihm auszutreiben suchen, um das Abgründige daraus zu tilgen. Sie werden hin-

zufügen: Es *war* manches möglich; nun, da es seine Chance zur
Verwirklichung verpaßt hat, ist es nicht einmal mehr das, es ist
schlechterdings gar nichts, als vielleicht der Schauder, den uns
noch nachträglich der Gedanke daran über die Haut jagt, oder
die Bitterkeit, es verpaßt zu haben. Und selbst die machen sich
ja als *Wirklichkeit* geltend.

Das »Fast« als die Dimension des vergangenen möglichen
Anderen stürzt sofort in verwirrend viele Richtungen davon.
Was kann es heißen, daß man »fast« jemanden getroffen hätte? Es kann bedeuten, daß eine Verabredung geplatzt ist; daß
zwei im selben Zug gereist sind und es nicht wußten, was sie
erst später lachend herausfinden; daß sie denselben Fleck, aber
zeitlich leicht versetzt, aufgesucht haben, oder auch umgekehrt: daß sie in einem bestimmten Augenblick nur wenige
Meter auseinander waren, ohne es zu merken. Mit gleicher
Leichtigkeit beugt sich dieses »Fast« in Zeit und Raum hinein.
Ja vielleicht sogar in noch andere Kategorien – im Witz diejenige der Reihe, die die Zahlen stiften. Man kann sich nicht an
seine Erklärung machen, ohne den Universalienstreit des Mit-
telalters neu aufzurühren: Ob die Dinge wirklich seien und die
Begriffe nur willkürlich ordnende »Namen« dazu – weshalb
diese Schule den Namen des Nominalismus trug –, oder ob den
Begriffen vielmehr ein eigenes Sein als Idee zukommt, die sich
an den Dingen nur verkörpert; Realismus heißt diese Schule.
Der Pensionsgast erklärt sich als Realist; wer über ihn lacht, als
Nominalisten. Ein sehr philosophischer Witz.

Dieses »Fast« bindet das Mögliche in seiner beängstigenden
Gestaltlosigkeit an die einzige andere Kategorie, durch die es –
vielleicht – handhabbar wird: die Wahrscheinlichkeit. Das
Wahrscheinliche stellt sozusagen einen in Prozentzahlen aus-
drückbaren Bruchteil des Wirklichen dar und behauptet so die
stetige Verbindung mit ihm; dadurch widersteht es dem Druck,
der es ins geisterhaft Andere abdrängen will. Dann gilt nicht
»Knapp vorbei ist auch daneben«, sondern man kann die rela-

tive Treffsicherheit des Schicksals, das die Scheibe verfehlt, dennoch in Metern angeben. Wenn es in der Münchner Innenstadt, sagen wir, damals 100 Dienstmänner gab und der Pensionsgast (der Witz, auch das gehört zu seinem Charme, atmet die Luft einer vergangenen Zeit) davon auf einem beiläufigen kleinen Spaziergang im Schnitt *einen* sieht, so liegt die Wahrscheinlichkeit, daß es sich dabei um den Gatten seiner Wirtin handelt, bei einem Prozent. Faßt man die Numerierung als wesenhaftes Merkmal der Dienstmänner auf, dann verteilt sich dieser Wirklichkeitsanteil aber nicht gleichmäßig über ihre Gesamtheit; eher sammeln sich die Zahlen wie zu einem Hügel unter dem Gipfel der 87; manche nehmen eine größere, manche eine geringere Höhe ein. Dann hätte der flanierende Gast, nachdem er der Nr. 1 begegnet ist, der Wirtin Meldung machen können, es sei der unwahrscheinliche Fall eingetreten, daß er vom Treffen mit ihrem Mann so weit wie nur irgend möglich entfernt gewesen sei – allerdings nur im Rahmen der Vorbedingung, daß er überhaupt einem Dienstmann begegnet, denn findet keine solche Begegnung statt, dann war er von einem solchen Treffen auf eine nicht quantifizierbare Weise getrennt; das Bündnis von Möglichkeit und Wahrscheinlichkeit ist, solang keine zusätzlichen Parameter eingeführt werden, aufgelöst. Begegnet er hingegen einem Dienstmann mit einer Nummer in den Achtzigern, dann hat die Wahrscheinlichkeit, daß es sich um den Gatten handelt, schon bei zehn Prozent gelegen (vorausgesetzt, man hält bei der Durchnumerierung den Zahlenwert insgesamt für bedeutsamer als die Einzelziffer, so daß die Begegnung mit dem Dienstmann der Nummer 27 oder 67 nicht als Beinah-Treffen gilt); und eine besondere Rolle kommt den beiden unmittelbaren Zahlennachbarn zu, der 86 und der 88. Schließt man diese zu einer abgetrennten Gruppe zusammen, so liegt die Chance, daß es sich bei einem von ihnen um den Gatten, die 87, handelt, tatsächlich bereits bei 33 Prozent: ein spürbarer Zuwachs an fraktioneller Wirklichkeit, die einem nachdenklichen Menschen schon Anlaß zum Smalltalk geben kann. Wäre ihm hingegen nur der Dienstmann 89 oder 84 begegnet, hätte er, nach reiflicher Erwägung, vermutlich den Mund gehalten. (Die Frage bleibt natürlich, ob es überhaupt sinnvoll ist, diese Gruppe zu bilden.)

Der Unmut derjenigen, die nur eine handfeste, hundertprozentige Wirklichkeit gelten lassen, über das Luftig-Läppische solcher Gedankenspiele dürfte inzwischen kaum mehr zu bändigen sein. Den Irrealis der Vergangenheit mögen sie nicht. Darf man diese Leute aufs Futur hinweisen? Die Zukunft macht immerhin die Hälfte der Zeit überhaupt aus, wenn man sie ebenso wie die Vergangenheit als ungefähr unendlich und die Gegenwart als annähernd Null betrachtet. Sie ist sogar die größere, das heißt die wichtigere Hälfte, insofern sich an der Vergangenheit ohnehin nichts mehr drehen und wenden läßt, die Zukunft aber unsere gesamte Aufmerksamkeit und Tätigkeit erfordert, eben weil in ihr alles möglich erscheint und als wirklich gar nichts; und dies nicht nur deshalb, weil es noch nicht da ist, sondern weil es vielleicht überhaupt nie kommen wird. »Es wird nicht so schlimm werden«, sagt man und meint damit nicht nur die gegenwärtige Abwesenheit des Übels, sondern auch die Ungewißheit seines Eintritts. (Vom »temporalmodalen Feld« des Futurs sprechen die Linguisten.) Das werden die Faktualisten einräumen müssen, selbst wenn sie, pragmatisch wie sie sind und wozu sie gewiß auch die Leere dieses großen unbeschriebenen Blattes zwingt, mürrisch hinzusetzen: Wir planen, was wir können, und sich um den Rest zu bekümmern, hat keinen Sinn.

Aber bedenken könnten sie es; und tun es oft. Wie wahrscheinlich ist es, daß ich vor meinem sechzigsten Geburtstag sterbe? Daß ein Kernkraftwerk außer Kontrolle gerät? daß ein großer Meteor auf der Erde einschlägt? An der Antwort hängen ganze Wirtschaftszweige und gesellschaftliche Entwürfe, ja, das Schicksal der Erde.

Wie wahrscheinlich war es, daß alles gekommen ist, wie es kam? Dieser Frage sollte sich die Geschichtsschreibung nicht völlig entziehen. Selbst wenn man sie grundsätzlich als rein spekulativ von sich weist, so ist sie doch, als etwas, das allezeit die Gemüter bewegt hat, auch ein historisches Faktum. Auf die ein oder andere Weise hat sie jeder beantwortet, der seine Gegenwart als Gipfelpunkt aller je gewesenen Vergangenheiten genießt und rühmt; der sie schmäht; aber auch, wer durch Revolution in sie einzugreifen gedenkt; und selbst, wen das alles gleichgültig läßt. Sie streift ans Reich des Rechts an und bestimmt ganz wesentlich mit über Ruhe oder Unruhe der Epochen.

Stanisław Lem hat sich ihr einmal zugewendet, so sehr im Ernst, wie es nur im Spiel gelingen kann. Das ist der Sinn, den er dem Doppelwort »Science Fiction« verleiht: Fiction das Spiel, Science der Ernst, verbunden in einer unbeirrbaren Heiterkeit, in der die Größe dieses Autors beruht. Science Fiction, so verstanden, bedeutet nicht unbedingt Raumschiffe in fernen Jahrhunderten; es gibt eine ganze Sammlung von Lem, die aus Rezensionen zu Büchern besteht, welche nie geschrieben wurden, eine davon über das fiktive zweibändige Werk aus der Feder von Professor Benedikt Kouska, mit den Titeln *De Impossibilitate Vitae* bzw. *De Impossibilitate Prognoscendi* – »Von der Unmöglichkeit des Lebens« und »Von der Unmöglichkeit des Vorherwissens«. Es ist der Mühe wert, den Gedanken dieses Werks, beider ineinander verschränkter Werke, im einzelnen nachzugehen.

»Er vertritt Ansichten«, sagt Lem von Professor Kouska, »die mit wissenschaftlicher Orthodoxie gewiß nicht in Einklang zu bringen sind, gleichzeitig handelt es sich jedoch auch nicht um blanken Wahnwitz. Die Sache steht auf halbem Wege zwischen beidem, in jener Übergangszone, wo weder Tag noch Nacht herrscht, wo der Verstand zwar an den Zügeln der Logik zerrt, aber doch nicht so weit durchgeht, daß dabei Kauder-welsch herauskäme.«

Als nächstliegendes und nächstangehendes Beispiel wählt Kouska sich selbst. Wie hoch, so fragt er, war die Wahrscheinlichkeit, daß ich entstand? Um deren Größenordnung angeben zu können, muß er einigermaßen ausführlich seine frühe Biographie erzählen, die in den Jahren des Ersten Weltkriegs, in der Schlußphase der Donaumonarchie, ihren Anfang nimmt.

Kouskas nachmaliger Vater arbeitet als Militärarzt und ist gerade mit einer schwierigen Operation beschäftigt, als versehentlich eine junge Krankenschwester, Kouskas nachmalige Mutter, in den OP platzt. Er staucht sie zusammen, erhält dafür seinerseits einen Rüffel vom Chef, sieht sich genötigt, die Zusammengestauchte zur Wiedergutmachung in die Konditorei einzuladen, und verliebt sich in sie. So weit so gut, denkt der Leser, wo liegt hier die Unwahrscheinlichkeit? So ungefähr, mit solchen Startanekdoten beginnen tausend Liebesgeschichten!

Ja, so ungefähr – herausgefunden werden soll aber, wie es genau zur Geburt Benedikt Kouskas kam. Der Text fährt fort:

»Aus dem Geschilderten ist dem Scheine nach zu folgern, daß die Wahrscheinlichkeit, mit der Professor Benedikt Kouska das Licht der Welt erblicken sollte, von der Wahrscheinlichkeit abhing, ob die Krankenschwester zu einem bestimmten Zeitpunkt, auf Jahr, Monat, Tag und Stunde, zwei Türen verwechseln würde oder nicht. Das aber stimmt in keiner Weise. Der junge Chirurg Kouska war an diesem Tage überhaupt nicht für Operationen eingeteilt gewesen, aber sein Kollege, der Dr. Popichal, der seiner Tante die Wäsche aus der Reinigung geholt hatte, war im dortigen Hausflur, wo eine Sicherung durchgebrannt war und kein Licht brannte, drei Stufen die Treppe heruntergefallen. Er hatte sich den Knöchel verstaucht, weswegen Kouska ihn im Operationssaal vertreten muß-te. Wäre die Sicherung nicht durchgebrannt, hätte Popichal sich nicht den Fuß verstaucht, er, nicht Kouska, hätte am Operationstisch gestanden, und da er weithin als großer Charmeur bekannt war, hätte er gegen die versehentlich in den Saal getretene Krankenschwester keine Kraftworte gebraucht, sie nicht beleidigt und keinen Anlaß gesehen, ein Rendezvous mit ihr zu veranstalten. Selbst wenn er dies getan hätte, steht natürlich absolut fest, daß aus dem virtuellen Bund von Dr. Popichal und der Samariterin keinesfalls Benedikt Kouska, sondern eventuell ein ganz anderer hervorgegangen wäre, dessen Chance, das Licht der Welt zu erblicken, die vorliegende Arbeit jedoch unberücksichtigt läßt.«

Es beginnt einem der Kopf zu schwirren. So viel steht fest, es muß erst einmal geklärt werden, wie hoch oder niedrig die Wahrscheinlichkeit gelegen hat, daß diese zwei Personen einander begegnen. Deren Rate wird zunächst auf Seiten der künftigen Mutter durch Überlegungen zum Timing ihres Hereinplatzens um viele Zehnerpotenzen ausgedünnt, dann auf eine unregelmäßigere, in Größenordnungen schlechter umrechenbare Art auf Seiten des künftigen Vaters. Das sieht nach einer trostlosen Statistik aus. Halt! rufe ich hier, indem ich zur Meta-Rezension schreite. Wenn beide im selben Krankenhaus beschäftigt waren, bestehen dann nicht weit größere Aussichten, daß sie einander früher oder später sowieso über den Weg laufen? Sie besitzen jedenfalls, das zeigt der weitere Verlauf der Dinge, eine gewisse Attraktivität füreinander, die dieser dramatischen Umstände vielleicht gar nicht bedurft hätte, um zum Zuge zu kommen, oder es wären eben andere gewesen; vielleicht hätte der Arzt ja, statt sie anzufahren, der Schwester auch einen Kaffee über die blütenweiße Schwesterntracht kippen können … Wenn zwei einander bestimmt sind, vor diesem Kitsch sei hier ausnahmsweise nicht zurückgeschreckt, dann spielt es keine Rolle, unter welchen Umständen sie sich kennenlernen. Dürfen wir dann nicht die geringe Wahrscheinlichkeit ihres ersten Treffens, die für die Geburt von Benedikt Kouska sozusagen nichts zu bedeuten hat, von der Rechnung abziehen und stattdessen kostenneutral unter »vermischte

Zufälle« buchen? Die Wahrscheinlichkeit des Treffens kann jedenfalls nicht beliebig niedrig veranschlagt werden; sie hat ihre
regulierenden Werte an der Zahl der überhaupt verfügbaren
Individuen und an der Tatsache, daß deutlich mehr als die Hälfte der Menschheit heiratet und sich fortpflanzt.

Daran sollte man denken, wenn Kouska/Łem das statisti-
sche Spielfeld nun planmäßig ausweiten. Das Militärlazarett
stellt natürlich kein geschlossenes System dar, vielmehr
hängt es mit dem Gang der Welt insgesamt zusammen. Der
Weltkrieg mußte ausbrechen, der das Fräulein aus Olmütz
und den Chirurgen aus Mährisch-Ostrau ins selbe Krankenhaus beförderte (wobei ich allerdings hinzufügen möchte, daß
diese beiden Städte nicht viel mehr als hundert Kilometer
voneinander entfernt sind; das Band des gemeinsamen Tsche-
chentums hält sie von Anfang an dichter beisammen, als
Kouskas Spitzfindigkeiten dies wahrhaben wollen). Was aber
hat den Weltkrieg ausgelöst? Die Schüsse auf den Thronfolger Franz Ferdinand.

> »Folglich ist die allgemeine Ballistik bei der Beschießung von Erz-
> herzögen zu berücksichtigen, dazu, da die Treffsicherheit durch die
> Fortbewegung des erzherzoglichen Wagens bedingt war, die Kine-
> matik der Automodelle des Jahres vierzehn und nicht zuletzt die
> Psychologie der Attentäter, denn nicht jeder hätte an der Stelle je-
> nes Serben auf einen Erzherzog geschossen, und selbst wenn, dann
> hätte er vielleicht nicht getroffen, weil ihm die Hände zitterten.
> Auch die feste Hand und das sichere Auge eines Serben trugen
> demgemäß zur Distribution der Wahrscheinlichkeit bei, daß Pro-
> fessor Kouska zur Welt kam.«

Die allgemeine Ballistik bei der Beschießung von Erzherzögen
ist eine Wissenschaft, für die man bislang noch keine Lehrstüh-
le eingerichtet hat; und sehr fraglich muß bleiben, was sie im
vorliegenden Fall leisten könnte. Wäre es auf *diese* Schüsse an-
gekommen, um den Erzherzog zu töten? Immerhin war, da der
Erzherzog nun einmal, aller Warnungen ungeachtet, den

Leichtsinn besaß, das extrem heiße Pflaster Sarajewos aufzusuchen, am selben Tag schon ein Attentat auf ihn vereitelt worden; aber unerschrocken hatte er den Abbruch der Staatsvisite
von sich gewiesen. Ebenso standen noch mehr Attentäter als
bloß der berühmt gewordene Princip bereit, den man bestimmt
auch schon deswegen ausgewählt hatte, weil man wußte, seine
Hände zittern nicht. Und die Sarajewo-Krise des Sommers 1914
war ja wirklich nicht die erste gewesen, die die Mächte Europas
mit der Möglichkeit eines größeren Kriegs konfrontierte: Da
gab es die Krise um die Annexion Bosniens, da gab es die Erste
und Zweite Marokkokrise, den Ersten und Zweiten Balkankrieg
(bei welch letzterem auch noch der hasardeurhafte Alleingang
Montenegros für Unwägbarkeiten sorgte), um nur ein paar zu
nennen. Wenn man einmal die Aussicht einer jeden dieser fünf,
den Krieg herbeizuführen, pauschal und grob mit 20 Prozent
ansetzt, dann lag die Wahrscheinlichkeit, daß zwischen 1908
und 1914 *kein* Weltkrieg ausbricht, bei rund 33 Prozent (fünfmal je 80 Prozent des je noch übrigen Bestands). Setzt man aber
für jede Einzelkrise eine 30 prozentige Kriegschance an, dann
hätte die Wahrscheinlichkeit, daß der Frieden bis über 1914 hinaus hält, nur noch bei rund 16 Prozent gelegen; nimmt man
noch den Burenkrieg, den Russisch-Japanischen Krieg und den
Italienisch-Türkischen Krieg zu gleichen Bedingungen hinzu,
dann sind wir bei rund 5 $^1/_2$ Prozent. Und selbst wenn man sich
im Fall des toten Erzherzogs noch gütlich geeinigt hätte, die
nächste Krise hätte, wie die Dinge damals lagen, wohl nicht lang
auf sich warten lassen.

Darf man die Friedensbestrebungen, die zur selben Zeit an
Eifer zunehmen, auch in Anschlag bringen? Wie steht es mit
dem damals gestifteten Friedensnobelpreis? Wie mit den Ab-
rüstungskonferenzen in Den Haag und anderswo? Wie mit
Bertha von Suttner und ihrem vielbeachteten Werk *Die Waffen nieder!*, für das der Zar so schwärmte? Sind es echte, eigene, prozentmächtige Faktoren, die in die Waagschale fallen,

Bremsraketen, die dem pfeilrechten Schuß auf den Krieg zu mit
selbständiger Kraft entgegenwirken? Oder muß man sie unter
den Symptomen verbuchen, nicht als Taten eigenen Rechts,
sondern als Wetterleuchten der Kriegsgefahr, als bloße Rei-
bungswärme des heißlaufenden militärpolitischen Räder-
werks, etwas beiläufig Mitverursachtes, ohne die Macht, seinerseits Ursache zu werden?

Es war wahrscheinlich wahrscheinlicher, daß der Erste
Weltkrieg stattfindet, als daß er unterbleibt. Wäre es aber auch
»derselbe« Krieg geworden? Es wären dieselben Waffen und
dieselben Politiker gewesen, dieselben Blöcke hätten gegeneinander gestanden (obwohl, Italien …). Ob dazu nun der Schuß
auf einen Erzherzog den hochwillkommenen Anlaß bietet oder
der Panthersprung nach Agadir, das kann man dann vielleicht,
ähnlich wie die aufgerissene OP-Tür, unter die Allomorphe
rechnen: So heißen in der Linguistik und der Biochemie ge-
ringfügige Abweichungen in der Struktur, die für die Bedeutung und Wirkung einer Gestalt gleichgültig sind. Allomorphe
dürfen bei Überlegungen zur Wahrscheinlichkeit vernachlässigt werden.

Vielleicht hätte die letzte große, die Serbienkrise im Sommer 1914, für den Fall, daß sie den Krieg doch nicht ausgelöst
hätte, den Beteiligten aber auch die Augen geöffnet, was das
Angebahnte, wirklich eingetreten, heißen würde, und sie zu einer stabilen friedlichen Regelung veranlaßt, die die Chancen
für den Weltkrieg auf nahe Null gesenkt hätte, eben weil diese zuvor so weit nach oben getrieben worden waren? Daß ein
solcher Fall durchaus eintreten kann, zeigt die Fashoda-Krise
von 1898, die, gerade weil sie so dicht an den Rand eines Kriegs
geführt hatte, schließlich den dauernden Ausgleich zwischen
den konkurrierenden Kolonialmächten Frankreich und Groß-
britannien herbeiführt.[1]

---

[1] Die Lektüre einer Studie über die Krise vom Sommer 1914 hat mich überzeugt, daß die Dinge in Wirklichkeit noch viel komplizierter lagen. Wochen-

Das hätte dann der Schreck bewirkt, der auf einmal die Realität der Gefahr ins Bewußtsein gehoben hätte. Aber der Schreck hat sein Gegengewicht an der Dummheit, die man in diesem Zusammenhang als das Unvermögen zu erschrecken bestimmen muß. Schreck und Dummheit sind die beiden Richtungen, die in einer krisenhaften Situation der Wille einschlagen kann. Dumm, so erscheint es heute, war die Reaktion Österreich-Ungarns, welches nicht voraussah, daß es diesen Krieg als Staat nicht überleben würde. Dumm war die Härte, mit der es Serbien (das von ihm für das Attentat verantwortlich gemacht wurde) sein Ultimatum diktierte, und die Schläue, mit der es die internationalen Vermittlungsversuche hintertrieb – der österreichische Außenminister Graf Berchtold soll das englische Angebot zwischen Programmen für ein Pferderennen so lang versteckt haben, bis es sich durch die inzwischen eingetretenen Ereignisse erledigt hatte. Kann ein Staat dumm sein? So dumm, daß er, wie der österreichische Satiriker Karl Kraus über dieses Abenteuer gesagt hat, einen Angriffskrieg begann, auf den er nicht vorbereitet war? Ganz gewiß können es die Individuen, die in seinem Namen handeln; sie und der Staat leihen einander die Physiognomie, so daß der Staat durch die Maske des Individuums und das Individuum durch die Maske des Staats hervorlugt. Dies war die Antwort von Karl Kraus auf die Frage nach den Gründen des Weltkriegs. Er bildete, als der Krieg vorbei war, im Januar 1919, ein ganzseitiges Porträt des Grafen Berchtold ab, in Uniform, aber lässig auf die Hüfte gestützt, und erklärte, hier das Österreichische Antlitz erblickt zu haben, wie es in seiner stumpfen Verschlagenheit dem Erbfeind zuzurufen schien: Schau mir ins Auge! Ich setze das Bild hierher, ohne den

---

lang stand es Tag für Tag auf der Kippe zwischen Krieg und Frieden; die Kurve der Wahrscheinlichkeiten scheint weniger einem ansteigenden Berghang als der Fieberkurve eines Schwerkranken geglichen zu haben. Noch am Tag, als es losging, hätte, wie es aussieht, der Krieg *genausogut auch unterbleiben können!*

uferlosen Text von Kraus, der darum ringt, die schillernde Viel-
deutigkeit des zu Sehenden zur Eindeutigkeit des Worts umzu-
zwingen; und fordere den Leser auf, selbst zu urteilen, wie viel
von dem, was 1914/18 geschehen ist, sich entlastenderweise
dieser Visage aufladen läßt: wie viel, so lang man unbefangen
ist; und wie viel, sobald man *weiß*.

Ich scheine mich von Łem und Kouska entfernt zu haben;
und habe doch nur mit ihnen weitergedacht, wo sie die poli-
tisch-historische Dimension eines privaten Werdegangs mit
den Schüssen auf Franz Ferdinand allzu früh abschneiden. Es
kommt in dieser nicht ganz kurzen Rezension, die in Wahrheit
eine Nacherzählung ist, noch so manches andere zur Sprache,
z. B. die heftige Konkurrenz, die um die Hand des schönen
Fräuleins entbrennt und spät zu Gunsten Kouskas des Älteren
entschieden wird. Das braucht hier alles angesichts der genannten zwei regulierenden Werte, nämlich der absoluten Indivi-
duenzahl zu einem gegebenen historischen Zeitpunkt und der
universalen menschlichen Neigung, sich zu paaren und fortzu-
pflanzen, im einzelnen nicht zu interessieren. Neue Schubkraft
nimmt Kouskas narrativer Gedankengang auf, wo er die Generation seiner Eltern verläßt und damit in schwindelerregende
Zonen des Unausrechenbaren vorstößt. Nunmehr geht es darum, wie groß die Wahrscheinlichkeit war, daß jene Individu-
en, die die Eltern sind, ihrerseits zustandekamen.

»Billionen, Trillionen von Umständen mußten eintreten, damit
diese Chance sich erfüllte, und ein analoges Gewimmel von Vor-
gängen hatte die Geburt wiederum beider Eltern, Großeltern und
Urgroßeltern bedingt. Es bedarf ja wohl keiner weiteren Argumentation, daß der Schneider Vlastimil Kouska, wäre er im Jahre 1673
nicht zur Welt gekommen, weder Sohn noch Enkel noch Urenkel
gehabt, es demgemäß weder den Urgroßvater des Chirurgen Kouska noch diesen selbst, also auch Professor Benedikt Kouska nicht
gegeben hätte.«

Und nicht genug damit, Kouska/Łem tauchen in die Vorge-
schichte der menschlichen Rasse ein und machen ziemlich beliebig Halt bei der Begegnung eines urzeitlichen Affenpär-
chens.

> »Dies geschah unter einem Eukalyptusbaum an der Stelle, wo heu-
> te die Häuser der Prager Kleinseite stehen.« (Man sieht, die lands-
> mannschaftliche Loyalität der Tschechen übersteigt nach dieser
> Darstellung selbst Gattungsgrenzen.) »Aus der Mischung der
> Chromosomen dieses geilen Paläopithecus und seiner greiffüßigen
> Beischläferin ergab sich diejenige Meiosis und Kopplung von Ge-
> nen, die über die folgenden dreißigtausend Generationen hinweg
> auf die Lippen der Krankenschwester das Lächeln zauberten, das
> dem der Mona Lisa von Leonardos Gemälde glich und den jungen
> Chirurgen Kouska bestrickte. Nun hätte der Eukalyptusbaum aber
> vier Meter weiter weg stehen können, die von dem Paläopithecus
> Verfolgte sich ins Geäst retten können, statt über eine dicke Wur-
> zel zu stolpern und geschwängert zu werden – alles wäre ein biß-
> chen anders verlaufen, Hannibals Überquerung der Alpen, die
> Kreuzzüge, der Hundertjährige Krieg, die Eroberung Bosniens und
> Herzegowinas durch die Türken, Napoleons Feldzug nach Moskau
> und ein reichliches Dutzend Trillionen ähnlicher Ereignisse hätten,
> auch nur geringfügigsten Schwankungen unterlegen, einen Zu-
> stand herbeigeführt, der die Geburt des Professors Benedikt Kous-
> ka völlig ausgeschlossen hätte.«

Es geht noch in eine nächste und übernächste Runde, bis dahin, daß die Wahrscheinlichkeit der Entstehung eines Sterns
wie der Erde aus den kosmischen Nebeln verhandelt wird. Damit wiederum sieht es nun nicht ganz so schlecht aus: Sterne
und Planeten werden massenhaft aus der Ursuppe ausgefällt;
die Chancen für das Zustandekommen speziell der Erde aber
nehmen sich deswegen so vergleichsweise günstig aus, weil
hier keiner mit Bestimmtheit sagen oder denken könnte, was
es hieße, wenn statt dieser eine »andere« Erde mit lebens-
freundlichen Bedingungen, im Umlaufsystem von sagen wir
der Beteigeuze oder von Alpha Zentauri, entstanden wäre.

Dieses Problem gewinnt erst dort Gestalt, wo von spezifischen einzelnen Lebewesen die Rede ist, am besten – da doch tierische Individuen unserem ungeschulten Auge immer so leicht verwechselbar erscheinen – von Menschen. Man beginnt nun auch zu begreifen, welchen Sinn es hat, daß ins Zentrum all dieser Ausführungen jemand zu stehen kommt, der »Ich« sagt. Sind wir erst einmal bei Größenordnungen der Wahrscheinlichkeit angelangt, die sich, wie es im Text heißt, nur noch in »Teragigamegamultizentillionen« ausdrücken lassen, kommt unweigerlich der Augenblick, wo man in einer Übersprungsbewegung vor der schauerlichen Erhabenheit der Zahlen die Achseln zuckt und meint: Wäre nicht das gekommen, dann eben was anderes, so geringfügig verschieden, daß es nicht die Erwähnung lohnt; oder auch grundverschieden, die Welt wäre jedenfalls komplett gewesen. Bei einem Kaleidoskop kommt es nicht darauf an, wie die bunten Bildlein jeweils im einzelnen aussehen, die auf das leiseste Antippen hin wieder in etwas völlig anderes zusammenstürzen, sondern nur auf die drei Grundprinzipien, welche sind: vollständige Abdeckung der vorhandenen Fläche; Buntheit; Symmetrie, oder allgemein gesprochen, eine Interaktion der Teile, die sich als Ganzes wahrnehmen läßt. Und diese drei Prinzipien setzen sich auf alle Fälle durch, da macht euch mal keine Sorgen!

Solchem erleichternden Abtun antwortet die Mahnung: Aber nur dieses eine zitternde Bildlein bist *du*, jedes andere Ergebnis wärest du eben *nicht* gewesen, nicht jenes Wesen, dem es schmeckt, wenn es dir schmeckt, und dem es weh tut, wenn es dir weh tut. Natürlich hätte es an deiner Stelle einen andern geben können, da hast du völlig recht; aber kann es dir gleichgültig sein, ob deine kostbare Haut dir juckt oder einem Fremden die fremde? Wohl kaum! Jeder andere Fall wäre gleichbedeutend mit der vorgreifenden Ermordung deiner werten Person. Darum versuche nicht, das Ganze von dir abzuschütteln, sondern halte es durch bis in die letzte Verästelung seiner zu-

nehmenden Un-
bequemlichkeit!

Und nach dem
kleinen Exkurs in
die Riesenhaftig-
keit der Geburt
des Weltalls und
seiner Planeten-
systeme erfolgt
noch ein Vorstoß
in die Gegenrich-
tung: Selbst wenn
dieselben Eltern
zur Paarung ange-
treten wären, hät-
test du ohne wei-
teres unterbleiben
können, denn die
Zeugung setzt das
neue Individuum
aus väterlichen

Leopold Graf Berchtold (1863–1942), österreichischer Außenminister 1912–1915

und mütterlichen Anlagen auf nie im einzelnen vorhersagbare
Weise völlig neu zusammen. Wie leicht dabei ein Wesen herauskommen kann, das unter völlig identischen äußeren Bedingungen zu etwas wird, das dir sehr ähnlich und dennoch durch
einen Abgrund von dir getrennt ist, wird vom Dasein deiner Geschwister bewiesen.

»Hätte meine Mutter«, so läßt es Łem seinen Professor formulieren, »an einem anderen Tag und zu anderer Stunde empfangen, dann wäre nicht ich, sondern ein anderer entstanden,
was daraus zu ersehen ist, daß meine Mutter in der Tat an einem anderen Tag und zu anderer Stunde empfangen und ein
Jahr vor meiner Geburt ein Mädchen zur Welt gebracht hatte,

meine Schwester nämlich, von der den Nachweis zu führen, daß ich nicht sie bin, mir überflüssig erscheint.«

Übrigens gilt dies selbst für eineiige Zwillinge – und hier beginnt in die Wahrscheinlichkeitsrechnung, die bisher, obschon spielerisch, ganz wissenschaftlich gehandhabt worden ist, nun doch unberechenbar ein schaudererregend fremdes Element hereinzuregieren.

Dorthin gelangt Professor Kouska freilich nicht mehr. Er begnügt sich mit folgendem: Die Wahrscheinlichkeit, daß ich unterblieben wäre, ist atemberaubend hoch. Der Gedanke jedoch, der sich angesichts dessen aufdrängen will, Wahrscheinlichkeiten kämen hier gar nicht ins Spiel, sondern das Weltall sei als eine gigantische Präzisionsmaschine anzusehen, deren Rädchen vom Anbeginn auf das schließliche Hervorbringen des Professors Kouska programmiert waren, erweise sich bei näherer Betrachtung als absurd. Warum wundere sich dann eigentlich keiner, daß es ihn gibt? Deswegen, weil sozusagen niemand bei der Ziehung der Lottozahlen dabei war und die vielen enttäuschten Gesichter erleben konnte (oder vielmehr Nicht-Gesichter, denn hier zu verlieren heißt eben, nie zu entstehen), sondern erst vom Geldbriefträger ins Bild gesetzt wird, der dem Ahnungslosen den Hauptgewinn überbringt, als könnte es gar nicht anders sein. »›Die Nieten in der Lotterie des Seins sind unsichtbar‹, doziert Professor Kouska.«

Kouska schließt seinen Gedankengang:

> »Vom Standpunkt der thermodynamischen Physik ist demnach die Existenz eines jeden einzelnen Menschen ein kosmisch unmögliches Phänomen, ganz unwahrscheinlich, weil absolut nicht voraussehbar. Die Physik kann, wenn sie erst einmal vorausgesetzt hat, daß bereits Menschen existieren, die Voraussage treffen, daß diese Menschen andere gebären werden; was aber die Frage angeht, welche konkreten Personen zur Welt kommen werden, so muß sie entweder schweigen oder sich komplett ins Absurde verstricken.

Entweder irrt sich demnach die Physik, wenn sie die universelle Gültigkeit ihrer Wahrscheinlichkeitstheorie verkündet, oder aber gibt es keine Menschen – und ebensowenig Hunde, Haie, Moose, Flechten, Bandwürmer, Fledermäuse und Bärlappgewächse, denn das Gesagte gilt für alles, was lebt. Ex physicali positione vita impossibilis est, quod erat demonstrandum – Vom physikalischen Standpunkt aus ist das Leben unmöglich, was zu beweisen war.«

Es kommt Kouska also darauf an, der monistischen Naturwissenschaft und ihren Totalitätsansprüchen eins auszuwischen. Er gibt sich damit zufrieden, den Wagen mit Schwung an die Wand zu fahren, lächelnd entsteigt er den Trümmern, und geht. Łem dagegen – und das bezeichnet seinen Rang – läßt nach alledem noch einen (natürlich gleichfalls fiktiven) Professor Bedřich Vřdlicka zu Wort kommen:

»Mit dem Problem der Beurteilung seiner Geburtschancen hat Professor Kouska sich selbst und den Leser in eine Sackgasse geführt. Er ist der Ansicht, auf die Frage: ›Welche Voraussetzungen mußten erfüllt sein, daß ich, Kouska, das Licht der Welt erblickte?‹ werde die Physik die Antwort geben: ›Es mußten Voraussetzungen erfüllt sein, die physikalisch höchst unwahrscheinlich sind.‹ Das stimmt aber nicht. Ihrem Wesen nach lautet ja die Frage: ›Wie ich sehe, bin ich ein lebendiger Mensch, einer von vielen Millionen. Ich möchte wissen, wodurch ich mich physikalisch so von allen anderen Menschen, die da waren, sind und sein werden, unterscheide, daß ich keiner von ihnen war oder bin, sondern nur als ich selbst bestehe und mich ›Ich‹ nenne?‹ Die Physik beruft sich bei ihrer Erwiderung nicht auf Probabilitäten, sie erklärt nur, daß es von ihrem Standpunkt aus zwischen dem Fragenden und allen anderen Menschen keinerlei physikalischen Unterschied gibt. Kouskas Ausführungen lassen die Theorie der Wahrscheinlichkeit daher völlig unangetastet und unbeschädigt – sie haben gar nichts mit ihr zu tun! So weit Professor Vřdlicka.«

Um zu ergreifen, was an dieser Debatte fruchtbar ist, muß man, wie bereits im Kapitel über die Zeit, irgendwie zwischen den

Schlachtreihen der Physik und der Philosophie durchzuschlüp-
fen suchen. Professor Vřdlicka, wohl selbst Physiker, spricht
davon, was Kouska umtreibe und von ihm selbst mißverstan-
den werde, das sei in Wahrheit ein »metaphysisches Staunen
über die Existenz«. Das ist nicht verkehrt; aber man sollte den
Tatbestand nicht so unbeaufsichtigt in der Gegend herumste-
hen lassen, sonst hat sofort die Theologie ihre Finger dran.
Vřdlicka läßt sich immerhin zu einer kleinen Erläuterung herbei: »Warum existiere ich ausgerechnet jetzt, ausgerechnet in
diesem Körper und in dieser Gestalt? Warum war ich keiner
der Millionen Menschen, die es früher gab – warum werde ich
keiner von denen sein, die irgendwann geboren werden?«

Hier könnte man immerhin, obschon vielleicht keine Antwort geben, doch versuchen, die Frage zurechtzurücken; die
eine Hälfte der Frage jedenfalls, nicht diejenige, die sich auf das
Wie, sondern die sich auf das Wann bezieht. Das Rätselhafte
daran ist nicht aufzulösen; aber es läßt sich an das größere Rätsel der Zeit delegieren. Man kann es zunächst so probieren: Du
lebst jetzt und zu keinem anderen Zeitpunkt, weil allein die
jetzt Lebenden diese Frage überhaupt tun können, da nämlich
den Früheren, den nunmehr Toten der Staub den Mund ver-
schließt und den ungeborenen Späteren das Fruchtwasser oder
was ihm vorausgeht. Aber das klänge noch allzusehr nach
Kouskas unsichtbaren Nieten in der großen Schicksalslotterie.
Darum noch einmal anders: Du lebst jetzt, weil es sich bei Jetzt
und Leben um zwei Formulierungen desselben Sachverhalts
handelt, die man nicht gegeneinander ausspielen sollte. Du
siehst die Toten und ahnst die Ungeborenen; auch sie hatten je
ihr Jetzt oder werden es haben. Es ist ja nicht so, daß sie um dieses Gut verkürzt werden würden oder worden wären; sie sind
bloß nicht an der Reihe. Überschätze nicht das Glück, dran zu
sein, es geht vorüber. Angesichts dieses Transitorischen, ist
denn das Jetzt eigentlich wirklich? Und sind Vergangenheit
und Zukunft ganz unwirklich? Vielleicht stehen sie alle drei,

was ihren Realitätsgrad angeht, einander näher, als man glauben möchte, da man im Fleische steht. Wo mag das Schatzhaus sein, in dem die Steinmaske des Vergangenen und der Januskopf des Künftig-Möglichen verwahrt werden? Dies ist das einzige, aber in solcher Einzigkeit auch hinreichende mystische Erlebnis, das ich erwarte oder erhoffe: daß die Zeit sich enthüllt.

Und hierzu, das anzuschließen erscheint mir nicht überflüssig, bedarf es nicht der Vermittlung eines Gottes. Die Menschheit braucht Gott weder als Garanten der Sittlichkeit noch der Liebe, die sind in den Menschen selbst gut genug aufgehoben (sie sind es selbst in den Tieren), und wenn es sich vielleicht auch nicht herumgesprochen hat, so doch bestimmt schon herumgespürt. Aber daß Gott der große Treuhänder der Zeit wäre, derjenige, der allein den Phasenwechsel von Zeit zu Ewigkeit gewährleisten könne: diese Vorstellung steht, zögernd, noch immer im Raum. Ich lehne sie ab, weil sie mir eine gröbliche Verdoppelung des zarten ganzen Einen scheint. Verdoppelung, weil man statt mit dem einen Rätsel sich nunmehr mit deren zweien herumschlagen darf: Was zum einen dieser Gott wäre; und warum er zum anderen geruht hat, seine Geschöpfe aus dem Paradies zu vertreiben, sprich ihnen die Ewigkeit ins Unkenntliche der Zeit zu zersplittern, wie einen Porno, für den der Zuschauer die Kabelgebühr nicht entrichtet hat. Dies wäre ein gröblicher Geiz. Das »metaphysische Staunen«, von dem Professor Vřdlicka spricht, braucht diesen anmaßenden, ungetreuen Sachwalter nicht; es kann so gut bei sich selbst bleiben wie Ethos und Liebe auch. Eine Erklärung bietet Gott nicht, eine Zuflucht aber ebensowenig. Und darum – weg mit ihm.

Ohne Stanisław Łem, diesen wahren Freidenker, diesen Deserteur aus den Lagern sämtlicher Disziplinen, ohne die lässige Kühnheit, mit der er Fragen aufstößt, die sonst als nicht seriös verhandelbar gelten, und ohne die darin implizit ausgesprochene Einladung, es ihm nachzutun, hätte ich meine

Überlegungen nicht bis an diesen Punkt zu führen vermocht. Ich möchte diesen Teil meiner Arbeit nicht beenden, ohne ihm dafür meinen Dank gesagt zu haben.

Was eigentlich ist das Ziel der Geschichtsschreibung? Sie will festhalten, was in der Vergangenheit geschehen ist, »wie es eigentlich gewesen«; aber indem sie das tut, gibt sie den Dingen, sei es unbeabsichtigt durch Quellenlage oder den gewählten thematischen Schwerpunkt, sei es absichtsvoll, eine Deutung. Deutung wiederum heißt: Sie will herausfinden, wie kam, was kam; und wenn sie sehr selbstbewußt ist: erklären, warum es so kommen mußte.

Das Spektrum dessen, was dabei in der Geschichtsschreibung als »Erklärung« oder mindestens ein »Faktor« gilt, ist so ungeheuer breit, verschiedenartig und vage, daß man zweifeln darf, ob die einzelnen Schulen einander auch bloß im Widerspruch begegnen können. Bryan Ward-Perkins hat in seinem Buch *The Fall of Rome and the End of Civilization* im Faksimile die systematische Übersicht aller »Faktoren« abgebildet, alphabetisch geordnet, die jemals für den Niedergang des Römischen Reichs verantwortlich gemacht worden sind. Zweihundertzehn Stück sind es; und er läßt die Liste in ihrem originalen Deutsch stehen, auf die Gefahr hin, daß viele seiner englischen Fachkollegen und Leser es nicht mehr verstehen werden. (Der deutsche Leser hingegen wird wieder einmal daran erinnert, welche sinister erheiternde Wirkung von seiner Sprache für einen Angelsachsen ausgeht.) Es hebt an mit »Aberglaube«, »Absolutismus« und »Ackersklaverei« und endet mit »Zentralismus«, »Zölibat« und »Zweifrontenkrieg«. Ein Großteil der Einträge verrät sich sofort als Produkt eines denkfaulen, übellaunigen und rechthaberischen Kulturkonservatismus: »Apathie«, »Badewesen«, »Charakterlosigkeit«, »Duckmäusertum«, »Entnervung«, »Freiheit im Übermaß«, »Gleichberechtigung«, »Homosexualität«, »Intellektualis-

mus« und viele andere; der Übergang zur nationalsoziali-
stischen Wissenschaft ist fließend, ihr dürften Stichwörter wie
»Entartung«, »Entvolkung«, »Rassenselbstmord«, »Blut-
zersetzung« zugehören. Auf eine geschmäcklerisch geistes-
geschichtliche Betrachtungsweise deuten hin »Kulturneu-
rose«, »Seelenbarbarei« und, in seiner Schlichtheit rührend,
»Traurigkeit«. Die sozalgeschichtliche Schule trägt bei »Schol-
lenbindung«, »Arbeitsteilung«, »Bevölkerungsdruck«, »Ruin
des Mittelstandes«, die marxistische »Ausbeutung«, »Kapitalismus«, »Pauperismus«, die militärgeschichtliche »unkluge
Vorfeldpolitik«, die wirtschaftsgeschichtliche »Goldabfluß«,
»Inflation«, »Verlagerung der Handelswege«, die christliche
»Ketzerei«, »Gladiatorenwesen«, »Polytheismus« (wobei aber
auch »Christentum« als Grund genannt wird), die medizinge-
schichtliche »Bleivergiftung«, »Impotenz« und »Seuchen«, die
erdgeschichtliche »Erdbeben«, die klimageschichtliche »Klima-
verschlechterung«. Auch »Niedergang der Städte«, »Hunnen-
sturm«, »Stagnation« tauchen auf, ohne Rücksicht, daß sie der
Befund sind, der zu erklären wäre, und keineswegs als Gründe
für sich selbst mit durchschleichen sollten. Nicht fehlen darf
heute der »Terrorismus«, während der ähnlich anachronisti-
sche »Kommunismus« vermutlich schon ein paar Jahre auf
dem Buckel hat. Und: »Unglückskette«, das ist ein schöner
Ausdruck, hat aber den methodischen Wert eines Hände-
ringens. Auffällig ist die Häufung von Substantiven, die mit
Ent-, Ver- und Über- beginnen; sie weisen auf den Hang der
Historiker, die Analyse des Fehlgeschlagenen mit seiner Kritik
zu verbinden. Und das sind, wie gesagt, nur die Makrofakto-
ren; auf welche Weise die feinen Zahnräder der Mikrogründe
wie das Mausloch in der Steppe und Napoleons Hämorrhoiden
in sie eingreifen könnten, um das Uhrwerk der Ereignisse und
Tendenzen in Gang zu setzen, muß ganz unklar bleiben. Ward-
Perkins enthält sich nach dieser Demonstration auch aller weiteren Ursachensuche und beharrt nur auf dem einen: Die all-

gemeine Lebensqualität sei zum selben Zeitpunkt sprunghaft zurückgegangen, als die germanischen Völkerschaften einbrachen, und hier müsse jedenfalls ein Zusammenhang bestehen. Gleichwohl heißt das Kapitel, in dem er seinen unterkühlten Spott über die Kausalforscher ausgießt, »The Road to Defeat«: Dem Reflex, jedes abgelaufene Stück Zeit sogleich als einen Weg zu deuten, entgeht auch er nicht.

Damit die Frage nach dem Warum der Geschichte überhaupt eine Form erlangen kann, in der sie mit Gewinn zwischen Gelehrten verschiedener Richtung zu erörtern wäre, müßte ihrer inneren Disparatheit gesteuert werden. Die Harmonisierung dieses Gemüsegartens wird heute offenbar von Teilen der Geschichtswissenschaft als ein so dringendes Bedürfnis empfunden wie von der Naturwissenschaft die Suche nach der TOE, der »Theory of Everything«, die endlich alle verschiedenartigen Naturkräfte handlich zusammenfassen soll. Aber die Geschichte – hier nicht als Disziplin begriffen, sondern als deren Gegenstand – widersetzt sich diesem Postulat mindestens so hartnäckig wie das Reich des Lebendigen, ehe Darwin kam und die alte Naturgeschichte, die vom unreduzierbar Vielzuvielen der Spezies und Individuen sprach wie ein Märchenerzähler, mit harter Hand dem wissenschaftlichen Monismus unterwarf. So entstand die Biologie, wie sie heute Achtung genießt. Was der Naturgeschichte recht war, das sollte der Geschichtswissenschaft billig sein; in vielen Institutionen strebt sie aus dem alten Verband der gering geschätzten Humanities hinaus und will die Respektabilität einer Science erlangen. Bloß wie das methodisch zu machen wäre, das fragt sich. Ihr Darwin blüht der Historie noch nirgends.

Welche minimalen Grundforderungen sollte man an den Geschichtsschreiber stellen? Erstens, er sollte nicht »Wir« sagen, es nicht einmal denken. Zweitens, er sollte vor den Toten Achtung tragen, so viel jedenfalls wie vor den Fachkollegen; das

wird genügen. Und drittens (das ist faktisch eine Ausführungs-
bestimmung zu zweitens), er soll sich der Zukunft enthalten.
Zunächst einmal jener relativen Zukunft, deren Privileg er
selbst im Verhältnis zur Vergangenheit genießt. Er soll weder
behaupten, es habe eine tiefe historische Notwendigkeit be-
standen, daß die Engländer bei Agincourt gesiegt und die Franzosen verloren haben, als wären die Akteure, die es mit ihrem
Leben zahlen mußten, Marionetten – weniger, Einweghand-
schuhe des Weltgeists gewesen; noch, es habe sich lediglich um
einen Zufall gehandelt, und so die hoffnungslos Gepanzerten
gleichmütig an den Schlamm preisgeben, in dem sie erstickt
sind; noch, es sei dumm von ihnen gewesen, dies zu tun oder
zuzulassen.

Besonders aber soll er nicht glauben, das, was er von der
Vergangenheit weiß, befähige ihn im mindesten zum Blick in
die absolute Zukunft, die unbekannte, in unsere. Hier sind wir
alle Laien. An der Zukunft versöhnt, daß hier jedermanns
Wettschein gleich viel zählt. Der Dorftrottel hat so viel Aussicht, seine Kreuzlein an der richtigen Stelle gemacht zu haben, wie der vereidigte Futurologe. Futurologen! Lang waren
sie aus der Mode gekommen (dies hatten sie am allerwenigsten
vorhergesehen); jetzt wagen sie sich langsam wieder hervor.

Wer hat es gesagt, daß ein Historiker ein rückwärtsgewand-
ter Prophet sei? Zum Ruhm des Futurologen wird es kaum bei-
tragen, wenn man ihn einen vorausschauenden Historiker
nennt. Im *Merkur* vom August 2005 findet sich ein Aufsatz
von Walter Laqueur, »Europa im 21. Jahrhundert«. Was er uns
bietet, ist eine Hochrechnung. Wenn die gegenwärtigen de-
mografischen Tendenzen anhalten, dann wird im Jahr 2100
Deutschland noch 32 statt 82 Millionen Einwohner haben, Italien 15 Millionen statt 57, Spanien noch 11,9 statt der heutigen
40. Und diesen Befund wertet er, ebenso linear, als einen Verlust und Niedergang in genauer Proportion zu den Zahlen.
Aber diese Lücken werden doch gewiß durch Nachrücker aus

Übersee gefüllt? Allerdings; aber die sind ja heute schon anders als wir, und es werden ihrer noch viel mehr werden, also
ein noch viel größeres Problem! Es mangelt Laqueur nicht nur
an Phantasie, sich etwas anderes zu denken, als daß alle mo-
mentanen Tendenzen sich in getreuer Trägheit fortsetzen wie
die Bahn eines abgeschossenen Projektils: Er vermag sich auch
nicht vorzustellen, daß diese Zahlen vielleicht, wenn sie doch
wahr werden sollten, möglicherweise nicht dasselbe bedeuten
werden wie ihre bescheidenen Vorläufer heute. Und überhaupt
keinen Raum hat sein Denken für den Bruch, für das unvermittelt Andere, für das Neue, das schon lang im Bekannten
schlummert und plötzlich die Augen aufschlägt und da ist.

Hätte Laqueur seinen Aufsatz vor hundert Jahren geschrieben und ihn »Europa im 20. Jahrhundert« betitelt, was hätte er
uns dann wohl erzählt? Es hätte ihm die gescheiterte russische
Revolution von 1905 vor Augen gestanden. Hätte er, Hoch-
rechner der er ist, daraus den Trend der Revolution oder den
des Scheiterns extrapoliert? Er konnte im neuen Medium des
Films, der damals noch eine zittrige Jahrmarktsbelustigung
war, das neue Verkehrsmittel des Flugzeugs besichtigen, das
seine Herkunft aus dem Schuppen zweier Fahrradbastler keineswegs verleugnete – was hätte er daraus für die Zukunft ge-
folgert? Die industrielle Produktivkraft seiner Zeit mußte ihm
bekannt sein; hätte er das Herz gehabt, aus ihr auf den Ersten
Weltkrieg zu schließen? Ich erinnere mich, noch im Jahr 1998
mit einem Angehörigen des Berliner Postmuseums ein Gespräch geführt zu haben, worin er tief eine Entwicklung bedau-
erte, die er für unumkehrbar hielt: Es werde der Brief ganz und
gar durch das Fax ersetzt werden, so billig werde es sein, daß
man in ausnahmslos jedem Haushalt eins dieser Geräte finden
werde. Ich glaubte das nicht; aber ebensowenig wie er sah ich
den Siegeszug der e-Mail voraus, der unmittelbar danach begann und das kommunikative Verhalten aller von Grund auf
verändert hat – obwohl die gesamte Infrastruktur, die benötigt

wurde, bereits fertig da war. Heute schon stehen die Faxgerä-
te allerorten als halbmuseale Verlegenheit herum, ein Blätt-
lein pro Monat hin und eines zurück, größerer Nachfrage müssen sie nicht mehr genügen; viel abgetaner erscheinen sie als
der Brief, der seine Nische, klein wie sie ist, doch eisern hält.

Die Zukunft hat schon begonnen! Das hat sie immer. Nicht nur
sind wir die Zukunft aller Geschlechter, die je gelebt haben; wir
sind es so, wie wir jetzt leben, auch in bezug auf uns selbst, für
die Gesamtheit unseres bisherigen Lebens. Der Vorabend ist
eine Mittsommernacht. Nie wird es richtig dunkel oder hell,
und endlos währt das bange Dämmern.

Das Schlimmste

Was uns im äußersten Fall widerfahren kann

Zum Christen sprach der Atheist:
»Wie du doch betrogen bist,
wenn der Himmel eine Fabel ist!«
Sprach zum Atheist der Christ:
»Wie du erst betrogen bist,
wenn die Hölle keine Fabel ist!«
Friedrich Rückert

Im Reich der Sprache gibt es nicht wenige Wörter, die in einem spöttischen Verhältnis zu der Wirklichkeit zu stehen scheinen, auf die sie sich beziehen. Das bemerkenswerteste unter ihnen ist das Wort »unerträglich«. Man ziehe von ihm zunächst den übertragenen Gebrauch ab, wie in »Das ist eine unerträgliche Zumutung!«, womit ja bloß gemeint ist, daß die Zumutung erheblich sei – ein Fall von Ungenauigkeit und Mißbrauch, wie er in der Sprache ständig vorkommt, ohne daß sich doch der Kern der Wörter verunklärte. Man sage es langsam, man lasse es sich auf der Zunge zergehen: »Unerträglich.« Das Wort spannt seine Flügel auf in einem Widerspruch. Es besagt, etwas könne einfach nicht ertragen werden. Gleichzeitig hat es aber nur dann einen Sinn, einen Gegenstand, wenn dies *doch* geschieht. Worum handelt es sich im Fall eines unerträglichen Schmerzes? Da schreit jemand, der sich mit einer Kolik auf dem Boden windet und den Bauch hält: Der Schmerz ist unerträglich! Ein anderer, beschwerdefrei, ein Zyniker oder ein ungebührlich ahnungsloser Mensch, steht daneben, schaut auf den sich Windenden und spricht: Was willst du uns eigentlich mitteilen? Du erträgst den Schmerz doch! Wie also kann er unerträglich sein? Und wenn er ein noch ärgerer Zyniker ist, wird er den Rat erteilen, ihn dann doch lieber nicht zu ertragen. Die

Wahrheit liegt im Zusammenfall dessen, was sich ausschließt: Der Schmerz *kann nicht* ertragen werden und *muß* es doch; und die hierbei auftretenden Kräfte der Zerreißung muß jenes Gebilde aushalten, das den Namen »Ich« führt. Dazu, wie zu seiner höchsten Weihe, scheint es recht eigentlich berufen; niemals wird ihm, was es an sich selbst hat, so zu Gemüte geführt wie in jener Pein (die viele Formen annehmen kann), der zu entgehen es freudig sterben würde und auf die es doch ganz unentrinnbar festgenagelt ist. Wehe uns, daß ein solches Wort existiert! Daß wir uns in einer Welt vorfinden, wo es eine Heimstatt besitzt und etwas zu bedeuten hat! Die Sprache enthält die Erfahrung mehr als eines Menschen und mehr als einer Zeit; und jedem ist ahnbar, was in diesem Wort steckt, auch wenn er den großen Salzstock des Unerträglichen bislang nur mit der äußersten Zungenspitze berührt und nichts Schlimmeres geschmeckt hat als ein gebrochenes Bein oder einen bösen Zahn.

Nach dem Unerträglichen muß, bevor auf der Bühne der Geschichte der Vorhang hochgeht zum Drama des Schlimmsten, noch eine andere Figur vorgestellt werden. Diese ist der Haß.

Der eigentliche Haß, wie die eigentliche Sprache, ist ein menschliches Vorrecht. Beides hat seine Vorstufe im Tier, das zu rufen und mit wilder Erbitterung zu kämpfen vermag, aber in beiden Fällen nicht über sich selbst und den Augenblick hinausgelangt. Ein Hund kläfft und rast und will die Katze töten, hinter der er her ist; aber er merkt es sich nicht oder nur ganz vage und wendet sich alsbald anderem zu, gleichgültig ob er sein Ziel erreicht hat oder nicht. Er hält den Gegenstand nicht fest, wenn er fern ist; er muß ihn riechen, wenn er reagieren soll.

Der Haß ist selbstloser als die Liebe. Die Liebe träumt sich als Teil des Ganzen, zu dem sie mit dem anderen vereinigt werden will; sie meint sich immer selbst mit, auch wo sie ganz den anderen zu meinen scheint. Der äußerste Fall ist denkbar, daß die Liebe für das Geliebte stirbt. Er wird selten eintreten, nicht nur weil die Gelegenheiten dazu sich selten ergeben; sondern auch, weil die Liebe hier im Übersprung zum Gegenteil dessen werden muß, was sie eigentlich im Sinn hat, der Vereinigung. »Wir zusammen«, das ist ihr Grundaffekt; und wenn er grausam so zerrissen wird, daß es heißt: entweder ich – oder du, dann kann es schon geschehen, daß sie sozusagen aus einem heißen Versehen auf die falsche Seite gerät und sagt: dann du. Grundsätzlich jedoch will die Liebe die Gemeinschaft mit dem anderen und kann sie kriegen. Dann erreicht sie nicht ihr Ende, sie kann sogar noch wachsen; aber Ruhe doch. Ihr Ziel und Wesen ist die Erfüllung.

Und beim Haß? Er enthält etwas Paradoxes, ganz ähnlich dem Unerträglichen: Er will sein Objekt zerstören. Dann hat er aber kein Objekt mehr. Anders als die Liebe, steuert er nicht auf die Erfüllung zu, sondern auf die finale Entleerung. Der Haßmörder mit der triefenden Axt in der Hand steht über dem gespaltenen Schädel seines Opfers als ein Betrogener da, wie ein Zauberer, der sich sein Kaninchen weggezaubert hat. Jetzt schaut er verblüfft in den Zylinder hinein und kann es nicht mehr finden.

Die Liebe wundert sich zuweilen, wenn sie in einem friedevollen Augenblick über die geliebte Wange streicht, wie viel sie in diesem wenigen, vom zahllos anderen auch so wenig Unterschiedenen zu finden vermag; wie klein die Schatulle sein kann und muß, die das Juwel aufnimmt; wie das Gesicht, das sich streicheln läßt, nicht größer zu sein braucht als die Fläche der Hand, die es tut, und die Fläche der Hand nicht größer als das Gesicht. Aber das schafft ihr keine Unrast; höchstens einen glücklichen Schreck.

Der Haß hingegen wird immer die Unverhältnismäßigkeit seines Aufwands zum Ergebnis fühlen. Ihm wird es nach vollbrachter Tat zumute sein, als hätte er sich angeschickt gehabt, ein schweres Gewicht vom Boden aufzuheben, er packt es – und es ist Pappmaché, gewichtlos, im Inneren ganz aus Luft. Selbst die menschliche Hirnkapsel mit ihrer nicht ganz dünnen Wandung muß ihm als ein solches Ei aus Pappmaché erscheinen, wenn er sie erst einmal geknackt hat. Warum nur war sie nicht wenigstens ganz aus Knochen, so daß man befriedigend, ermüdend viele Schläge gegen sie führen muß, bis sie zerstört ist? So aber spritzt das Hirn fort wie Gischt, etwas Nichtiges, der zuschlagenden Wucht auf höhnische Weise unangemessen, und läßt die Wut zurück in einer schäumenden Enttäuschung. Der Bursche, der aufs Stichwort hin gleich starb, ist gewissermaßen entwischt, der Hieb hat ihn niedergestreckt wie ein Theatercoup, alle weiteren Schläge nimmt die Leiche gleichsam lächelnd entgegen, so wenig getroffen wie der Nebelleib eines Gespensts. Und das gilt für den Mörder mit der Axt – man stelle sich den Benutzer einer kleinkalibrigen leisen Feuerwaffe vor, einmal den Finger gebeugt, ein »Kscht!«, und aus ist es. Die Pistole liefert den klassischen Fall einer höhnischen Wunschgewährung, wie aus dem Märchen: Wie leicht ist das Töten mit ihr geworden, und wie bitter unwirklich! Den Totschläger und erst recht den Totschießer am Ziel seines Vorsatzes kann ich mir nur als einen sehr unzufriedenen Menschen vorstellen, wie einen, der beim Geschlechtsverkehr unterbrochen wurde. Der Haß, der sein inbrünstig visiertes Ziel zum Verschwinden bringt, übersteigt, zu seiner tiefen Unlust, beide Leiber, zwischen denen er sich vollzieht.

Und hier nun kommt das Unerträgliche ins Spiel. Es ist der bescheidene Behelf, mit dem der Haß sich doch so etwas wie die peinvoll entbehrte Objektkonstanz verschafft. »Bescheiden« natürlich nur insofern, als es den Hassenden betrifft; für den Gehaßten, der es auszustehen hat, ist es alles andere als bescheiden; es ist die menschen-, man möchte sagen die kosmosmögliche Annäherung an die Unendlichkeit. Aber dieses Erlebnis erschließt sich dem Hassenden nicht direkt, sondern auf weit abschwächendem Umweg, im Abglanz der Expression, wie von einem Feuer, dessen Glut sich ihm nur im orangen Schein auf der Stirn seines Gegenüber darbietet. Die Schreie; das unbändige Zerren an Fesseln, die trotzdem nicht nachgeben; am meisten die tiefe nervliche Sympathie, die jeder, selbst wider Willen, für jeden anderen spürt und die bewirkt, daß mir der Speichel zu fließen beginnt, wenn ich dich in eine Zitrone beißen sehe, ganz ohne Gebot der Nächstenliebe: Nur in der extremen Stärke dessen, was so ausstrahlt, wird die schwache Induktion möglich, die sich dem Fernstehenden anlegt, wie die Bässe eines Rockkonzerts als leises Beben in den Brustkorb selbst des Tauben gelangen oder wie eine hohe elektrische Spannung ein stumpfes summendes Gefühl bewirkt, wenn man in der Nähe die Hand auf Metall legt. Alle willentliche Grausamkeit nährt sich aus solchem Anklang, aus dem lauschenden Empfang des Echos fremder Nerven.

Ich spreche von der Folter. Sie scheint mir der glühende Kern der Geschichte; das Inständigste, was sie ihren Insassen mitzugeben hat. Nur mit einer Art mystischer Scheu, deren Ausdruck fast unweigerlich wie Sarkasmus wirkt, läßt sich von ihr reden. Denn wer das Wort sagt, sieht sie von außen an, er erlebt nicht, wie sie sich drinnen anfühlt. Wer aber drin ist, hinter dem schließt sich die Pforte, er wird blind und, so laut er auch brüllen mag, wenn ihm die glühende Zange an die empfindlichen Stellen greift, untauglich zum Gespräch, auch falls er aus dem Unvorstellbaren wieder emportauchen sollte. Er wird ein anderer sein, in gewissem Sinn gar keiner mehr: So deute ich den Satz Jean Amérys, der Gefolterte werde nicht mehr heimisch in der Welt. Er klingt mir ins Ohr wie der ferne und schwache Lärm einer Schlacht, in der Tausende sterben.

Wieder beginne ich, da ich sonst nicht wüßte wie, mit dem Wort. »Folter«, das scheint mir von dem, was es umschließt, in seiner Klanggestalt mehr preiszugeben als seine Synonyme,

»Marter« und »Tortur«. Auch diese freilich zeigen schon ein
Stück des Doppelten und Abgründigen in ihren je zwei R, die
sich im normalen deutschen Redefluß nur als minimale Verbie-
gung des vorausgehenden Vokals geltend machen, in emphati-
scher Aussprache aber plötzlich zu zwei gezähnten Gerätschaf-
ten werden können. »Folter« aber besitzt darüber hinaus noch
besondere Tücke. Anstelle des ersten R tritt bei ihr die andere
»Liquida«, wie es in der Phonetik heißt, wie bei links und rechts
im bekannten Gedicht von Ernst Jandl, die man angeblich nicht
velwechsern kann. Dieses L vertritt für mich die Verschontheit
des Betrachters, das Lächeln des Rächenden. Und vorher das F,
wie ein leise ausströmendes Zischen, dann ein knapper, doch
hohler Vokal und dann, vom L kaum gemildert, der harte Ver-
schlußlaut des T. Und schließlich die Endung, durch die das
Ganze sich lustig reimt auf holterdipolter. In meinem Ohr malt
sich die Lautgestalt eines sinistren Möbels, einer Art Sportge-
rät, dessen Zweck sich bei bloßer erster Ansicht noch keineswegs erschließt; ein Ding, das eine undurchschaubare Einladung ausspricht, Platz zu nehmen, es sich vielleicht gar bequem
zu machen; ganz flach ledern gepolstert ist es, und gleich darunter steht das Holz an mit scharfen Kanten, die durch den ma-
geren Überzug hindurch schmerzlich an die Knochen rühren
müssen, man weiß noch nicht wie – aber da erfährt man's auch
schon, wie ein unsportlicher Schüler, der über den Kasten oder
übers Pferd setzen soll, jetzt! Ja schaut man dem Wort auf
seinen historischen Grund, so wird man ein Pferd darin entdecken, genauer ein Fohlen, eine Lehnübersetzung aus dem Lateinischen ist es, das seinerseits schon aus dem Griechischen
lehnübersetzt hatte, unkenntlich ergrauter Humor der Folter-
knechte. Ein Pferdlein wäre das? Was soll das heißen? – Paß nur
auf! Gleich wirst du es reiten.

Von der Art dieses Pferdleins ist das Brett, das die Schergen
der Paràs, einer Sondereinheit der französischen Armee, für

Henri Alleg hereinbringen. Alleg, Journalist der Zeitung *Alger
Républicain* und während des algerischen Unabhängigkeits-
kriegs 1957 verhaftet, hat seine Erfahrungen später veröffentlicht. Mit dem Hereintragen des Bretts also fängt es an. Es ist
groß, es ist schwarz; vier Riemen sind an ihm befestigt, zwei an
jeder Seite; es ist klebrig verschmutzt vom Erbrochenen der
Vorgänger. Dieser letzte Zug verdient besondere Beachtung.
Der Delinquent soll das Ding sehen und rätseln; aber es soll seiner Phantasie doch allgemein die Richtung gewiesen werden.
Er soll erkennen: Es sieht zwar aus wie ein einfaches flaches
Brett, aber in Wirklichkeit ist es ein Sprungbrett in gänzlich
andere Gefilde. »Legen Sie sich drauf!« hört Alleg als nächstes.
Alleg, schon zuvor entkleidet, tut es; dann werden ihm mit den
vier Riemen Hände und Füße festgeschnallt; dann stellt sich einer der Männer mit gespreizten Beinen über ihn, die Hände in
die Hüfte gestemmt, und hält eine kleine Ansprache, gut ge-
launt. »Sieh da, was macht denn der da ausgestreckt auf dem
Brett? Zur Entspannung?« Die anderen sitzen um ihn herum,
einer macht sich daran, Protokoll zu führen, ein anderer setzt
sich Alleg auf die Brust. »Jaquet, immer lächelnd, hielt mir zuerst die an den Elektrodenenden befestigten Klemmen vor die
Augen, kleine glänzende Stahlklammern, langgestreckt und
gezähnt. Telegrafenarbeiter verwenden diese Klemmen und
nennen sie ›Krokodile‹. Der Unteroffizier befestigte eine an
meinem rechten Ohrläppchen und die andere am Finger auf der
rechten Seite.«

Bis hierhin gelingt es dem Leser, »mitzukommen«, das
heißt, er begreift das technische Arrangement und ganz im
allgemeinen die Angst des Delinquenten. Er und der Delinquent haben so ungefähr den gleichen Erwartungshorizont;
denn auch Alleg ist noch nie gefoltert worden und weiß noch
nicht am eigenen Leibe, was es bedeutet. Aber sogleich geht es
weiter:

»Von einem einzigen Schlag bäumte ich mich in meinen Fesseln auf und brüllte aus vollem Hals. Charbonnier hatte mir die erste elektrische Ladung durch den Körper gejagt. Nahe an meinem Ohr war ein langer Funke aufgesprungen, und ich spürte den rasenden Herzschlag in meiner Brust. Ich krümmte mich schreiend und sträubte mich dagegen, verwundet zu werden; jedoch Charbonnier, den Apparat in der Hand, ließ die Stromstöße ohne Unterbrechung aufeinanderfolgen. Charbonnier stellte immer wieder die gleiche Frage, wobei er jede Silbe betonte: ›Wo warst du untergebracht?‹«

Und weiter:

»Plötzlich spürte ich einen wilden Schmerz, wie den Biß eines Tieres, das ruckweise das Fleisch herausreißt. Jaquet, immer lächelnd über mir, hatte mir die Klemme am Geschlechtsteil befestigt. Die Stöße, die mich durchfuhren, waren so stark, daß sich die Riemen am Fußgelenk lockerten. Eine kurze Pause, um sie wieder anzuziehen, und dann ging es weiter.«

»Wie der Biß eines Tieres«: ein schwaches Wie. Nicht nur ist der Großteil derjenigen, die es lesen, wohl noch nie ernsthaft von einem Tier gebissen worden; sondern auch denen, die eine Erinnerung daran haben, wird das Erlebnis Allegs, vermute ich, nicht eigentlich nähergebracht. Es bietet keine Veranschaulichung, es bleibt weit hinter jeder metaphorischen Leistung zurück; und doch ist es in seiner Ohnmacht unentbehrlich. Was könnte man sonst sagen? Man könnte dem Biß noch ein paar Adjektive hinzufügen, aber die wären auch bloß Ausrufungszeichen hinter einem Satz, den man nicht verstanden hat. Wichtig ist, daß nicht einmal der, dem es widerfährt, es anders sagen kann. Er kehrt ins Reich der Menschen und ihrer Sprache fremder zurück, als wenn er von den Toten auferstanden wäre, beschränkt auf stumme Winke wie ein Gespenst, in aller Anstrengung zu sprechen zuletzt ins Schweigen gebannt.

Nein, nicht ganz. Wer es liest oder hört, kommt den Folterknechten näher als ihm lieb sein kann. Denn befindet er sich nicht in deren Position? Zugegeben, er ist ein Stück weit ent-

fernt im Raum und vor allem in der Zeit; und er *tut* nichts. Aber
auf seine Weise sieht er es sich mit an, ohne die Schmerzen erdulden zu müssen. Er mag sich noch so *be*troffen fühlen – *ge*-
troffen ist er nicht. Der Affekt der genossenen Differenz
schleicht sich ein, er lehnt an der Schulter Jaquets, des Läch-
lers. Die Schokolade mag ihm unter Zwang eingeflößt worden
sein – süß ist sie doch.

So ist es, so muß es sein. Wie fühlt sich Alleg, wenn er
schreibt, der Stromstoß sei durch ihn gefahren wie der Biß eines Tiers? Nicht nur rührt er an seine unverheilte Wunde: das
tief Ungenügende des Ausdrucks muß seinen Kummer ver-
mehren. Und man kann nicht anders, man muß die Mannhaf-
tigkeit bewundern, die dennoch diesen Bericht abfaßt, mit dem
klaren Ziel vor Augen, die Zustände abzuschaffen, in denen
solche Dinge möglich werden, und die Schuldigen der Bestra-
fung zuzuführen. Noch während er der Folter unterlag, kam
ihm ein doppelter Trost zu Hilfe, der sich nicht von selbst versteht: daß er sich seiner guten Sache gewiß war; und daß er den
Horizont sah, an dem das Einschreiten möglich schien. Nur
Monate nach seiner Freilassung schrieb Alleg seinen Bericht,
der, mit einem Vorwort von Sartre versehen, sich innerhalb
kurzer Zeit 20.000mal in Frankreich verkaufte.

Auf deutsch trägt seine Schrift den Titel *Die Folter*, auf Fran-
zösisch jedoch *La Question*, also eigentlich »Die Frage«. Damit
sind die beiden Bereiche genannt, die der Haß zugleich berei-
sen muß, will er allenfalls seine kärgliche Befriedigung finden:
Der zugefügte Schmerz allein, selbst der schwere, brüllende
Schmerz, der strampelt und fortwill und es nicht kann, weil er
so sinnreich durch zuvor getroffene Anstalten fixiert worden
ist – genügt nicht; es genügt nicht, daß der Gepeinigte sich ganz
und gar als Tier gebärdet. Das soll er zwar auch, und vor allem;
er soll sichtbar um sein Menschentum gebracht werden. Aber
Entmenschung allein wäre zuwenig, es wäre sozusagen eine

Verschwendung des schönen Menschenfleisches, man hätte stattdessen genausogut eine Sau auf die Folter spannen können, sie hätte ein ebensolches Schauspiel geliefert. Es wäre, als hätte man eine griechische Statue aus Marmor zu Kalk gebrannt. Von dieser Art der Verwendung wird sie zwar auch in ihrer Gänze erfaßt; aber nur ihrem Material nach, während man an ihrer viel kostbareren Form eine Barbarei verübt. So auch denkt der Folterer über den Menschen in seiner Hand: Er will ihn durchaus als *Menschen* haben. Und darum pflegt sich die Folter als »Question«, als Verhör, zu organisieren.

Zu den Argumenten gegen die Folter – denn im langen verzweifelten Kampf gegen sie hat man es immer wieder auch mit Argumenten versucht – gehört zentral, sie leiste nicht, was sie verheiße, die Wahrheitsfindung unter erschwerten Umständen, denn a) die meisten Gefolterten wüßten ohnehin nichts von Bedeutung, und b) unter der Folter bekenne jeder alles, insbesondere c) jeden Unfug, der ihm nahegelegt wird. Das stimmt zwar; verfehlt jedoch die wahre Aufgabe des Verhörs, indem seine dünne rationale Hülle für seinen Gehalt genommen wird. Wenn man den Delinquenten, ausdehnungsgleich zum Vorgang der Folter oder nur so weit synkopisch versetzt zu ihr, daß er eben vom Schreien ins Reden wechseln kann, *befragt*, so deshalb, weil der Haß sich auf diese Weise geradezu verzweifelt an sein Objekt klammert; immerzu droht es im bloß Animalischen zu entschwinden. Ein Mensch aber soll er bleiben, und der beglaubigt sich allein in der Sprache. Der Haß will, wie es so schön auf Englisch heißt, seinen Kuchen essen und trotzdem behalten. Der Feind soll vertieren! Ganz recht; aber ist er vertiert, so läßt er sich nicht mehr als Feind erkennen. Also soll er Tier werden, aber niemals sein; er soll sein Folterdasein als sprechendes Tier fristen, als ein unmöglicher Kentaur, in einer Schwebe, die erheblichen Einfallsreichtum erfordert, wenn sie über einen Zeitraum von auch nur Minuten durchgehalten werden soll. Die KZ-Wächter im Dritten Reich bewiesen eine nicht unerhebliche Originalität, wenn sie die Häftlinge im Strafblock zwangen, durch *Bellen* um Essen zu bitten, oder Bäume zu besteigen und den ganzen Tag »Kuckuck!« zu rufen. Im Tierlaut, der wie eine erlernte Fremdsprache vorzubringen war, bekamen sie wenigstens einen Teil von dem, was sie wünschen mußten. Der Mensch soll ununterbrochen aus seiner Eigenschaft, Mensch zu sein, herausfallen, und doch dem Haß die Befriedigung schenken, nach wie vor Mensch zu sein.[1]

Ziel aller Folter ist der Verrat: Verrat der Schuld, die man auf sich geladen hat, Verrat der Komplizen, Verrat der Sache, die einem teurer war als das eigene Leben. Am liebsten ist es den Verhörenden, wenn das, was der Gefolterte verrät, *nicht* stimmt; wenn er Unschuldige angibt, die damit, unschuldig wie er selbst, ins selbe Unglück gestoßen werden, das er selbst erleidet: so wird er *doch* schuldig.

Der Verhörcharakter der Folter, obwohl, wie an Alleg zu sehen, auch in der Moderne noch präsent genug, zeigt sich doch am deutlichsten dort, wo sie noch integraler Bestandteil der Strafprozeßordnung war und nicht nur, je nachdem wie man den Tatbestand bewerten will, ihre Zukost oder ihr Ruin; wo die Folterer nicht nur die erzielten Aussagen zu Protokoll nah-

---

[1] Dies meint auch Jean Paul, durch dessen Humanität sich stellenweise schauerliche Äderungen ziehen, wenn er schreibt, die Wut, die man gegen den Tyrannen und dessen Untaten hegt, könne sich nie so austoben, wie sie es sich vornimmt. Denn wo sie unbefangen auf ihn losgeht, befördert sie ihn notwendig vom Unmenschen, der er ist und von Rechts wegen bleiben sollte, hinauf oder hinab zum selben, wozu er seine Opfer gemacht hat, zur wimmernden Kreatur. Man erkennt den spezifischen Übeltäter nicht mehr in den Schreien, die jeder hätte ausstoßen können (obwohl sie ihm natürlich inniger angehören als jede Schandtat, die er zur Zeit seiner Herrschaft begangen hat). In der Tat steckt hier die Aporie jedes Strafvorsatzes, der sich aus dem Prinzip der Vergeltung herleitet, diesem einzigen Modell des Strafens, das der Seele Befriedigung schenkt – der Seele des Strafenden natürlich, aber oft genug auch des Gestraften.

men, sondern mit gleicher Selbstverständlichkeit auch die Methoden, mit denen sie erzielt worden waren; in der Zeit bis zum 18. Jahrhundert also. Damals schwieg die Folter nicht; sie wollte nicht, wie sie es heute tut, in Abrede gestellt sein. Sie hatte ihr gutes prozedurales Gewissen. (Schwierig zu sagen, ob dies dem Delinquenten die Sache leichter oder schwerer macht.) Die Folter, besonders in Gestalt der sogenannten »qualifizierten Hinrichtungen«, bedeutete nicht die Schmach der Gesellschaft, von allen zugleich gewußt und verheimlicht wie der Stuhlgang, sondern im Gegenteil ein Schauspiel, ein Sakrament des kollektiv gewordenen Hasses; vor allem in Deutschland, das damals schon, vor fast einem halben Jahrtausend, das Erstaunen seiner Nachbarn war. Ein englischer Reisender namens John Taylor beschreibt seine Erlebnisse im Hamburg des Jahres 1616:

> »Als der Sträfling auf der Todesstätte angelangt, wurde er von den Beamten dem Henker überantwortet, welcher seine Würgeschanze mit zwei weiteren Scharfrichtern und deren Leuten betrat, so von der Stadt Lübeck und einer andern Stadt, deren Name mir entfallen ist, gekommen waren, um ihren Hamburger Amtsbruder in seinem wichtigen Werke zu unterstützen. Nun ward die Zugbrükke aufgezogen, und der Sträfling bestieg eine Erderhöhung, so mit der Absicht errichtet ist, daß das Volk die Exekution auf eine Viertelmeile in der Runde mit ansehen könne. Alsdann nahmen vier Henkersknechte ein Jeder einen kleinen Strick und hielten den armen Sünder an Händen und Füßen auf dem Rücken liegend ausgestreckt; darauf hob der Haupthenker oder Großmeister dieses wichtigen Geschäftes ein Rad auf, etwa von der Größe eines Kutschenvorderrades; und erstlich, nachdem er Wams und Hut abgelegt, in Hemdsärmeln, als wolle er Federball spielen, nahm er das Rad, setzte es auf die Kante und drehte es gleich einem Kreisel oder Drehrädchen herum; alsdann faßte er es bei den Speichen, und es in die Höhe hebend, schlug er mit einem mächtigen Stoß eines der Beine des armen Wichtes in Stücke (ich meine die Knochen), worüber er entsetzlich aufbrüllte; alsdann nach einer Weile zerbrach

er das andere Bein auf dieselbige Art, und so weiter seine Arme,
und darauf tat er vier oder fünf Hauptstöße auf seine Brust und
zerstieß seinen ganzen Brustkasten zu Splittern; zuletzt stieß er
ihm nach dem Nacken, und da er fehlschlug, zerschmetterte er ihm
Kinn und Kinnbacken; alsdann nahm er den verstümmelten Leichnam und breitete ihn auf dem Rade aus, stieß einen mächtigen
Pfahl in die Nabe des Rades und pflanzte selbigen etwa sechs Fuß
tief in die Erde, ohngefähr zehn oder zwölf Fuß über dem Boden;
und dort muß der Leichnam liegen, bis ihn die alles fressende Zeit
oder die Rabenvögel verzehren. Solches war die schreckliche Weise dieser entsetzlichen Exekution, und es stehen an diesem Platze
zwanzig Pfähle mit solchen Rädern oder Stücken von Rädern, mit
Menschenköpfen auf der Spitze derselbigen, vermittelst eines
durch den Schädel getriebenen großen eisernen Spikers angena-
gelt. Die mannigfachen Arten von Folterung, so über die Misseta-
ter in diesen Landen verhängt werden, lassen mir unsere englische
Art des Hängens nur wie einen Flohbiß erscheinen.«

Jeder Bericht über die Folter muß sich, bevor er anhebt, eine
Haltung zu geben suchen, um im Druck und Sog der überstar-
ken Kräfte nicht den Boden unter den Füßen zu verlieren. Bei
Alleg ist es die Beherztheit des politischen Entschlusses, die ihn
das Ausgestandene noch einmal zusammenhängend ins Auge
fassen läßt; bei John Taylor die gewissermaßen höfliche Verwunderung des Ausländers, die insbesondere das unvergeßli-
che spielerische Detail, unmittelbar bevor es losgeht, regi-
striert: die wie zum Federball aufgekrempelten Ärmel, das lu-
stige Kreiselnlassen des Marterinstruments vor den Augen von
Delinquent und Publikum. *Unmittelbar bevor es losgeht:* Das
ist immer der kritische Moment, wo das, was vor Augen steht,
den Sprung ins Unvorstellbare in sich bergen muß. Johannes
Janssen, der katholische Historiker des 19. Jahrhunderts, der
dieses wie ungezählte weitere Zeugnisse der Tortur in seinem
vielbändigen Riesenwerk *Geschichte des deutschen Volkes seit
dem Ausgang des Mittelalters* ausbreitet, nimmt die gleichmä-
ßige Haltung des Antiquars ein; sie begleitet und stützt ihn

ebenso, wenn er in einem anderen Kapitel die erzlangweiligen Klagelieder der Geistlichkeit über den Sittenverfall in der Frühneuzeit referiert.

Es ist schwer, sich dem Lebkuchenschachtelhaften dieser Bilder zu entziehen, aus der malerischen oder vielmehr holzschnittartigen Ferne, wo die Quellen »sintemalen« sagen statt »besonders weil«, zur nahen Glut des Schmerzes zurückzufinden. Die solide plumpe Funktionalität der Geräte scheint als solche etwas Beruhigendes an sich zu haben, unabhängig davon, worin die Funktion besteht; sie scheint in der Deutlichkeit ihrer schwergängigen Bastelei verhaltene ästhetische Qualitäten zu besitzen wie die Ritterrüstungen oder schmiedeeisernen Kassen der Zeit. »Ihrem Namen nach deutschen Ursprungs«, schreibt Janssen, »waren folgende Folterwerkzeuge: Die pommersche Mütze, ein knotiger, mit eisernen Gliedern versehener Strick, der um den Kopf gepreßt wurde; das mecklenburgische Instrument, womit die Daumen und großen Zehen zusammengepreßt wurden; die braunschweigischen Stiefel, der lüneburgische Stuhl, der Mannheimer Bock, das bambergische Instrument.«

Eine Puppenküche, ein Heimatmuseum. Ja, in den Heimatmuseen, gern in den Gewölben der ähnlich deutlichen und verbauten örtlichen Burgen, findet man diesen Gerätepark immer noch mit ziemlicher Zuverlässigkeit und in wohlkonserviertem Zustand; niemand warf etwas davon weg, so wenig wie ein Porträt in Öl oder eine Familienbibel. Lang ist es her; die eingefressene Qual hat sich im Lauf der Jahrhunderte von den Haken und Scharnieren gelöst, wie durch gute Lüftung ein Gestank aus dem Zimmer verschwindet; und niemand hindert Eltern daran, ihre achtjährigen Kinder an einem verregneten Ferientag zur Belehrung und Unterhaltung hierher zu führen.

Am schlimmsten ging es zu in den Hexenprozessen. Was immer man an Gründen für diesen Wahn anführen mag, der

im 16. und der ersten Hälfte des 17. Jahrhunderts massenhaft
auftrat: Was vor Ort Hand anlegte, war die Wut der Männer
auf die Frauen; welche Stellen der preisgegebenen Körper sie
bevorzugte, kann man sich denken. Ich habe einmal an einer
Führung durch den Immerwährenden Reichstag zu Regensburg teilgenommen, wo, so selbstverständlich wie diese Dinge
vor fünfhundert Jahren im selben gar nicht großen Gebäude
untergebracht waren, auch die Erklärungen unseres Führers
sich gleichmäßig auf den Sitzungssaal und auf den Folterkeller
erstreckten. Dort sah man auch den »Bock«, ein richtiges Pferdlein, ganz schlicht, bloß ein hochkant gestelltes Brett mit vier
Beinen, auf dem man die Hexen, mit schweren Gewichten an
den Füßen und die Hände auf dem Rücken gefesselt, stundenlang nackt zu reiten zwang. Der Rücken dieses sonst groben
Bretts, schmal wie ein Finger, war gerundet und in der Mitte
völlig blank poliert. Ich strich, als niemand zusah, mit der Hand
darüber und fühlte die feine Glätte und dachte daran, wie
sie zustandegekommen war. Übrigens wurde hier nach den
Regeln gefoltert, in Übereinstimmung mit den Satzungen
der »Carolina«, der peinlichen Halsgerichtsordnung Kaiser
Karls V., weshalb die Verdächtigen von außerhalb hierher nach
Regensburg flohen, um den Maßlosigkeiten in Bamberg oder
Nördlingen zu entrinnen.

Aus Nördlingen hat sich, wunderbarerweise, der Brief einer
Hexe erhalten, ein Zettel, den es ihr aus dem Gefängnis an ihren Mann zu schmuggeln gelang. Es waren ihr die Daumen ge-
quetscht, Schienbein und Waden platt gepreßt worden, man
hatte sie mit dem Strang auf- und abgezogen. Beim fünfzehn-
ten Verhör gestand sie. Der Brief lautet:

> »Man nötigt Eins, es muß Eins ausreden, man hat mich so gemar-
> tert, ich bin aber so unschuldig als Gott im Himmel. Wenn ich im
> Wenigsten ein Pünktlein um solche Sachen wüßte, so wollte ich,
> daß mir Gott den Himmel versagte. O du herzlieber Schatz, wie ge-
> schieht meinem Herzen! O weh, meine armen Waisen! O Schatz

deiner unschuldigen Magdalena, man nimmt mich dir mit Gewalt;
wie kann's doch Gott leiden!«

Am 15. Januar 1591 wurde sie, zusammen mit zwei anderen
Hexen, deren Namen sie angegeben hatte, verbrannt.

Es gab zu dieser Zeit auch Stimmen, die sich gegen die Folter
erhoben; aber da diese im Deutschland vor vierhundert Jahren
allgegenwärtig war und sie nicht durchdrangen, so sind sie erfüllt von Jammer und Verzweiflung: Das ist *ihre* Haltung; und
es ist von allen möglichen Haltungen diejenige, die in die größte Nähe des Feuers gelangt und seine Hitze bis fast zu dem
Punkt besteht, wo sie selber in Flammen aufgehen müßte. Der
protestantische Theologe Johann Matthäus Meyfart, 1590 in
Jena geboren, schreibt:

»Ich bin in der Jugend bei unterschiedlichen peinlichen Fragen gewesen, habe das traurige Spektakel gesehen. O liebe Christen, ich
habe gesehen, welchermaßen die Henker und Peiniger den wunder-
schönen Leib des Menschen, an welchem sich auch die Engel erlustigen, so schandhaftig verstellen, daß es auch vielleicht die Teufel
verdreust, weil sie spüren, es seien Menschen, die in der vornehmen
Kunst den höllischen Geistern überlegen. Ich habe gesehen, welchermaßen sie den festen Leib des Menschen zertrümmern, die
Glieder voneinander treiben, die Augen aus dem Haupte zwingen,
die Füße von den Schienbeinen reißen, die Gelenke aus den Spann-
adern bewegen, die Schulterscheiben aus der Schaufel heben, die
tiefen Adern aufblähen, die hohen Adern an etlichen Orten einsen-
ken, bald in die Höhe zerren, bald auf den Boden stürzen, bald in
dem Zirkel wälzen, bald das Ober in das Unter, bald das Unter in das
Ober wenden. Ich habe gesehen, wie die Henker mit Peitschen geschlagen, mit Ruten gestrichen, mit Schrauben gequetschet, mit
Gewichten beschwert, mit Nägeln gestochen, mit Stricken umzo-
gen, mit Schwefel gebrannt, mit Öl gegossen, mit Fackeln gesengt
haben. In Summa, ich kann zeugen, ich kann sagen, ich kann kla-
gen, wie der menschliche Leib verödet worden. Mich wundert, daß
viel Schöppenstühle, Fakultäten, Kollegien bei Universitäten, bei

Regimentern, bei Gerichten so leichtlich die Tortur einem armen
Gefangenen zuerkennen: billig wäre es, daß Keiner, er sei Doktor,
Lizentiat oder Magister, zu solchem Spruche gelassen würde, er
hätte denn zuvor das erbärmliche Elend mit Augen angesehen. (...)
Man brauchet stachelichte Stühle, stachelichte Wiegen, ich mag
nicht mehr daran gedenken, so scheußlich, furchtsamlich, verma-
ledeilich ist das ganze Wesen. Ich habe gesehen (daß es Gott im
Himmel erbarm, weil man junges Blut damals geärgert worden),
welcher Gestalt ein Martermeister mit einem Schwefelknopf die in
der Marter hangende Person an heimlichen Orten gebrannt hat.
Groß ist deine Geduld, Herr Jesu, in diesem Handel.«

Könnte heute noch so geredet werden? Mit der Folter selbst ist
auch die Klage ins Reich des Schweigens eingetreten, fähig
eben noch des anatomischen Protokolls. Bezeichnend für die
eingetretene Verarmung ist der Niedergang, der sich seither
mit dem Wort »geärgert« ereignet hat, das heute die beiläufi-
ge Irritation bezeichnet, mit dem Meyfart aber den höchsten
Grad der Empörung ausdrückt. Der wunderschöne Leib des
Menschen, an dem sich auch die Engel erlustigen – wie unwie-
derbringlich ist das gesagt! Aber nicht trotzdem, sondern *dar-*
um nimmt sich der Haß dieses Leibes an und sucht, was ihm
dessen geringe Masse und große Fragilität vorzuenthalten dro-
hen, durch eine Art von Goldschmiede- oder Uhrmacherkunst
wieder einzubringen, durch ein Achthaben auf die Feinheiten,
wie die Enge es lehrt. Der Folterknecht wird zum Käfergott,
wie ihn Haldane dachte. Und wird doch, wie ein gewissenhaf-
ter Liebhaber des *Kamasutra*, davon träumen, es einmal in *ei-*
nem Stoß abzumachen.

Wo kommt dieser Haß her, der den anderen Körper partout
brennen, verrenken, mit Stromstößen traktieren will? Der,
unbefriedigt mit jeder gestandenen Wahrheit, dazu noch die
ausbündigsten geschrieenen und gewimmerten Lügen hören
möchte? Der niemals glauben mag, daß seine Opfer nicht mehr

können, der sie aus ihren Ohnmächten durch noch schärfere Peinigung ins Wachsein zurückzwingt, noch Wespen nimmt, damit sie in die geschlagenen und gesengten Wunden stechen? Der mit Schwefelknöpfen an heimliche Orte dringt und der nicht ruht, bis, wie es in einem alten Bericht heißt, »das Mark aus den Röhren troff«? Der Haß, der seinen Gegenstand in die völlige Hilflosigkeit der Fesselung legt wie ein Juwelier einen Diamanten, um dem Funkeln des Kleinods die rechte Fassung zu geben; der Kienstäbchen unter die Fingernägel zwängt und anzündet und gebannt die zwei Minuten zusieht und zuhört, die es dauern kann. Zwei Minuten. Der Schmerz zerlegt eine Terzie, sagt Büchner; zwei Minuten, das wären 7.200 Terzien, mithin mindestens 14.400 Erlebnisse für sich.

Kein Tier haßt so. Ein Tier, das kämpft und verfolgt, tritt immer nur gegen einen anderen seinesgleichen an, der ihm schädlich oder im Wege ist; darum kann das Problem als erledigt gelten, wenn dieser andere, auf welche Weise auch immer, beiseite getreten ist. Aber Menschen hassen nicht nur den anderen, sondern das Andere, von dem die menschliche Gestalt gewissermaßen nur ausgeborgt wäre. Deswegen wird der Haß immer widersprechen, wenn man ihm seine Gründe als ein Selbstmißverständnis auseinandersetzen will. Mißernten, Frustration, krasse Besitzunterschiede, Verunsicherung – das meint der Haß ja nicht; sondern der Protestant in Ulster meint den Katholiken als Katholiken (umgekehrt natürlich genauso) und der Dörfler die Hexe als Hexe. Selbstverständlich bricht der Haß deshalb auf, weil –; und ohne alle diese soziologischen Faktoren wäre er nicht zum Zug gekommen. Aber die Wachheit kennt keine Ursachen, sondern nur Anlässe, die sie geweckt haben; jetzt ist sie da und bei sich.

Es muß dieser Haß aus der Geschichte selbst herrühren, aus einem unausrottbaren Verdruß über ihr Prinzip der Variation. Sigmund Freud spricht vom »Unbehagen in der Kultur«, das den zivilisierten Menschen trotz aller unbestreitbaren Vorteile, der Steigerung in Lebensstandard und Lebensdauer usw., niemals verlasse und ihm Heimweh nach dem Aufgeopferten einflößt. Das Unbehagen in der Geschichte reicht noch tiefer, oder eigentlich noch weiter; es blickt nicht nur zurück ins vergangene Zeitalter der freien Triebentfaltung, sondern dazu auch noch seitwärts, wie es den Nachbarn ergeht und wie sie es halten: in einem Affekt, bei dem sich Neid und Abscheu gar nicht auseinanderkennen lassen, wie beim Blick auf den Teller eines anderen Restaurantgasts, der etwas löffelt, was komisch aussieht, aber köstlich duftet.

Dieses Unbehagen kommt nicht über das Wissen hinweg, daß es so etwas wie freie Triebentfaltung beim Menschen, selbst unter günstigsten Umständen, gar nicht geben kann, sondern daß jede Äußerung des Triebs, auch wo sich nichts ihr feindlich entgegenstellt, schon immer je ihre Form angenommen hat. Sie geschieht jetzt so, könnte aber auch anders geschehen; *irgendwie* geschehen muß sie auf jeden Fall. Die Freiheit des Triebs (selbst wo es sie gäbe) hat jedenfalls ihre Grenze an der Notwendigkeit, daß alle elementar menschlichen Kräfte erst eine Gestalt aktiv finden und füllen müssen, damit sie sich äußern können. Wenn man es paradox formulieren will: Die Freiheit wird an der Freiheit zuschanden. Das macht den Trieb irre, daß ihm, losgelassen, keine sichere Richtung gewiesen wird. Wie ein Stier, der aus seiner Box stürmt und nicht ein rotes Tuch, sondern zwei, drei, fünf sieht, weiß er nicht weiter. Wohin also? Tu was du willst – aber niemand garantiert dir, daß du so das Beste kriegst. Vielleicht könntest du was Besseres haben, wenn du nur was anderes wolltest? Und vielleicht hat es der Nachbar schon? Es kann einen wahnsinnig machen!

Die Tiere sind unter sich zwar noch futterneidischer als die Menschen; aber sie sind großmütig genug, einander nicht das Antlitz zu mißgönnen und zu bestreiten. Sie wissen, es hat damit dasselbe auf sich wie mit ihrem je eigenen. Fast immer begnügen sie sich mit dem Egoismus, mag er sich auch noch so

wild gebärden. Aber ein haßerfüllter Mensch gerät gerade vor
der Gleichartigkeit des Menschenantlitzes in Raserei: Es birgt
das Andere! Also sucht er den Nachweis zu führen, daß es sich
in Wahrheit gar nicht um ein Antlitz, sondern eine Fresse handelt, was am besten gelingt, indem man sie einschlägt: Seht ihr
wohl! Ein Tier ist immer ganz, was es sein kann, sein Leib sitzt
ihm wie angegossen. Ein Mensch niemals; er kollert in der Historie herum, mal hier mal dort; schlimmer als die Drohung,
daß es noch schlimmer kommen könnte, empfindet er die Möglichkeit, daß er das Bessere verfehlt hat. Der Schmerz ist absolut; das Glück relativ und sprunghaft; und ehe es sich der Le-
benswahl des anderen Menschen zuzuneigen scheint, empfiehlt es sich, diese Alternative in ihren Trägern zu schmähen
und auszumerzen. Geschichte ist so angelegt, daß die Menschen sie verübeln müssen; und wem sollten sie es, wenn nicht
einander?

Der Haß will nicht allein, daß es das Andere nicht gibt; da
würde die bloße Zerstörung genügen, da hätte es in der Geschichte keine Folter zu geben brauchen. Es plagt ihn die Angst,
daß es, selbst ausgelöscht, einmal doch möglich war und wieder möglich werden könnte. Das Gehaßte soll selbst zum Eingeständnis gebracht werden, daß es *nichtig* sei. Das hat, wie gezeigt, seine methodischen Schwierigkeiten, weil nur ein Etwas
sagen kann, daß es nichts sei, ein Nichts hingegen nicht; und
da sich hierüber kein Eingeständnis zu Protokoll nehmen läßt,
so bleibt es immer als ein potentielles Etwas bestehen. Daher
die ganzen mühseligen, einfallsreichen Prozeduren, die den
Widerspruch, wo nicht aufheben, so doch in der Schwebe von
Existenz und Annihilation halten sollen. Nicht »Werde, der du
bist« lautet die Maxime, die die Folter ihrem Opfer aufnötigt,
sondern »Sei, der du wirst bzw. werden sollst«; bestätige uns
durch den Weg, den wir dich nehmen lassen, das Ziel, das erreicht, verlischt.

Der Haß ist eine Gabe der Geschichte. Er ist ihre Krone, weil sie in ihm zum souveränen Handeln jenseits der Natur gelangt; und ihr Herz, weil sie hier am stärksten schlägt. Doch woher stammt sein unentbehrliches Komplement, ohne das er gar nicht wüßte, wo er zugreifen soll, das Unerträgliche? Dessen Wurzeln reichen jedenfalls tiefer, seine hinlänglichen Voraussetzungen finden sich in jedem gut innervierten Tier. Diesem kann in seiner natürlichen Umgebung grundsätzlich das gleiche widerfahren wie einem Menschen auf der Folter auch – der Kröte, die nicht schnell genug aus der brennenden Hecke entkommt, der Raubkatze, die in einen Felsspalt fällt und mit zerbrochenen Knochen verdurstet; nur daß diesen Zufällen, die gar nicht so selten sein mögen, das ausgeklügelt Teuflische fehlt. Und selbst wo Menschen es ihnen doch zufügen, da begreifen die Tiere es nicht – während es den Folterschmerz eines Menschen auf eine schwer zu quantifizierende Weise vertiefen dürfte, wenn er weiß, wie ganz verlassen inmitten des Hasses er ist. Dies eine, diese tiefste Verzweiflung, haben die Menschen füreinander aufgespart.

Man sehe an seinem eigenen animalischen Leib hinunter und fasse ihn, in seinen Teilen und als Ganzes, scharf ins Auge: Welche Nerven, welche Bereitschaft findet man dort für die bestmöglichen und für die schlimmstmöglichen Erlebnisse? Für Geschmack und Geschlecht? Für jene Sinneseindrücke, die es erst lernen müssen, auf eine vermittelte Weise Genüsse zu sein, Gerochenens, Gesehenes, Gehörtes? Und welche Zisternen entdeckt man, um Dinge aufzunehmen, die man nicht unerträglich nennen sollte, weil man mit ihnen nämlich noch keine Bekanntschaft gemacht hat, sondern einstweilen bloß unausdenklich? Wovon grundsätzlich die Rede ist, wird man dennoch nicht mißverstehen, denn Anstreifungen, die zeigen, wohin die Reise gehen wird, wenn es so weit ist, sind einem bestimmt schon widerfahren: ein Hammerschlag auf den Daumennagel, ein Kontakt mit der Herdplatte, heiß genug, daß man hofft ihn nie zu wiederholen.

Geheimdienste und Terrornetzwerke kennen die Einrichtung des Schläfers. Das sind besondere Agenten, die über Jahre hinweg eine ganz unauffällige bürgerliche Existenz führen und sich nichts zuschulden kommen lassen – um plötzlich zuzuschlagen, wenn der Augenblick da ist, um dessentwillen sie leben und so lang gewartet haben. Jede Stelle, jedes Organ unseres Körpers (ausgenommen allein Hirn und Leber) ist ein solcher Schläfer; und die unter ihnen am tiefsten schliefen, an die wir nie gedacht, die wir meist nie zu Gesicht bekommen haben, die schlagen am härtesten zu. Zurückgespannt warten sie, Kreuzband und Nierenbecken, Weisheitszahn und Knochenmark, daß die Sehne, die sie hält, gekappt wird und sie endlich losschnellen dürfen.

Was wissen wir von unserem Knochenmark? Krebspatienten haben sich umgebracht, weil sie den Schmerz darin nicht mehr ertrugen. Die Hölle seien die anderen? Was für eine schwächliche Metapher! Die Hölle sind wir selbst, jeder einzelne, je für sich; hier liegt, wohlverwahrt und trocken, ein Arsenal voll Zunder und Schwefel mit einer Heizkraft, die bis ans Ende eines jedes Lebens reicht. Dieser unscheinbare Körper, der an seiner dicksten Stelle kaum mehr als 25 cm mißt, hat Raum für den Abgrund. Dem gesunden Menschen, vor allem dem jungen, scheint sein Leib eine Oberfläche, eine willfährige noch dazu; der Schmerz erst erschließt das Volumen. So gut wie leiblos ist, wem sein Leib gehorcht; er kennt sich kaum. Der Schmerz, und ganz besonders die Folter, lehren ihn seinen Reichtum.

Man wende hier nicht ein, die Schmerzfähigkeit bei Mensch und Tier sei instrumentalen Charakters; obwohl zuweilen in der empfundenen Wirkung sehr drastisch, handle es sich doch grundsätzlich um ein Warnsystem, das dem Überleben des Individuums diene: Finger weg, wenn's heiß ist, und zwar *sofort*! Das muß augenblicklich, d. h. in 0,1 Sekunden, passieren, 0,2 Sekunden könnten schon zu spät sein – daher das Peitschenartige der Empfindung. Dieses Argument besagt über das Wesen des körperlichen Schmerzes ungefähr so viel wie der Vorwand der Wahrheitsfindung über das Folterverhör: Man kann es nicht ganz und gar erlogen nennen, aber in seiner Oberflächlichkeit maskiert es etwas Tieferes, das sich geradezu sein Gegenteil nennen ließe. Wenn der Schmerz tatsächlich so etwas wie die Sicherung im Stromkreis des Hauses des Lebendigen wäre, die herausspringt, sobald irgendwo eine gefährliche Überlast entsteht – dann dürfte er nicht dergestalt warnen, daß er das Haus in die Luft jagt. Das Warnende (dies sagt uns die einfache überschlägige Rechnung) muß entschieden ein kleineres Übel sein, als wovor gewarnt werden soll. Der Schmerz tut nur in seinen harmloseren, also irrelevanten Fällen, was ihm die rationalisierende Deutung zuschreiben will, nämlich den sofortigen Rückzug anzubahnen. Wo er wirklich zeigt was er kann, bei dem, der brennt und nicht loskommt, oder bei bestimmten Krebsformen in der Schlußphase, wenn selbst Morphium nichts mehr hilft, ja auch nur beim Rheuma, das die Phantasielosigkeit ein »gewöhnliches« nennt – wäre es einfach idiotisch, von einer Warnfunktion zu sprechen. Nicht einmal von einer fehlgeleiteten: Die schiere Möglichkeit eines solchen Fehlers diskreditiert die Funktion von Grund auf. Die Betreffenden wissen es schon, wo das Übel steckt; sie können ihm bloß nicht entrinnen; und einen Ratgeber, der ihnen unablässig in die Ohren schreit »Flieh! Flieh!«, während er sie zugleich am Arm gepackt hält und nicht laufen läßt, könnten sie ganz gut entbehren. Doch hier, in der langen, nutzlosen Qual, wenn sich, was vom Leben noch übrig ist, in den einzigen rollenden Hieb einer Peitsche von unendlicher Länge verwandelt, so daß, wer noch kann, dieses Leben eher beendet, als es noch weiter so zu erdulden: zeigt sich das Wesen, der Kern des

Schmerzes. Wer immer dieses böse Vermögen in uns eingesenkt hat, der hat uns nicht geliebt.

Wer immer es so eingerichtet hat, daß der einzelne, unerträglich gepeinigt, aus mehr als Leibeskräften sein Leben zu
retten sucht, um den Preis, daß in der weit überwiegenden Zahl
der Fälle diese Anstrengungen ganz sinnlos bleiben müssen –
dem ist möglicherweise durchaus an unserer Lebendigkeit gelegen. Aber er betrachtet sie als ein Ding, das *ihm* und nicht das
uns gehört; wir haben es *ihm* zu tragen, noch ein kleines Stückchen weiter, und sollten wir darunter auch zusammenbrechen;
dann weiß er Mittel, uns wieder auf die Beine zu bringen, für
noch einen Meter, als wäre damit etwas gewonnen. Leben und
leben lassen: Wir leben, er läßt leben, auch wenn man zehnmal
lieber stürbe. Die Geschlechtslust, so innig sie jeder wollen
muß, ist relativ leicht als die List der Gattung zu durchschau-
en: Sie erhält sich mittels der Belohnung, die sie dem vollzie-
henden Individuum gewährt. Schwerer erkennt man den
Schmerz als das Mittel, die selbstvergessenen Traumtänzer in
Reih und Glied zu erhalten wie ein brüllender Unteroffizier.
Der Gattung dienen wir aus Neigung zum Zuckerbrot; dem
Prinzip der Individuation aus Furcht vor der Peitsche.

Es wird Zeit, das Bild von Haldanes Gott zu komplettieren. Bislang trat er nur auf als ein Liebhaber von Quantitäten, als Ko-
leopterologe, der sich an den 300.000 verschiedenen Arten von
Käfern und am Kaleidoskop der historischen Kostüme erbaut.
Es könnte aber auch sein, daß er die *Qualitäten* zu schätzen
weiß. *Das* Individuum schätzt und kultiviert er bestimmt nicht
(sonst spränge er mit ihm gewiß nicht so um), möglicherweise aber *die* Individuen. Dann gliche der vervollständigte Gott
nicht mehr dem Sammler, sondern dem Züchter; ein Gärtner
wäre er, der Rosen zieht. Ein ganzes Beet, einen ganzen Garten voll hat er zur Blüte gebracht, lauter wunderbare, hochstie-
ige Exemplare. Je höher und röter ein jedes davon erblüht, de-

sto vollkommener ist ihm seine Zucht gelungen, desto tiefer entzückt sie ihn und wächst ihm ans Herz. Das Glück blüht weiß; es ist kaum der Rede wert. Alles Rote erblüht durch Leiden, und in seiner tiefsten, vollsten Tönung nur, wo es das Absolute zu seinem Humus hat, im Blutgeflecht des körperlichen Schmerzes wurzelt; der schafft den Kelch, aus welchem der purpurne Duft quillt.

Die Hölle: vielleicht gibt es sie doch. Ich denke an sie, wenn ich ins Feuer sehe, spät, wenn es niedergebrannt ist und nicht mehr lodert. Aber die Glut ist noch da; ja erst jetzt, in einem Zustand, den man als Ermattung mißdeuten könnte, ist sie eigentlich ganz und tief da; sie durchdringt jedes der ruhigen Scheiter, die aufgehört haben, Holz zu sein, und nur noch dies sind, Glut. Und da erkennt man, obwohl sie zerspalten neben- und aufeinander liegen und man selbst ihre Jahresringe noch unterscheidet, in ihnen die scheinbar erstorbene Flamme wieder, als Abstufung der Farben, von fast Weiß über Orange und Kirschrot bis zu einem Ton, den man den Feuerschatten nennen möchte, läuft die Glut in den Stücken unbändig wie durch einen einzigen Körper. Nur die Oberfläche dieser verwandelten Kohlen sieht man; und blickt ihnen doch bis ins Herz, das sich wie eine Zunge regt. Stumm aber muß sie bleiben; denn ihren Schrei würden wir nicht aushalten. Seelen könnten es sein, die auf ihrer gepeinigten Wallfahrt bis ganz nach oben gelangt sind, bis auf den Grund des Kamins oder Lagerfeuers, damit wir sie zu vorgerückter Stunde versunken betrachten.

Auf den Flügeln des Gedächtnisses

Wie eine Überlieferung aussehen könnte,
die frei und heiter ist

Tradition – das ist der geglückte Stoffwechsel des Gedächtnisses mit dem Wissen. Das Wissen gehört immer der Gesellschaft insgesamt an, es hängt in seinem Bestand nicht davon ab, daß dieser oder jener es hat; es trägt archivalischen Charakter, nichts setzt ihm Grenzen. Das Gedächtnis hingegen liegt im Vermögen des einzelnen und bleibt in dessen beklemmender Endlichkeit gefangen. Das Wissen muß nicht gewußt, wohl aber das Gedächtnis gedacht werden. Es ist der absolute Flaschenhals, durch den die Kultur in die Menschen eingeht – oder eben auch nicht. Wie viel ist nicht schon geschrieben worden! Keiner kann es insgesamt lesen, weit weniger noch das Gelesene sich merken, außer in der vagesten Reminiszenz. Was geschah doch gleich in der *Madame Bovary*? Wenn man alles gelesen habe (»alles« mit der gehörigen Einschränkung verstanden), sagt ein Wahrspruch, der es verdient hätte viel bekannter zu sein, und dann alles vergessen: Was dann noch übrig sei, das sei Bildung. Bildung erscheint hier als homöopathische Kur, als Zuversicht auf Wirksamkeit noch in der unendlichen Verdünnung, wenn sich kein einziges Molekül der wirkenden Substanz mehr nachweisen läßt und nichts bleibt als der gläubige Wunsch, dieses möge, obschon selbst bloß noch Spur, eine Spur von sich im Medium, durch das es ging, hinterlassen haben.

Die kulturpolitische Schulmedizin teilte diesen Glauben nicht. Sie verabfolgte Bildung in der Darreichungsform des Auswendigen, am liebsten als zu lernende und dann abgehörte Ballade. Komplette Deutschstunden in der Gymnasialzeit gingen mir noch hin, indem ein Mitschüler nach dem anderen den »Ring des Polykrates« aufzusagen hatte. Von Rezitieren konnte keine Rede sein, zu hören war die reine Gedächtnisnot, die festsaß, und darauf die Erleichterung des flott gemachten Weiterratterns, indes die Zischlaute der flüsternden Nothelfer wie Nadeln durch die Luft fuhren. Der »Handschuh« hatte seinen Auftritt sogar zweimal, einmal in der neunten und einmal in der elften Klasse, denn die Lehrer sprachen sich nicht ab, und folglich wußte der linke Handschuh nicht, was der rechte tat. Es war grauenhaft; und als Erlösung kam die angstgeborene Fehlleistung, die sich in Positur setzte und anhob: »Der Schiller. Von Friedrich von Handschuh!« (Man muß es nachträglich eine kluge Entscheidung des preußischen Königs nennen, seinen einheimischsten Dichter nicht mehr zu adeln, sonst hätte es künftig in den Deutschstunden fünfmal am Stück geheißen: »John Maynard. Von von Fontane!«) Der zweite Handschuhabhörer war ein Spätaussiedler aus Polen, der es schwer hatte mit uns. »Ich euch kenne!« rief er aus, »Ihr nicht wollt lernen!« So war es.

Aber im Innern dieses Lernens, das so sauer fiel, saß – süß und fest wie ein Mandelkern im Kuchenteig – ein stellenweises müheloses Zueigenwerden. Im »Ring des Polykrates« saßen zum Beispiel: »Er stand auf seines Daches Zinnen«, und: »Hier wendet sich der Gast mit Grausen«, und: »Doch einer lebt noch, sie zu rächen«, und: »Noch keinen sah ich fröhlich enden, auf den mit immer vollen Händen die Götter ihre Gaben streun« – düstere Warnungen zumeist, aber ich liebe sie trotzdem, namentlich die letzten beiden, weil sie mir die Personen, die sie im Munde führten, so überaus deutlich hörbar machen.

Daß einer noch lebe, sie zu rächen, rief mein Vater immer aus, wenn beim »Schafkopf«, der bei uns daheim jeden Sonntag zwischen Kirche und Mittagessen stattfand, der Punkt erreicht war, wo noch ein Ober oder ein As ausstand, die nun das

Spiel entscheiden würden. Seiner unaufmerksamen Familie war es entfallen; nicht aber ihm. Das Behagen an diesem Satz, der so vorhersagbar den ihm zubestimmten Ort finden würde, der Stolz auf die eigenen analytischen Fähigkeiten (er war beruflich Staatsanwalt), die Freude am Spiel mit seiner Familie, wenn sie auch so viel schlechter spielte als er selbst, das alles trat hier zusammen; es war eine Manifestation. Ich erinnere mich gern daran, er lebt mir in diesem Zitat.

Den letzten Spruch hingegen, den vom verwehrten glücklichen Ende, zitierte ebenjener Deutschlehrer, der die Ballade lernen ließ – nicht der berühmte Deutschlehrer, dessen sich der nachmalige Germanist so dankbar entsinnt, weil er ihm das Tor zum Reich der Literatur aufgestoßen habe; sondern ein ausgesprochener Neurastheniker, reizbar, der gegen Ende der Stunde in ein hospitalistisches Bewegungsmuster verfiel, weil er es nicht mehr bis zur nächsten Zigarette aushielt. Er zitierte ihn auf eine merkwürdige Weise, und zwar als Zitat, er sagte: Früher pflegten die Lehrer dies den übermütigen unter ihren begabten Schülern warnend vorzuhalten, denen sie die eigentlich unverdiente gute Zensur nur widerstrebend erteilt hatten. Was veranlaßte ihn, da er das Zitat offenbar nicht zu unterdrücken vermochte, es auf so indirekte Art anzuführen? Sah er den Anwendungsfall, wo es »saß«, bei uns nicht gegeben? (Denn ein Zitat muß unbedingt »sitzen«.) Oder – und darauf deutete das »Früher« hin, womit er es fast elegisch versah – scheute er vor dem Pathos dieser nur im Dreierpack lieferbaren Verse zurück, als ob er sich mit dem Eingeständnis seiner Neigung zu ihnen eine Blöße gegeben hätte? Jedenfalls trat es so von Anfang an als etwas Vergangenes in meine Gegenwart und gehört mir heute in ein eigentümliches Plusquamperfekt.

»Geflügelte Worte« heißen oder hießen diese Gnadengeschenke an ein Gedächtnis, das sich ausnahmsweise einmal nicht zu plagen brauchte, seit Georg Büchmann ihnen vor rund anderthalb Jahrhunderten diesen Namen gab, ziemlich willkürlich, aber nicht ohne tieferen Grund. Er entstammt dem Urbild alles Geschriebenen und ums Auswendige Werbenden, dem Werk Homers. »Welches geflügelte Wort, o Tochter, entfloh da dem Gehege deiner Zähne?«– so ähnlich, wie Zeus hier Athene anredet, kommt es dutzendemale in *Ilias* und *Odyssee* vor. Im geflügelten Wort genießt das Gedächtnis, befreit zur Unwillkürlichkeit, sich selbst; und läßt gern die anderen an diesem Genuß teilhaben. Wo es gesprochen, gehört, verstanden wird, hat ein kleines Fest statt, kleiner als bei einem gut erzählten Witz, aber vom selben Schlag. Eigentlich ist es schade, daß es heute aus dem Gebrauch gekommen ist.

Einen großen Teil der Kraft, die einmal ihm zugeflossen ist, hat heute die Reklame aufgesaugt; und es bleibt kaum noch jemandem Energie, sich unabsichtlich etwas zu merken, das kein Markenzeichen trägt. Nirgends sonst läßt sich die schrankenlose Unverschämtheit des modernen Kapitalismus so mit Händen greifen wie bei diesem abgefeimten Kidnapping unseres arglosesten mentalen Vermögens. Man muß, um zu begreifen, was geschieht, einem dreijährigen Kind zugehört haben, wie es stundenlang über das Thema »Liebe ist, wenn es Landliebe ist« improvisiert. Beispiele werde ich sonst nicht geben, sie liegen jedem nahe genug; und es liefe, selbst wenn mit dem Stempel der Mißbilligung versehen, wider Willen doch auf ein Product Placement hinaus. Denn so verhält es sich mit dem Gedächtnis: Es ist absolut, und die Vorzeichen nach Plus und Minus kommen hinzu und bedeuten ihm wenig.

Man muß das Verschwinden des Bildungshorizonts, vor dem das geflügelte Wort einmal entstand, nicht beklagen, seiner geistigen Weite, seiner Kraft des Verbindlichen, seiner Tiefe in die Geschichte hinein – es war genügend stupide Plackerei dabei, gewiß auch Hochmut, und am Ende hatte man vielleicht doch nicht mehr in der Hand als die holzige Frucht eines Schillerschen Langgedichts. Es ist ein gesellschaftliches Ritu-

al, das verlorenging – »Gesellschaft« im damaligen Sinn genommen, als man entweder dazugehörte oder nicht –, vergleichbar der Sitte, als Besucher Blumen mitzubringen. Einige
freuen sich an den Blüten und ihrem Duft, andere ärgert das
Mechanische des Vorgangs (und insgeheim vielleicht auch die
erforderliche Ausgabe). Wie allen vergangenen Moden haftet
auch dem geflügelten Wort heute ein leicht verstaubter Liebreiz an; hier und da möglich wird es wieder, gerade weil es so
unmöglich ist. Ein Gespräch, das Zitate schwängern, denke ich
mir wie die Atmosphäre eines Salons, wo in den Vasen ein halbes Dutzend mitgebrachter Sträuße steht, ein wenig drückend,
aber charmant.

Es kommt bei uns nichts um. Was immer man sonst gegen
den heutigen Zustand der Kultur auf dem Herzen haben mag,
dies wird man ihr bestätigen müssen. Und so gibt es auch den
Büchmann immer noch lieferbar in mehreren Editionen. Aber
sein Ort hat sich gewandelt. Er steht heute nicht mehr dort, wo
Ewigkeit und Schönheit sich umfaßt, wie der Dichter sagt,
sprich an der Schnittstelle, an der das atmende Gedächtnis seinen Austausch mit dem Vorrat des Wissens regelt; wo die großen Werke der Toten den Lebenden ihre Pfänder überlassen,
klein genug, um mit einer Hand und einem Satz umspannt zu
werden. Der Büchmann selbst ist tief hinab in den Vorrat ge-
taucht, aus dem erst ein anderer ihm wieder ans Licht helfen
müßte, sollte es denn die Mühe lohnen. Regungslos und unge-
fährdet liegt er da, ein Ziegelstein im geschlossenen Mauerver-
band des Beliebigen. 81 Zitate von Horaz gibt er immer noch
an, deutsch und lateinisch. Einundachtzig! Ich kenne nur einen einzigen Menschen, der ein einziges Zitat von Horaz sein
eigen nennt – so sehr allerdings, daß es ihm eine akustische
Physiognomie gibt, einen Studenten älteren Semesters mit so
ausgeprägter sächsischer Mundart, daß selbst seine Mitsachsen
ihn zuweilen nicht verstehen. Das Zitat lautet »Es ist ein Maß
in den Dingen«, est modus in rebus, und es paßt immer.

Zwei neue Büchmänner habe ich vor mir liegen. Der eine, ein Taschenbuch von Knaur, ist etwas dürftig, aber so weit in Ordnung. Er begnügt sich im wesentlichen mit einer gekürzten Fassung des Klassikers. Der andere, von Bassermann, gibt sich den Anschein der neuen Überarbeitung. Schon sein Äußeres überzeugt mich nicht. Bei einem Umfang von rund sienbenhundert Seiten hat er nicht einmal ein Lesebändchen. Offenbar setzt er kein Vertrauen in seinen Leser, in dessen Geduld und Bereitschaft, dort nach einiger Zeit wieder anzufangen, wo er aufgehört hat. Auch sonst mangelt es ihm an jenen Gesten, mit denen ein Buch sich in die Hand legen und empfehlen sollte. Ein dicker Band ist herausgekommen, aber einer von denen, die schon durch ihren bloßen Anblick verraten, daß etwas mit ihrem spezifischen Gewicht nicht stimmt; daß sie, wenn man sie aufnimmt, zu leicht sein werden. Einen Schutzumschlag besitzt er nicht, dafür einen Einband mit Glanzkaschierung, abwischbar wie eine Klosettkachel. Was immer du vorhast, o Leser, tu es rasch! Mit Händen zu greifen ist der Vorsatz, den alten Büchmann abzustauben, in des Wortes doppelter Bedeutung. Nicht nur heißt es ja, den Staub von einem lang verwahrten Ding wegzublasen, sondern auch, es bei dieser Gelegenheit auf halblegale Weise an sich zu bringen, indem man frech behauptet, das jucke ja sowieso keinen. Leider entspricht das den Tatsachen: Denn der Büchmann ist »frei« im urheberrechtlichen Sinn und ermutigt so die Halbherzigen, es auch bei gesunkener Nachfrage mit dem Merchandising der Vergangenheit zu versuchen.

Damit vergleiche man nun den Büchmann von 1907! Es ist die 23. Auflage, 140. bis 150. Tausend. Das will uns heute gar nicht so viel vorkommen; es bedeutet im knappen halben Jahrhundert seiner Existenz bis dahin pro Jahr rund dreitausend verkaufte Exemplare. Möglicherweise liegen die heutigen Auflagen sogar höher. Aber der alte Büchmann hat ein Gefühl seiner Würde und Maßgeblichkeit, das sich nicht an Zahlen mißt, sondern am Habitus. Reiche ornamentale Goldprägung weist der Einband auf, und rings um den Block der Seiten läuft ein zarter Marmorschnitt. Selbstverständlich führt er ein Lese-bändchen, gewirkt aus Rot und Orange. Und er weiß auch, wie man ein solches Werk anhebt: Wenn man ihn aufschlägt, steht auf der ersten Seite rechts der Titel, »Geflügelte Worte. Der Zitatenschatz des deutschen Volkes, gesammelt und erläutert von Georg Büchmann«. Links aber findet sich ganzseitig des-sen Porträt. Es ist mit jenem hauchzarten Papier überdeckt, mit dem das ganze 19. Jahrhundert noch lang nach Erfindung der Fotografie seine Ehrfurcht vor jeder Art von Bild bekundet hat, als etwas, das man sich durch Abheben der knisternden Ver-hüllung erst verdienen muß. Alles Individuelle scheint gerade-zu vorsätzlich daraus getilgt; man sieht den typischen Frack der Zeit und dazu das gestärkte Vorhemd, einen Vollbart, der den Mund ganz und gar zum Verschwinden bringt (merkwürdig für einen Mann der Aussprüche), und die unvermeidliche Bril-le; es ist der Gelehrte seiner Zeit auf den fast karikaturhaften Gipfel getrieben. Und doch hat man nicht das Gefühl eines Mangels, so wenig wie bei den Personendarstellungen des Mit-telalters. Wie ein Schlußstein mutet das Bild an, in den der Baumeister nach Vollendung des Gewölbes sein eigenes Por-trät eingrub. Das Buch hat seinen Ort gefunden in einer glück-lichen Mitte des Persönlichen und des Allgemeinen; in ihm fällt, so wie ein Duden das Wörterbuch und ein Colt das Schießeisen schlechthin bedeutet, ein Name mit der Sache zu-sammen, die man nicht entbehren kann. Es ist ein *Werk*: die umfängliche, doch umrissene Gestalt dessen, was *ein* Mann in seiner Lebenszeit vollbringen kann. Darum darf das Buch sich auch die kleine aber tiefe Genugtuung gönnen, sich selbst als einen klassischen Fall dessen, was es meint, mit aufzunehmen: Der Büchmann enthält den Büchmann. Und wie die Person zum Begriff wird, so kann der Begriff sich unverhofft wieder in einem Menschen verkörpern. »Sie sind ja der reine Büch-

mann!« erscheint als die typische Reverenz, die ihm im launi-
gen Gespräch erwiesen wird. Auch die Neuausgabe beläßt diesen Satz und verrät dadurch vielleicht am deutlichsten, wie wenig Gedanken sie sich um ihren Platz in der Gegenwart macht.

Was die Literatur der klassischen Moderne zu diesem Schatz
beizutragen hat, fällt schmal und bescheiden aus. Ihre geringe
Kraft, geflügelte Worte noch neu zu schaffen, konzentriert sie
ganz auf die Buchtitel: »Das Kunstwerk im Zeitalter seiner technischen Reproduzierbarkeit« erscheint gerahmt von »Tiere sehen dich an« und »Krach im Hinterhaus«, in der näheren Umgebung haben »Hoppla, wir leben« (Ernst Toller), »Wer einmal
aus dem Blechnapf frißt« (Fallada), »Als wär's ein Stück von
mir« (Zuckmayer) ihr Nest gebaut. Letzteres vermag wohl nur
deshalb zu fliegen, weil es seinerseits einem schon ermatteten
Vogel des 19. Jahrhunderts die Schwungfedern entwendet, Uh-
lands »Ich hatt' einen Kameraden«. Was soll man davon halten,
daß die drei zitatentüchtigsten Titelpräger des 20. Jahrhunderts
im deutschen Sprachraum Bert Brecht, Heinrich Böll und Johannes Mario Simmel heißen, mit sechs, neun und sechs Ein-
trägen respektive? Es ist ein Rundgang durch eine Bibliothek,
bei dem kein einziges Buch herausgenommen und geöffnet
werden muß; ein schöner Rücken kann auch entzücken.

Ich gäbe übrigens was drum, wenn ich wüßte, wer dem Rük-
ken das zum erstenmal nachgerühmt hat! Der Büchmann bietet es nicht; und doch hat jeder, der es im Munde führt (was oft
geschieht), das deutliche Gefühl, daß es nicht in der namenlo-
sen Volksweisheit wurzelt wie der Meister, der vom Himmel
fällt, sondern daß es, ungeachtet seiner poetisch mäßigen Qualität, einen bestimmten Urheber hat. Es ist ein blöder Spruch,
aber ein unwiderstehlicher, einer, der vom ersten Augenblick
an, da man ihn hört, mit Klauen packt und nicht mehr losläßt;
Gelegenheiten gibt es, wo man ihn anzuführen mit einem
Kraftaufwand unterlassen muß, als ginge es um ein Gähnen

oder Schlimmeres. Er teilt nichts mit, er beweist, da jeder ihn kennt, keine privilegierte Bildung, er hat, da ihn jeder völlig identisch verwendet, nicht den geringsten expressiven Wert – warum also macht sich dieser phraseologische Dämon mit solcher Hartnäckigkeit geltend, sobald eine Person einer anderen die Sicht vertritt, sich der Anblick von bäuchlings gelagerten Sonnenbadern bietet oder überhaupt nur irgendwie die rückwärtige Hälfte des Menschen zur Betrachtung oder Debatte steht? Es ist ein echtes Rätsel: eines des Gedächtnisses.

Das Gedächtnis will, daß man ihm schmeichle. Darum waren das alte Gedicht, das alte Drama schön. Die neuere Literatur hat dies mit hoher Energie verweigert und dafür einen noch höheren Preis gezahlt. Es mag noch so nötig gewesen sein, daß Metrum, Strophe, Reim über Bord gingen – man sollte es nicht wie einen Sieg feiern, auch wenn das Gedicht durch seine gelungene Ausbootung vielleicht vorerst gerettet ist: sondern die Unabwendbarkeit des Schiffbruchs beklagen. Was für ein Schiff ist da gesunken. Der alte Pakt der Lyrik mit dem Ohr und mit der Erinnerung dahinter ist aufgekündigt; man kann sich, wie bereits Virginia Woolf vor achtzig Jahren festgestellt hat, keine drei Zeilen dieser neuen Gedichte hintereinander merken. Und mehr noch: mit dem Raub, der am Klang geschieht, wird auch das intellektuelle Verständnis beschädigt; selbst wer aufmerksam zuhört, wird bei einer zeitgenössischen Lyriklesung in vier von fünf Fällen hinterher nicht sagen können, worum es ging. So sind es in den Gedichten der Moderne zwei traurig stumme Einsamkeiten, die des Schreibers und die des Lesers, die sich auf dem oft fast leeren Papier begegnen und aneinander vorüberziehen wie Wanderer im Schnee. Der schöne Rücken, wenn auch sonst nichts, reimt sich und haftet – das allein genügt schon zum Entzücken, wenn es anders nicht mehr erlebt werden kann. Von der Niedrigkeit des Ersatzes und dem Erfolg, den er dennoch hat, schließe man auf die Stärke des Bedürfnisses. Die schöne Lautung ist Einladung und Bedingung,

sie ist das Tor zum Gedächtnis, so, wie die Zärtlichkeit zur dauernden Liebe.

Ich habe mir vorgenommen, bei der Abfassung dieses Textes
kein einziges Zitat, außer solche aus dem Büchmann, nachzu-
schlagen, sondern mich ganz auf das zu verlassen, was mein eigenes Gedächtnis hergibt. Durch Fahrlässigkeit hoffe ich dem
Geist des Phänomens auf der Spur zu bleiben. Dem Gedächtnis inhärieren, bei aller Deutlichkeit, kleine oder auch größere
Fehler. Zum Beispiel hätte ich Stein und Bein geschworen, daß
der Titel von Falladas Roman lautet »Wer einmal aus dem
Blechnapf *fraß*«. Meiner Meinung nach gewinnt er bei diesem
langvokaligen, dunkeltonigen Präteritum, aus dem sich, wenn
man will, Drohung und Bitterkeit heraushören lassen. Diese
Art von oft produktiven, in jedem Fall individualisierenden
Fehlern gilt, sobald Schriftlichkeit ins Spiel kommt, heute als
nicht mehr akzeptabel. Der Autor hat etwas gedacht, der Leser
denkt, ohne es zu merken, etwas hinzu – für dieses Spiel gibt
es keinen Raum mehr. *Genau* hat das Zitat zu sein! Darin besteht das spanische Hofzeremoniell der Geisteswissenschaften.
Schon im ersten Semester werden Germanisten und Historiker, Philosophen, Anglisten und Soziologen zum sogenannten
wissenschaftlichen Arbeiten hingedrillt, was zu zwei Dritteln
bedeutet, sich der kniffligen Kunst des richtigen Zitierens hinzugeben, dem Auffinden und hündischen Kopieren der Quellen. Wenn es ja noch die Juristerei wäre! Aber wozu es gut sein
soll, die Einsichten einer Promotion über die Droste aus dem
Jahr 1950 so exakt wiederzugeben, als handelte es sich um eine
Telefonnummer, das ist nicht zu begreifen. Im allgemeinen
wird hier ein bißchen westfälischer Nebel aufs Geratewohl
vollauf genügen. Es sollte einer schon ein recht bedeutender
Geist sein, um Anspruch erheben zu dürfen, *einigermaßen*
wörtlich angeführt zu werden.

Dieses ganze sklavische Zitierwesen stiehlt in den Uni-
Bibliotheken der akademischen Jugend täglich Tausende von
Arbeitsstunden, die mit Lesen und Nachdenken sinn- und lust-
voller verbracht wären; es raubt ihnen den Mut zur Freiheit, es
verdirbt sie für alles heitere Gefühl im Umgang mit dem Anderen und Früheren. *Dienen* soll der Geist lernen! Aller andere Ehrgeiz wirkt deplaziert und kommt höchstens als Kür in
Betracht. In jedem Fall langt es zum Magister und oft genug
zur Habilitation. So entsteht die erbärmliche Unlesbarkeit der
ganzen zwischen Text und Fußnoten gespaltenen wissenschaftlichen Literatur, die das Vergnügen an einem schönen
Gebäude gegen die Belästigungen einer immerwährenden
Baustelle eingetauscht hat. Welche Unlust hauchen diese Gebilde aus! Und keinen höheren Zweck scheinen ihre Autoren,
Studenten und Koryphäen gleichermaßen, zu kennen, als diese Unlust ungefiltert weiterzuleiten an den, der die Produkte
in die Hand nimmt – nehmen muß, denn keiner wird dies tun,
für den nicht seinerseits die Pflicht besteht, den »Forschungs-
stand zur Kenntnis zu nehmen«, wie die sadomasochistische
Formel lautet; in der Regel deshalb, weil er seinerseits ein ähnliches Produkt anzufertigen gedenkt, damit wiederum ein Drit-
ter darum nicht herumkomme.

Die Forderungen des wissenschaftlichen Schreibens wären
eigentlich eine Trübnis für sich und hätten mit dem Thema
nichts zu tun, wenn in ihnen nicht das eigentliche Übel säße:
Sie versiegeln die osmotische Membran zwischen Wissen und
Gedächtnis. Das Gedächtnis erstickt, das Wissen verliert Bezug
und Heimat. Das Lateinische hörte auf, eine lebendige Sprache
zu sein, als die Humanisten das Gewohnheitsrecht des alther-
gebrachten Mittellateins nicht mehr anerkennen wollten und
die Erneuerung an den hohen Standards der Klassiker suchten.
Das gelang ihnen auch, die Qualität der Sprache stieg aufs be-
eindruckendste; aber so ciceronisch, wie es nun erforderlich
wurde, ließ sich ohne Anstrengung in ihr nicht mehr plaudern,

und so trat der kleine Kollateralschaden auf, daß sie, ganz auf
den Dienstweg verwiesen, darüber starb: Operation gelungen,
Patient tot. (Ein schöner und gedankentiefer Satz, viel schöner
als der vom Rücken! Wer ihn wohl als erster gesprochen hat?
Ein Zyniker oder ein Ahnungsloser? Am liebsten stelle ich mir
vor: ein Ahnungsloser, dem ein Zyniker lauschte.)[1]

Ähnliches wie von der schönen Leiche Latein läßt sich vom
Wissen sagen, an dessen Ritualen der einzelne nur dann noch
teilhaben darf, wenn er es mit Überschärfe reproduziert. Er darf
es nur abschreiben; gemerkt haben gilt nicht. Spontane Aneig-
nung und Wiedergabe sind als unwissenschaftlich verpönt.
Niemals zwar konnte ein einzelner sich alles merken – aber
vielleicht doch so ungefähr einen bedeutenden Teil davon.
Wenn dieses schöne Ungefähre des Landes verwiesen wird,
wenn sich keiner mehr einfach so an etwas halb und vage erinnern und darauf in dem, was er äußert, Bezug nehmen darf,
wenn er jeden kleinen Brosamen dessen, was von anderen
überkommen ist, auf Letter und Komma an der schriftlichen
Quelle aufzusuchen und nachzuweisen hat – dann gibt es nie-
manden mehr, in dem das Wissen tatsächlich Bewußtsein erlangt. Es fließt aus dem Gelesenen in den Laptop hinüber, in
unkontrollierbaren und maßlosen Quantitäten, ohne daß es
eine Chance hätte, dazwischen in einem Kopf zu verweilen und
eine Perspektive zu gewinnen. Neuere Techniken kommen diesem zwischenstationslosen Übergang von Schrift in Schrift
entgegen: die Fotokopie, die das Exzerpt überflüssig macht und
damit den körperhaften Weg vom Auge in die Hand, der phy-
siognomischer Ausdruck wurde; der Scanner; das Internet.

Zu den sympathischsten Eigenheiten der antiken Literatur
gehört es, daß Zitate dort grundsätzlich als erinnerte erschei-

---

[1] Inzwischen habe ich erfahren, daß er von einem der berühmten Ärzte des
    19. Jahrhunderts stammt (welcher, ist mir leider wieder entfallen, Billroth
    oder Sauerbruch möglicherweise), nachdem er in seiner Freizeit einen *Hund*
    operiert hatte.

nen. Das ist leicht darzutun, denn sie stimmen nie. Der Kommentar zu Senecas *Epistulae Morales* weist es ihm in jedem Fall nach. Aber Seneca wußte diese ganzen Stellen, wenngleich ungenau, auswendig, während der Philologe die Differenz der Lesarten, die er heute herausstreicht, morgen aus dem Sinn verloren haben wird. Seneca ist der Behälter seiner Kenntnisse; der Kommentator nur die Wasserleitung, durch die es hindurchrauscht, um – ja, wohin eigentlich zu fließen? Nur das Papier hat noch, was es zu haben gibt; manchmal, bei den großen Sonderforschungsbereichen, über viele Jahre hinweg nicht einmal das Papier, sondern nur der Abgrund der Dateien. Mit Menschenzeit läßt er sich füttern, wie der Minotaurus im Labyrinth mit dem Fleisch der Athener Jünglinge und Jungfrauen. Oh, daß ihm ein Theseus erstünde! Ein Schwert in der rechten Hand und einen Leitfaden in der linken müßte er haben. Das ungewußte Wissen äfft seine Beschaffer und Bewahrer durch die Fata Morgana, sie kämen jederzeit sofort heran, und alles wäre insgesamt so gut wie ihr Eigentum. Aber obwohl das für jedes Detail natürlich zutrifft, wird es am großen Ganzen dennoch zur Lüge. Denn es ist einfach so viel, was hier liegt, daß immer nur der kleinste Bruchteil aufgesucht werden kann – und unverzüglich wieder in den Orkus hinabtaucht.

Antike Bücher spiegelten ihren Lesern niemals diese beliebige Benutzbarkeit vor: Dazu gab es von diesen stets handgefertigten Schriftrollen einfach zu wenige, und sie auseinanderzustrecken war ein mühseliges Geschäft, nicht unähnlich dem Tapezieren, das den Einsatz beider Arme erforderte. Mal eben nachschauen ließ sich so gut wie nichts, denn an Stelle des kursorischen Blätterns stand das lineare Abwickeln. Bücher erschlossen sich nur von vorn nach hinten, die Durchstecherei eines Registers hätte nicht funktioniert. So trat jedes Buch und jede Lektüre an den Leser heran mit der Mahnung: Lies mich gut und merk es dir! Wo heute in den wissenschaftlichen Propädeutiken das richtige Zitieren gelehrt wird, dort verwandte die Antike ihre Kräfte an die Ausbildung der Gedächtniskunst. Nur *eine* abkürzende Praxis gönnte die antike Bildung sich zuweilen, roh, aufwendig, aber verblüffend. Seneca erwähnt sie (oder war es Petron? Zu ihm würde es eindeutig besser passen.) Ein Neureicher kauft sich Sklaven, die jeweils die ganze *Odyssee* oder die ganze *Ilias* auswendig kennen; diese Sklaven sind teuer, denn in ihre Programmierung wurde viel investiert. Der Herr ruft sie nach dem Gelage herbei und läßt sie vor seinen Gästen rezitieren, voll Stolz. Denn, so sagt er, das Gedächtnis des Sklaven ist der Besitz seines Herrn. So sah er aus, der reine Büchmann vor zweitausend Jahren. Solch innige Formen des Outsourcings gibt es heute nicht mehr, und fast möchte es einem leid tun: Nie wird uns ein Buch in dieser Weise, mit derart brutaler Überwältigung des Stoffs gehören, wie diesem Parvenu sein »instrumentum vocale« (so definierte der ältere Cato den Sklaven): sein stimmbegabtes Gerät. Es mahnt daran, wie erschreckend allein jeder ist mit dem, was ihm erinnerlich bleibt, und was für ein zartes Ding dein Gedächtnis ist.

Geflügelte Worte sind keine Weisheiten, sondern Gewohnheiten. Es steckt in ihnen, wie in jeder Gewohnheit, viel entlastende Faulheit. Sie sind wie die Ornamente an den Häusern, denen es vor rund hundert Jahren anfing an den Kragen zu gehen: Zu bedeuten haben sie eigentlich nichts, aber wenn man sie herabschlägt, erweist es sich im Nachhinein, daß die Zierde doch eine Hauptsache war. Dann tritt ein, was das Lied von der Glocke sich nur als Brandruine ausmalen mochte: In den leeren Fensterhöhlen wohnt das Grauen. Beim Anblick eines Ornaments muß man nichts denken, das macht es so angenehm. So auch kann ein geflügeltes Wort ruhig mittelmäßig intelligent bis ausgesprochen dumm sein, ja übermäßige Klugheit schadet ihm eher. »Aus einem kühlen Grunde«, »Alter Freund und Kupferstecher«, »Singe wem Gesang gegeben«, das schleppt auch noch der neue Büchmann mit, obwohl man sich die altertümliche Stimmung von Bonhomie, in der allein solche Nichtse gesprächsweise zu gedeihen vermögen, gar nicht mehr recht vorstellen kann. Wie gerne sähe ich es zum Beispiel, wenn statt dessen der Satz von Johann Nestroy: »Der Mensch ist das einzige Tier, das ein Wadel hat«, Flügel bekäme. Damit wäre ein dauerndes humoristisches Gegengewicht geschaffen zu allen hochfahrenden Behauptungen von der einzigartigen Stellung des Menschen in der Welt, die ihn bald als das einzige Tier, das spricht, bald als das einzige, das lacht oder weint, aus seiner natürlichen Umwelt heraushebeln wollen. Es hilft nichts, man muß zu viel überlegen dabei, der Witz muß sozusagen zwei Stufen auf einmal nehmen, um kapiert zu werden; der darin enthaltene Gedanke wird es nicht schaffen, so kurrent zu werden, daß er die gesellige Freude des Wiedererkennens erweckt. Ihn in Gesellschaft zu äußern, hieße jeden für sich an die relative Schärfe des eigenen Kopfs zurückzuverweisen; es wäre ein asozialer Akt. Abgesehen davon läßt Nestroy, was ihm gehört, niemals ganz los, es schmeckt immer nach Nestroy, und die Ersetzung des österreichischen Wadels durch eine hochdeutsche Wade zerstört leider, ohne daß sich begreifen ließe wie, sofort den ganzen Satz. »Zwei Blinde wollen einander Tabak geben« – das stammt von Jean Paul, und es verlangt dem Anschauungs- wie dem Empfindungsvermögen im Verhältnis zur Kürze des Wortlauts so absurd viel ab, daß es tausendmal von einzelnen gefunden werden mag und doch nie den Rang des Allgemeinen erlangen wird. Das geflügelte Wort, als es blühte, war ein Accessoire; es zu zitieren lag auf derselben geschwungenen Schönheitslinie wie das Aufsetzen des Kneifers, das Stopfen der Pfeife oder das Ablesen der Zeit mittels der aus den Tiefen der Tasche erst hervorzusuchenden Taschenuhr. Umständlich hatte es zu sein, aber nicht unbequem; gemütlich, mit einem Wort.

Stets geflügelt wird der Genius dargestellt. In diesem Sinn hat die deutsche Dichtung zwei Genies hervorgebracht, und um es vorwegzunehmen: Goethe ist nicht darunter. Zwar nimmt Goethe im Büchmann insgesamt doch das größte Volumen ein; aber selbst beim *Faust I*, dem deutschen Werk mit der höchsten Trefferdichte, dieser Orgie des Auswendigen, hat man das Gefühl, daß er gewissermaßen nichts dafür kann, daß ihm vor lauter Größe seine Lieferanteneignung unbewußt bleibt – selbst dort, wo Sätze wie »Die Botschaft hör ich wohl, allein mir fehlt der Glaube« und »Das Wunder ist des Glaubens liebstes Kind« einander die Staffel in die Hand geben.

Anders Friedrich Schiller und Wilhelm Busch. Sie unterscheiden sich sehr voneinander; aber beide wissen sie genau, wann sie zum Flug ansetzen, sie plustern kurz, holen Luft und geben dem Publikum zu verstehen: Jetzt kommt's! Und es kommt: »Die Axt im Haus erspart den Zimmermann«, »Ich bin der letzte meines Stamms«, »Ich hab getan, was ich nicht lassen konnte«, 34 Stichworte allein für *Wilhelm Tell* noch in der jüngsten Ausgabe, wenngleich zu meinem Bedauern »Auf diese Bank von Stein will ich mich setzen« nicht mehr darunter ist – es war für mich der Inbegriff des Zitierens im Leerlauf, eines Gedächtnisses, das nur noch um sich selbst kreiste und sich auf jedem x-beliebigen Ding niederließ. Schiller verlangte dabei immer noch den kleinen Akt der Zubereitung, wodurch sich der schnaubende Idealist in den von Nasenpolypen geplagten Schwaben zurückverwandelte, der er von Haus aus war. Wie man eine Weinflasche mittels eines Korkenziehers öffnen muß, bevor man einschenken kann, so mußte man auch Schiller erst leicht ironisch knicken, ehe er mundete; aber das ging nahezu automatisch, und der kleine Handgriff trug zum Behagen bei.

Bei Wilhelm Busch dagegen ist das schmunzelnde Behagen schon vorab eingebaut; er ist in mancher Hinsicht praktischer als Schiller. Er glitscht ins Gedächtnis als die reine Hinterlist. »Enthaltsamkeit ist das Vergnügen / an Sachen, welche wir nicht kriegen« – das ist so wahr, daß der, der es zitierte, hätte abstürzen müssen, wäre er dabei aus dem Schlafwandeln der Pläsierlichkeit erwacht. »Das Gute, dieser Satz steht fest / ist stets das Böse, was man läßt.« Welch ein Januskopf von einer Maxime! Sie gibt dem Philister, dem sie sich zur gefälligen Benutzung empfiehlt, so sehr recht, daß er darin kenntlich wird. Und wenn einer sich in seinem Sorgensitz zurücklehnt und es heißt: »Ach! spricht er, die größte Freud / ist doch die Zufriedenheit!«, dann wüßte man auch ohne Rückgriff in die Kindheit, die es auswendig kennt, daß hier nur eine einzige Fortsetzung möglich ist: Rumms, da geht die Pfeife los! Max und Moritz haben sie mit Schießpulver gefüllt, das Anzünden aber hämischerweise dem Lehrer Lämpel selbst überlassen.

O, das geflügelte Wort konnte auch produktiv werden! Aber es bekam ihm nicht. Wie jede starke Konvention verlieh es selbst der schwachen Abweichung, da sie vor den Horizont des allgemein Bekannten trat, sogleich Bedeutsamkeit. Karl Kraus baut einen großen Teil seines Werks aus solchen Minimal-Variationen, aus wehmütigen Vertiefungen des Abgenutzten, aus Anrufungen Schillers und Goethes, wo man sie nicht vermutet hätte. Den Ersten Weltkrieg packt er wie mit den zwei Backen einer Zange, indem er den Kontrast von August 1914 und November 1918 auf die Formel des Wortes aus der *Braut von Messina* bringt: »Ein andres Antlitz zeigt, eh sie geschehen, ein anderes die vollbrachte Tat«; er legt dabei Wert auf die leichte aber entscheidende Verlängerung um eine Silbe, die »anderes« gegenüber »andres« aufweist, worin für sein Ohr die ganze Differenz von frischem Draufgängertum und lang währender Reue enthalten ist. Schon bei Schiller wiegt dieses Wort fast zu schwer, um noch fliegen zu können. Kraus aber belastet es noch mehr; er verleiht ihm einen welthistorischen Ernst, der ihm ein für allemal die gute Laune austreibt, welche für die Zitiererei ein so unvergleichlicher Humus ist. Ganz zu eigen macht er es sich, flügelt es aber nicht neu, sondern bannt es in die Gelegenheit fest, zu der er es benötigt; er braucht es auf. Er denkt zu-

viel dabei und macht damit die Biedermänner kopfscheu, die
sich nicht mehr trauen, nach dem vormaligen Gemeinbesitz
zu langen. Kraus gehört jener Moderne an, die das Alte, das
19. Jahrhundert, überwindet, indem sie es frißt. Nur dadurch
kommt sie zu Kräften – im Fall von Kraus: zur Erinnerlichkeit,
die er dem ephemeren Zeitschriftenwerk seiner *Fackel* ab-
zwingt.

Ich bedaure das Entschwinden des geflügelten Worts; aber ich
bedaure es nicht zu sehr. Der Punkt, auf dem ich es gern fest-
hielte, ist nicht sein Zenit, sondern sein Abend, in dessen schöne verzögerte Röte die langen und immer längeren Schatten
von Schiller, Busch, Kraus fallen. Aber auf sie folgt unvermeidlich die Nacht. In ihr darf alles schlafen, was einmal Gedächtnis war. Es kriecht unter ins vegetative Wissen. Vor diesem hat
die erinnerungsarme Gegenwart einen merkwürdigen Re-
spekt, nichts wirft sie weg, alles hebt sie auf. Es wäre eigentlich
ein Zustand, mit dem man sich recht gut arrangieren könnte:
Denn was spricht dagegen, im Schlummer Kraft zu sammeln
für den nächsten Tag? Was heute als Ballast die wohlgehüte-
ten Regale füllt, das kann ja morgen erwachen, und es ist nicht
einmal auszuschließen, daß selbst Horaz noch einmal aus dem
Reich der Gespenster zurückkehrt, um verstanden, erinnert,
geliebt und zitiert zu werden. »Nachhaltigkeit«, dieses vielbe-
mühte Schlagwort im Umgang mit den natürlichen Ressour-
cen, könnte bei den geistigen, und mit weit weniger Aufwand,
einfach bedeuten, sich von den überkommenen Mengen nicht
irre machen zu lassen und es künftigen Zeiten anheimzustel-
len, woran sie anzuknüpfen, woraus sie *ihre* Tradition zu
schöpfen wünschen. Daß wir es nicht weggeworfen haben, daß
es noch da ist, genügt. Denn Tradition ist ja nicht die Totalität
der Überbleibsel, das Mobiliar einer Wohnung im Sterbefall,
mit dem man sich herumzuschlagen hat; es heißt Vorliebe für
dieses oder jenes, mit dem man sich einrichten und leben

möchte. Auch mit der Pietät soll man es nicht übertreiben. Sarkophage haben Jahrhunderte als Wassertröge für das Vieh auf der Weide überdauert, und das sicherer als heute, wo sie in den Museen im Zentrum der großen Städte ihren bedenklich exponierten Platz gefunden haben.

Aber die Gegenwart fühlt sich unbehaglich vor der Masse des Gerümpels. Es fehlt ihr die Anmut, mit der auf alten Bildern Ziegenhirten ihre Herden durch die Trümmer der Tempel treiben; sie neigt zu Panik und Kanondebatten. Dabei kann nichts herauskommen als Anmaßung und ein schlechtes Gewissen, sprich die Liste aller Bücher, die zu lesen gewesen wären und es nicht wurden. (So erklärt sich wohl auch die Konzentration der Zitate des 20. Jahrhunderts auf die Titel.) Heuchelei wird zum Modus der Teilhabe am Vielzuvielen. Da muß man dem geflügelten Wort ein erheblich höheres Maß an Eleganz bescheinigen. »Hier steh ich nun, ich armer Tor, und bin so klug als wie zuvor«, das erweist dem *Faust* die Reverenz, die er verdient, und macht ihn lebendig in der Abkürzung. Gemünzt auf den Zitierenden selbst, stimmt es und stimmt zugleich nicht; von Vergessenhaben und Erinnern bezeichnet es die holde Mitte. Es ist nun ein für allemal nichts mit dem »kulturellen Gedächtnis«, als wäre die Kultur ein vielzelliges einhelliges Lebewesen wie ein Schwamm, der das Triefende saugt, unersättlich. Das Gedächtnis gehört niemandem an als dem in Raum und Zeit begrenzten Ich, dieser winzigen einzigen Zelle, da paßt nur so und so viel hinein; und da die Massen, die es überhaupt gibt, so überreich geworden sind, so geht im Verhältnis immer weniger davon in das kleine Gefäß. Daß ein Bestand durch reine physische Beharrung auch für sich selbst soll sorgen können, begreift die Gegenwart schwer; sie glaubt in ihrer Ängstlichkeit nicht daran. Die Pyramiden standen neununddreißig ihrer vierzig Jahrhunderte nicht unter Denkmalschutz, sie waren nackt und sind doch geblieben, etwas ramponiert zwar, aber das gehört auch dazu.

Freilich trifft heute im erhöhten Maß zu, daß alles, künstlich oder natürlich, was nicht aus- und nachdrücklich gewahrt
wird, sofort vom Untergang bedroht ist. Als Kind war ich in einem Dorf daheim, das bestand aus so und so viel Häusern, Wiesen, Feldern, Auwäldern und einem ausgedehnten Schilfareal.
Inzwischen sind Schilf und Wälder unter Naturschutz gestellt,
und es haben sich die Neubaugebiete und ein Atomkraftwerk
unmittelbar an sie herangeschoben; Felder und Wiesen sind
verschlungen. Es gibt hier nichts mehr, das zwischen dem ganz
Genutzten und dem ganz Ausgesparten einfach so gelassen
ländlich dauerte: Alle Dauer verdankt sich der unablässigen
Anstrengung *jetzt*. Und führt man sich die Städte vor Augen,
erschrickt man: so viel Glas! Das braucht nur ein halbes Jahr
leer zu stehen, und alles ist im Eimer. Die neuen Bürohäuser,
diese Antipyramiden, bieten sich dar wie Seifenblasen, nicht
einmal wie sie fertig durch die Luft segeln, sondern wie in der
Sekunde, wo sie, noch am Ring hängend, unter dem behutsa-
men Atem zitternd ihre Gestalt gewinnen. Ein Augenblick des
Nachlassens nur, und das Ding fällt zusammen. Und auch was
noch von alters da ist, aber ruht, im Boden versenkt, schwebt
in Gefahr; wird kein Bodendenkmalpfleger bestallt, nicht in aller Eile eine Notgrabung vom Zaun gebrochen, fressen die
Tiefgaragen die verborgenen Schichten ohne Wiederkehr. Fie-
berhaft springt die Archäologie vor den Baggern her, sie för-
dert so viel zutage wie nie zuvor; aber sie findet keinen Frieden. So tragen sich heute in alle Überlieferung die hysterischen
Züge der Schlaflosigkeit ein.

Man wird sie auch in den jüngsten Diskussionen um die
Qualität der deutschen Schulbildung nicht verkennen. Aus
dem Namen des Gebäudes, den die zugehörige Untersuchung
zufällig führt, schöpft man nicht den Trost, den er bieten könnte, indem dieser Turm seit Jahrhunderten schief steht und niemals stürzt (wenngleich auch auf ihn in den letzten Jahren die
Hast der Rettungsversuche eindringt). Aller »Transfer« ist

pädagogisches Wunschdenken geblieben: Noch immer, und vielleicht mehr denn je, stellt die Schule eine Zwangsanstalt zur Nudelung des Gedächtnisses dar. Auswendig Gelerntes wird den Schülern abverlangt und schlägt sich in ihren Noten nieder. Und wenn die Leistung hierin der internationalen Vergleichbarkeit zugeführt werden soll, damit auch die Schule ihre Noten kriegt (denn ohne Noten geht es nun mal nicht), dann muß die Abfrage noch schematischer vor sich gehen als gewöhnlich, noch mehr an starr erinnerten Splittern abverlangen. Wie heißt die Nadelwaldformation, die die kühle Zone auf der Nordhalbkugel bedeckt? Diese Frage wurde unlängst meiner damals dreizehnjährigen Nichte vorgelegt, die an der PISA-Studie teilnahm. Frohgemut schrieb sie hin: Walhalla; und ließ auch nach erfolgter Korrektur keine Reue erkennen. Es ist ein Wort, würdig, einzuziehen in den Säulenwald der Taiga bei Donaustauf.

Schluß

Namen und Schichten

Ich wohne in einer bemerkenswerten Stadt. Zur Arbeit fahre ich mit der Eisenbahn, die hier viele kleine Bahnhöfe hat, mit den entsprechenden Stationsschildern; und noch vor einigen Jahren gab es da an einer Wand, ein übersehenes Relikt, den Schriftzug »Karl-Marx-Stadt«. Weil der Putz, was er nach einiger Zeit immer tut, bröckelte, trat darunter, in einer altertümlicheren Schrift, zutage: »Chemnitz«. Das Letzte rang mit dem Vorletzten. Man hat das Ganze inzwischen neu gestrichen. »Chemnitz« lautet nun die Schrift, die zuoberst steht. Aber schon arbeitet sich darunter wieder »Karl-Marx-Stadt« hervor; und gegen das Jetzige sucht sich das Letzte geltend zu machen.

In dieser Stadt gibt es mehr Geschichte als sonstwo: weil sie von ihr nichts wissen will. Als riesige blinde Flecken, die niemand zur Kenntnis nimmt, ziehen sich alte Fabrikgelände durch die Topografie, viele Hektar, selbst Quadratkilometer groß, verlassen, ohne Fensterscheiben, doch schön aus Ziegeln gefügt, mit Birkenwäldchen in den Dachrinnen und einem Wildrosenhag in der Zufahrt. Niemand betritt sie je, es sei denn unbefugt und als Abenteurer, um unwahrscheinliche Fotos daraus zu erbeuten. Wo hast du *das* her? fragt man ihn; und er schweigt, wie ein Pirat von seinem vergrabenen Schatz, wohl wissend, daß ihm, solang er schweigt, diese Bilder ganz allein gehören.

Die Hauptstraße, eine großspurige Aufmarschmeile zum 1. Mai (eine Erbschaft, die die Stadt, sollte sie sich gegen den verjährten Zweck auch sträuben, nicht ausschlagen kann) heißt immer noch »Straße der Nationen«. Das behagt einigen nicht,

die den vergangenen Geist darin spüren, ohne daß es ihnen
doch möglich wäre, ihn ausdrücklich zu belangen; so wird es
wohl dabei bleiben. Der Park heißt »Park der Opfer des Faschis-
mus«, was in seinem umständlichen Pathos der Alltagssprache
noch weniger taugen dürfte als »Karl-Marx-Stadt«, aber, wie
die Dinge heute liegen, sich schlechterdings nicht mit Anstand
umändern läßt.

Dort, an unscheinbarer Stelle, befindet sich eine Reihe von
Gräbern. Sie stammen aus dem drittletzten Krieg, dem gegen
Frankreich 1870/71, und beerdigt sind darin Soldaten, die im
Lazarett des Hinterlandes an den Folgen ihrer Verwundungen
starben. Die Grabplaketten sind aus Gußeisen. Stereotyp wird
mitgeteilt, nach Name, Truppenzugehörigkeit und Todesda-
tum: »Er starb für das Vaterland.« Auch ein Franzose liegt dort.
Ihm wurde genauso eine Plakette gewidmet; nur daß der
Schriftzug zum Schluß lautete: »Er starb für *sein* Vaterland«.
Das fand ich, im Rahmen des damals Möglichen, sehr nobel.
Als ich das letzte Mal vorbeikam, war, wie bei einer ganzen Reihe dieser Gräber, die niemand pflegt, die Einfriedung zusam-
mengesunken und die Plakette verschwunden. Nach hundert-
fünfunddreißig Jahren ist das Gußeisen und was aus ihm besteht ans Ende seiner Lebensdauer gelangt.

Vor einiger Zeit war ich bei einer Exkursion Chemnitzer
Studenten nach Trier dabei. Diese Stadt hat sich, offenbar nach
langen inneren Kämpfen, entschlossen, ihre Brückenstraße, die
auf die alte Römerbrücke führt, wo aber auch das Geburtshaus
von Karl Marx steht, in »Karl-Marx-Straße« umzutaufen. Keiner der Studenten hatte Lust, dieses Haus zu besichtigen, und
so gingen wir geradewegs daran vorbei. Etwa zur selben Zeit
benannte Chemnitz seine Karl-Marx-Straße in »Brückenstraße« zurück. Sie verläuft quer zur Straße der Nationen und ist
Standort der zwei ehrgeizigsten sozialistischen Monumente
der Stadt.

Zum einen handelt es sich um ein großes Ensemble aus Kalk-
steinblöcken, mit Versen Bert Brechts aus seiner doktrinärsten
Zeit ausgehauen und mit Hunderten von Figuren besät, in engen quadratischen Rahmen, Beine und Torsen gestaucht, be-
klemmend dicht miteinander und mit den Dingen zusammen-
gedrängt. Schwer und nicht restlos gelingt die Entschlüsselung
der Szenen. Die Partei sieht alles, schreibt Brecht: Und da wachsen den Bäumen Augen. Es ist schauerlich. Vieles versteht man
auch nach einer Stunde Betrachtung noch nicht. Rund dreißig
Jahre ist das Monument alt; aber schon so fremd und undurch-
dringlich wie die Friese von Angkor im kambodschanischen
Dschungel. Niemand sieht es an, ja niemand *sieht* es auch nur.
Es besitzt, trotz seines beträchtlichen, vielgliedrigen Umfangs,
heute vollkommene Unsichtbarkeit, als ob es unter einer Tarn-
kappe schliefe.

Und nicht weit davon steht das Wahrzeichen der Stadt, der
riesige Kopf von Karl Marx. Er ist rund zehn Meter hoch, und
Gott weiß, wieviele Tonnen schwer. Ihn bekam man nicht so
leicht los wie einen Namen. An dem zehnstöckigen Gebäude
hinter ihm läuft eine Schrift, in vier Sprachen und die gesamte
Höhe einnehmend: »Proletarier aller Länder vereinigt euch!«.
Einige Zeit befand sich hier das Arbeitsamt, und sein grellrotes
»A«, das sich ins Bild schob, schien die neue Zeit mit lakoni-
schem Zynismus verkünden zu wollen: Versucht es doch mal,
euch zu vereinigen, wenn ihr eure Nummer zieht und zu warten habt, bis ihr euer Gesuch um Ausbeutung vortragen dürft!
So *schien* es: Denn niemand hätte es mit Vorsatz gewagt, dem
Kontrast diese scharf umrissene Gestalt zu geben. Da es aber
doch passiert war, so muß es ahnungslos geschehen sein. Inzwischen ist das Arbeitsamt umgezogen.

Der Marxkopf jedoch bleibt, und das wohl noch lange. Er tut
dies kraft seiner Masse, die nicht nur als physisches Hemmnis
wirkt, sondern auch eine Scheu einflößt, sich an ihr zu vergrei-
fen. Als Denkmal errichtet, dauert er nunmehr, wie die Pyra-

miden, ganz für sich, unbekümmert, als was für ein Zeichen ihn die Vorübergehenden und -fahrenden nehmen wollen. Er sorgt für sich selbst. Nur eines könnte ihm dereinst verhängnisvoll werden: Er besteht aus Bronze, einem Material, das allzu kostbar ist, als daß nicht irgendwann die Zeit kommen müßte, die etwas Besseres damit anzufangen weiß.

Literaturnachweise

Alleg, Henri: *Die Folter (La Question)*. Übers. nicht genannt. Wien / München / Basel 1958.

Augustinus, Aurelius: *Confessiones / Bekenntnisse*. Übers. zit. nach: Kurt Flasch: *Was ist Zeit? Augustinus von Hippo. Das XI. Buch der Confessiones. Text – Übersetzung – Kommentar*. Frankfurt am Main 1993.

Büchmann, Georg: *Geflügelte Worte. Der Citatenschatz des Deutschen Volkes*. 13. Auflage, Berlin 1882.

Büchmann, Georg: *Geflügelte Worte*. München 1977.

Büchmann, Georg: *Geflügelte Worte*. München 2002.

Busch, Wilhelm: *Gesammelte Werke in sechs Bänden* (Bd. 6). Hamburg 1982.

Canetti, Elias: *Über den Tod*. Hg. v. Penka Angelova. München 2003.

Herodot: *Historien*. Übers. v. A. Horneffer. Stuttgart 1971.

Herodot: *Historien*. Übers. v. Friedrich Lange. Breslau 1824.

Homer: *Die Odyssee*. Übers. v. Wolfgang Schadewaldt. Hamburg 1958.

Janssen, Johannes: *Culturzustände des deutschen Volkes seit dem Ausgang des Mittelalters bis zum Beginn des Dreißigjährigen Krieges*. Viertes Buch. Freiburg 1894.

Kraus, Karl: »Nachruf«. In: K.K.: *Die Fackel*, Nr. 501–507, Jan. 1919.

Laqueur, Walter: »Die Zukunft Europas«. In: *Merkur* 8/2005.

Łem, Stanisław: »(Fiktive) Rezension von: Cäsar Kouska, ›De Impossibilitate Vitae‹ und ›De Impossibilitate Prognoscendi‹«. In: S. L.: *Das Absolute Vakuum*. Übers. v. Hubert Schumann. Berlin/DDR 1984.

Rilke, Rainer Maria: »Der Neuen Gedichte anderer Teil«. In: R. M. R.: *Die Gedichte*. Frankfurt am Main 1993.

Schnitzler, Arthur: *Tagebücher 1879–1931*. Hg. v. Werner Welzig. Wien 1981ff.

Seneca, Lucius Annaeus: *Epistulae Morales ad Lucilium / Briefe an Lucilius zur Ethik*. 20 Einzelbände, versch. Übersetzer. Stuttgart 2000.

Shakespeare, William: »König Heinrich der Fünfte«. In: W. S.: *Sämtliche dramatische Werke*. Übers. v. Schlegel und Tieck. Bd. 2. Leipzig o. J.

Stille, Alexander: *Reisen an das Ende der Geschichte*. Übers. v. Karl-Heinz Siber. München 2002.

Straub, Peter: »Hunger. Eine Einführung«. In: P. S.: *Magic Terror. Stories*. Übers. v. Thomas Hag. München 2000.

Ward-Perkins, Bryan: *The Fall of Rome and the End of Civilization*. Oxford 2005.

Zahradnik, J.: *Der Kosmos-Insektenführer. Ein Bestimmungsbuch mit 780 Farbbildern*. Stuttgart 1980.

Die Kapitel 4 (»Haldanes Gott«), 6 (»Ahasver stirbt«) und 9 (»Auf den Flügeln des Gedächtnisses«) sind, in teilweise modifizierter Form, bereits im *Merkur* erschienen. Alle übrigen Kapitel sind bisher unveröffentlicht.